U0694040

共学同长

佟铃 著

天津出版传媒集团

天津科学技术出版社

图书在版编目（CIP）数据

　　共学同长 / 佟铃. -- 天津 : 天津科学技术出版社，　2013.9

　　ISBN 978-7-5308-8325-9

　　Ⅰ. ①共… Ⅱ. ①佟… Ⅲ. ①青少年 - 家庭教育 Ⅳ. ①G78

中国版本图书馆 CIP 数据核字（2013）第 217614 号

责任编辑 : 赵新立
责任印制 : 张军利

天津出版传媒集团

天津科学技术出版社出版

出版人 : 蔡　颢
天津市西康路 35 号　邮编 300051
电话（022）23332365（编辑部）　23332393（发行部）
网址 : www.tjkjcbs.com.cn
新华书店经销
唐山天意印刷有限公司印刷

开本 787×1092　1/16　印张 12.5　字数 287 000
2013 年 10 月第 1 版第 1 次印刷
定价 : 28.50 元

培养孩子要当事业来干

你家的宝贝孩子,从降生至上小学,我的观点应该是以纯人性为主的玩耍阶段,不然,"人之初,性本善"就再也无法看到了。

这一阶段,养"大"孩子为你和他(她)的重要任务。当然也有所谓的早教之说,甚至不输在起跑线上的观点。这个你自己看着办。我认为,把小家伙养育"大"了,不生病,会吃会喝,甚至不尿床、会系鞋带和买雪糕等等,就可以了。但是,从孩子10岁开始,至孩子20岁止,你作为孩子的"最最亲密的大朋友",绝对应该有目标地去和孩子共同学习、共同长大。共学习是你的觉悟,或叫做理想;同长大,就是一种"纯自然"的现象了,只是你在"长"老而已。

为什么孩子到20岁,原则上"不管"了? 因为你的成功,你的培养成果出来了,孩子已经"成人"了! 作者小时候是在某所"211"大学的家属区中长大的,幼儿时期常听的一句俗语说,人一旦上了大学后,就是"一年(级)土;二年(级)洋(气);三年(级)不认爹和娘"。所以我的"世界观"就是人只要到了20岁左右就是"社会人"了,绝对不是爹娘的了! 你还别不高兴,如果此时这个"大孩子"还是你的,这就惨了,就证明你从培育到培养都失败了,为什么? 因为你的培养结果是一个甩不掉骂不走的"累赘"了。

平时看到的有关书籍,不是离教育一线还有一段距离的"专家"与学者写的,就是专栏作家编的,我为此感到有一些遗憾。特别是还有一位我认识的创业成功者,自己都没有孩子,却出版了二、三本青少年读物。大家希望的是从日常生活中获得的宝贵经验和知识,认为它比以理论为中心的"教科书"有截然不同的"疗效"。

为此,作者"厚着脸皮"用自己培育培养子女的经验和教训,从2007年起在新华网上建立了博客,与社会有识之士共同研讨,汲取营养,报告教训,其中40余篇涉及与孩子共学同长体会的文章,比较受欢迎。如今,就以此为基础,结合身边实例,并参考中外家教书籍撰写了本书,只希望那些当了或即将当上"自然"型爹妈的人们,通过阅读此书,成为有办法有相关知识的,肯和孩子共同学习的"智慧"型家长。

本书提出了作者自己的一套"理论"体系,也是实际操作中的一些体会,望能够给朋友们一个参考。书中第一、二章是想告诉家长们,培养孩子首先要尊重他(她),但不要溺爱。不会爱的"爱"是对孩子的"虐待"。第三章是想严厉警告那些"不懂事"的家长,自己的一些坏毛病千万不要从你的独身生活或两人世界中带到培育培养孩子的阶段,它对孩子的影响很大。第四章是以共同学习为核心的学"管"字为主的核心章节。第五、六、七章从做人、做事和培养好习惯角度提出一些问题和读者一起研讨。最后的第八章,从认识教育体制入手,到辅助孩子上大学或高职

如何找准专业来展开的,同时,帮孩子对职业、就业和创业形成初步认识,并适当考虑孩子的发展前途。各章将一些培养孩子的大方法放在该章的后边简单介绍,一些简单易行的小方法插入到各个相关章节推荐给读者,望读者结合自己"宝贝"的具体情况灵活运用。

如今,家家都有一棵"独苗"。如此想来,对独生子女的教育培养绝对要大于家长自己的工作和事业。话分两头说,你培养高了,你孩子可能就会漂洋过海;反之,培养低了,你孩子可能就在你的居所楼下,经营自行车电动车修理站。再说,现今的优秀小学、中学和"211"大学,好像也就够应届的学生 20%左右的人可以进入,你作为一介草民,你自己不去学习怎样关照在这 80%中的孩子,你孩子不就"没人管"了吗? 因此,作为家长甚至包括爷爷奶奶、姥姥姥爷,能不同心协力和孩子一起共学同长吗?

培养低了最实惠,万一你 98 岁时,老人家有个小病小灾的,孩子马上就到;培养高了,你的养老院费用肯定不用自己 100%付费,但是你还需具备"耳不聋,眼不花"的基本条件,以便通过QQ、MSN、微信或手机什么如今的现代工具,与你那宝贝儿彼此通通话,互相看看影,慰藉一下孤单的心灵。即便如此,好像也没有几位家长,将培养子女的目标,确定在低标准上吧?

因此,从婴儿开始,做家长的就必须先把自己修炼成为一位"教育家",起码也是一位明白"事理"的好师傅,这样才可以承担起培育、培养、培训和陪吃、陪玩、陪学的合格"博导"。这要求它绝对高于你的吃饭挣工资的事业的基本技能要求吧。孩子一到十岁阶段,你的核心工作是陪吃、陪玩、陪学。老百姓的话叫,将孩子"养大"阶段。注意要用进口奶粉,注意咳嗽感冒发烧"速送"大城市的大儿童医院,注意孩子身边环境千万别磕着拌着摔着,注意饮食营养,养瘦了不行,喂胖了也不行。

当孩子在十到二十岁阶段,我的理论是一个人开始担负起学"管"阶段。家长的核心开始转移到培育、培养、培训你的孩子上来了。为什么是"管"字? 只因为这"管"中体现着一个人的责任在里面。学好管"横撇竖捺"将祖国的文字和国学学好,起码语文成绩优才行吧。学好管"1234"将平方立方微分积分学好,高等数学就可以混个及格。只有如此,才能有一个如今当"合同工"的入门条件:大学本科学士文凭。学好管"ABCD",孩子出国走动一下,不至于不认识卫生间,飞到美国人不了海关。

此 10 年,你当家长的任务是:要让孩子明白,是社会的残酷竞争要求他(她)必须是"我要学",而不能是"要我学"。当一个孩子为他爹妈学、为他老师学、为考试学时,他内心深处绝对不再卖力了! 绝对不用功了!

在管好以上三类最基本的"吃喝拉撒睡"的生活知识的基础上,此阶段,如果你的孩子还有精力、还有多余的"智商"，就再试一些音乐、体育、艺术等等。不过，千万要全力全职全责辅助你的孩子应对"应试教育"，这只因为别无它法。有13亿人在竞争啊！能不感觉到惨烈吗？如此家庭中的"大事"，你家长还能不当"事"来干？

将你的孩子，培养成什么样子？简单解释就是培养一个今后的家庭累赘，还是一位今后在社会上的较高层次的朋友。

你想培养一个30年后是你最亲密的较高层次的朋友，还是养一个你年老时的累赘？端正一下你的态度，培养孩子就要当你的事业来干。

如果你还不努力，这"累赘"就大概是如下故事中的样子，这是一位资深记者的面对面采访。

讲述者，是一位培养完自己儿子后，家被孩子啃"光"的妈妈，目前的处境是在一家医院干清洁工。

她高门亮嗓、爽朗大笑；她热情为人、乐观处事，很有感染力，让外人以为她活得无忧无虑或没心没肺，根本察觉不到她心底的种种无奈。她表面上很平静，实际上她却是心气很高的人。看得出，她知道，过时旧款的衣着已不能证明她的身世与背景，但那挽在脑后的发髻和脸上淡定从容的神情，可以让她区别于外地保洁员，让人一眼看得出，她是地地道道的城市人。

那天下午，病房前厅很安静。她来了，还穿着那身海蓝色的工作服，坐到对面的椅子上。一坐下，便下意识地用手梳理并不凌乱的头发。"您的头发挽得不错，特显气质。""不瞒您说，活到这份上，吗都是别人的，就剩下头发是自己的，能不精心吗？"说完这话，她笑了，但眼圈红了。我发现，这回她的笑声很轻柔很矜持，跟平时判若两人。与此同时，她也发现了我的惊异表情，有些不好意思地解释："谁都有自尊，不愿意让人知道自己的日子过得不好。平时我那大大咧咧的样儿，开始是装的，后来习惯成自然。其实，我被儿子'啃'得伤痕累累……"说到这，她眼里闪出泪光，咬紧下唇以截住过分激动的情绪。

后来我知道，儿子游戏人生的态度，对婚姻不负责的做法，是她心底最无奈的无奈，也是她情感最受伤的痛处。她无法改变儿子的人生，还得屈从自己的被改变，这种无奈的扭曲和扭曲的无奈，让她变成了戴镣铐的舞者，在一地鸡毛的人生舞台，独自踯躅。

她很坦诚，丝毫不袒护儿子，恨铁不成钢地直言："他好他坏，都活该。不好好地过日子，就得被日子惩罚。"但她很心疼那些跟儿子厮混的女孩儿，说到她们时，神情里流露出某种惋惜与愧疚。此刻，一缕阳光照在她的脸上，放大了她内心的善良与慈爱，她像是自语地说："不掂量不琢磨不考虑，或轻信或侥幸，误以为找到了人生的依靠，不管不顾地奉献一切，到头来吃亏倒

霉,自己把自己害了。"

她说她一直想找个人有机会说说心里话,不为别的,就希望年轻人珍惜自己的人生和情感,也希望家长们以她为戒,毕竟人生很短,甜是一辈子,苦也是一辈子,人不图富贵荣华,总图个平静安稳吧。她的日子已经这样,发生的改不了,该来的挡不住。但她希望其他做父母的,比她过得好;孩子们能自力又自强。毕竟所有当妈的,都觉得儿女过得好比自己过得好还幸福,对吧?见我点头,她很开心,似乎找到了知音。

有病人出院,她撂下我快步走了。医院有规定,病人出院后,保洁人员要配合护士,立即清理病床,打扫病房。望着她匆匆的背影,心里有种说不出的滋味,因为能体会出她内心爱与恨的纠结,也再次感悟——可怜天下父母心。

"不瞒您说,这些年我一直在想,为吗儿子变成这样?仨月半年换一回女朋友,用不了俩月就同居,然后不知吗原因就散伙了。婚结过两次,也离了两次。有过孩子,女方带走了。人家要抚养费,他没固定工作,收入不稳定,于是就伸手找爹妈要。这些年,他把我们老两口"啃"得一贫如洗,人家的日子越过越好,我们家的日子越过越糟。这种情况搁别人,怎么着也得琢磨琢磨吧,毕竟谁也经不起这份折腾。但我儿子把这些事当成过眼烟云,别说琢磨反思,就连想都不想,他跟我说:"想那么多有吗用,她情我愿,一巴掌拍不响。人家自己都没怎么地,您跟着瞎操哪门子心。""

这些事他能不想,但我不能不想,琢磨来,琢磨去,祸根就是我给他买的那套一百平方米的房子。十年前,房价还没涨,位于河东区的新房房价,每平方米没超四千的。那时我下岗后,跟一个姐妹儿合开了个火锅店,起早拉晚,生意做得不错,省吃俭用攒了二十多万。于是,跟丈夫商量,咱就这么一个儿子,学习成绩一般,考大学肯定没戏,即使将来找着工作,也挣不了多少钱,要不就用这钱给他买套房子,留着结婚。开始丈夫不怎么支持,说:"你就宠吧,吗都让他等现成的,早晚有你哭的那天。""宠吗宠,儿子不也是你的吗?将来没房他住大马路去,你脸上就有光了?"见我这么理直气壮,他不说话了。我知道,他不乐意,也不能阻止我给儿子买房子,毕竟这钱是我挣的。

最不乐意的是我那合作的姐妹儿,按她的想法,我不把钱抽出去,我们就再一块扩大经营。我现在还记得她当时说的话:"儿女自有儿女福。让孩子自己奋斗,不是坏事。跟咱一样,汗珠子摔八瓣挣来的,才知道珍惜。"可鬼使神差的我,当时主意已定,谁的话也听不进去,义无反顾地在城西新村买了一套房。

没想到,就这套我自以为是为儿子好的房子,却改变了儿子甚至我们一家子的人生。当然,也许有人说,父母给儿子买房的多了,怎么都没像你儿子那么不着调,人家的日子该怎么过还怎么过。这我一点不怀疑,也没有任何异议。问题是我儿子就因为这套房子,一点点变了。尤其是技校毕业,上班开始搞对象以后,他把房子当成自己的"资本",再加上能说会道,外形不错个头挺高,忽悠了许多女孩子。当然,也有不老少的女孩子,冲着他的条件愿意跟他凑合。就这样,变化连他自己都意识不到地成了事实,成了习性,成了人生。

现在回想起来,我给他买了房子,就等于给他提供了某种条件。那时他三天两头往家领女孩子,开始我没当回事,反正没结婚,搞对象换就换呗。当我发现他领来的女孩儿,经常夜不归宿时,我觉得问题不那么简单了,别的不怕,怕万一女孩儿"出事了"怎么办。人家父母找来,我怎么跟人交代? 为这,我跟我儿子谈了一次,我告诉他这样不行,要么定一个结婚,要么甭往家领人过夜。他一听,斜眼冲我冷笑:"这都什么年代了,您怎么还那么傻呢? 您以为我留她们过夜,其实我赶她们人家都不走,让我怎么办? ……"

目　录

第一章　信任帮扶由家长负总责

家长培养孩子最重要的目标，就是让孩子与家长保持独立，帮助他成为一个独立的个体，抱有一个重要的信念：有一天，当他离开你的时候，他完全能够自己独当一面。

通过本书的探讨，我们和孩子一起努力，做到不要把孩子当成你家长的翻版或者延伸，而是一个完全独立的人，并与爸爸、妈妈有着不同性情、不同品味、不同感知、不同期望、不同梦想。请相信你的、你们的孩子，这是根本。

1 如何培养你的孩子

首先，日常生活中，你要给孩子做一个榜样。孩子每天看书做作业，你却呼朋唤友地打牌搓麻将，这如何引导出一个热爱学习的好孩子？

其次，要对小孩的言行举止和所作所为合情合理地"吓唬"，"威胁"，使他明白这世上有出力的、有出智慧的、有出钱的，有出就有回报。但是，回报的大小多少绝对不同。你是要叫孩子在你楼下靠修理自行车"吃饭"，还是使他成为一位幸福的成功人士，关键看你如何引导孩子树立"理想"了。

再次，就是一定要将你的知识层次提升到孩子的前面，不然，小孩一旦看不起你了，你就惨透了！他就会把你的语录当成"更年期的唠叨"处理掉了。为了孩子，请你去读一个"专接本"，去念一个"MBA、MPA 或 EMBA"什么的吧。

关于请"家教"的建议。你不要什么都请家教，应该是针对上一年的各科成绩，挑出最不理想的科目去为孩子请大师级的"导师"。因为，小孩子没有学好绝对是没有碰到好老师，没有较好地、较早地激发孩子对这门功课的兴趣，所以，要高价请最有声望的专科导师，给孩子讲该门功课的乐趣，不要留作业，因为学校有的是作业，再说大师也不会给你看作业。讲 3 到 5 次就可以了，"名师引进门，修行靠个人"，对学习的态度，只能老天保佑了，再大的师傅，也有进监狱的徒弟，不是吗？

要是你做家长的有兴趣，就试试如下的一些办法。

学习环境的角度：①和孩子一起读书，家长可以看看报刊，好的学习伙伴很重要。②孩子在家学习，家长切莫搞一些麻将、扑克等活动，舒适的学习环境非常非常重要。③不要逼孩子学他不喜欢的东西。④不要因为孩子的成绩不好而责骂孩子，不要对其学习成绩表示太大的关注，那样会造成孩子学习紧张，压力增大。⑤不要因为孩子试卷上的分数而认为孩子没有出息。⑥教他（她）足以带来成就感的知识：古诗、数字、故事、家务、玩耍、交朋友……⑦教育孩子读好书、好读书，寻找适合他自己的读书方法。⑧不要把孩子的成绩与其他孩子相比，但可以协助他分析错误的原因,反思有没有他或你自己的责任。⑨孩子的房间要有书桌,桌上要有几本他爱看的书籍,如《格林童话》《伊索寓言》等。

教育成长的角度:①每天花半个小时和孩子交流。②在家对孩子也要使用文明用语"早上好,请,谢谢,晚安"等。③让孩子养成讲卫生、物归原处等好习惯。④多倾听孩子的声音!用耐心、用爱心、用开心倾听。⑤不要为了提醒孩子,而总是说孩子的短处,但要严肃指出孩子的错误!⑥不要总对孩子一本正经,要多和孩子一起欢笑,因为笑声能让孩子更加热爱生活,引导孩子积极、轻松愉快地看待事物。⑦给孩子讲故事,要有耐心,故事有一定的启发和教育作用。⑧不要把当年自己未曾实现的理想强加在孩子身上,让孩子替你去实现。⑨关爱孩子,但适当的时候实施适当的惩罚也是需要的,不要护着孩子的短。⑩结合孩子的表现,每天思考至少一个关于孩子成长的问题。⑪对幼儿进行艺术教育,培养幼儿高雅的审美情趣,注意引导、丰富幼儿的感性认识,在大自然中加深幼儿的情感体验是非常有益的。注意,不要让他长时间和爷爷、奶奶、姥姥、姥爷住在一起,隔代太亲,但绝对不利于教育。⑫注意培养孩子的善心,古人云:"勿以恶小而为之,勿以善小而不为。"同时,教会孩子微笑,微笑面对生活的一切,微笑面对人生。

能力训练的角度:①给孩子一些钱,让孩子学会理财。②没有得到孩子的许可,不要看孩子的日记与信件。③睡前给孩子讲讲故事,让孩子笑着入睡!④给孩子一个主要供他玩耍的房间或者房间的一部分。⑤如果有条件,晚饭后与孩子到户外走走,散散步聊一聊。⑥快乐与孩子一起分享!对小家伙开心地笑,并希望他(她)也常笑!⑦帮助孩子与来自不同社会文化阶层的孩子正常交往。⑧鼓励孩子与各种年龄的人自由交往。⑨给孩子留出真正"玩"的时间和空间,结合玩,教会他骑自行车、游泳,这是进入社会的一种基本技能。⑩每天早上与孩子相互问候,让他感受到美好一天的到来。⑪夫妻实在要吵架,请一定要记住:避开孩子。⑫每天下班回家看到孩子,首先微笑着问他一遍:"孩子,你今天快乐吗?"

娱乐玩耍的角度:①和孩子一起看他喜欢的动画片,一起听他爱听的故事等。②和孩子一起玩游戏、锻炼身体。③控制孩子看电视、玩电子游戏的时间,每天在半个小时到一个小时之间。④多让孩子看一些少儿节目、益智节目等,少看动作片、连续剧,孩子看电视时,家长们适时地陪他们一起,并且对里面的内容作一些讲解与讨论。⑤春天可以和孩子骑自行车去郊游,夏天和孩子一起去游泳,秋天则和孩子去野炊与郊游,冬天一家三口在地上堆雪人,打雪仗。⑥和孩子下棋,让孩子知道落子无悔,教育他对自己所做的事要负责任,同时下输了要承认,家长有时也要放手让孩子赢一两盘,这对孩子来说很重要。

促进长大的角度:①给孩子一些私人空间。②给孩子选择的机会和权利,让孩子做想做的事。③让孩子自由选择自己的伙伴、朋友,让他经常有机会和他的同伴在一起,了解有哪些朋友这一点也很重要。④让孩子做一些力所能及的家务,如洗洗自己的衣服、烧水煮饭等,让他意识到自己是家庭成员中的一份子。⑤把孩子当作成人一样,和他平等相处,把孩子当成自己的朋友。⑥及时发现孩子的点滴进步,懂得赏识孩子。⑦记得对孩子说:我爱你,你是我的宝贝!记得经常亲吻你的孩子,抱抱他(她),抚摸他(她)的头,让他(她)知道你的爱!⑧不要给孩子贴上"笨"的标签。9.要学会真诚地赞美孩子,而不是像对宠物一样说句"你真聪明"。10.在生活中创设一些困境,家长和孩子一起度过。

2 孩子不好的表现罗列

在中国大陆，目前孩子上学已经成为一个家庭的头等大事。为了孩子上学这个"人生大目标"，有多年省吃俭用积累"家庭助学基金"的，有舍弃自己的工作事业奔赴国外刷碗陪读的，有举家"背井离乡"迁往外埠的，还有为上好学校舍弃别墅住进闹市阁楼的……拉拉杂杂、林林总总，绝对够写一部《儿女上学奋斗史》的鸿篇巨制的。

但是，对不起！自家的独生宝贝还多数不怎么领情，教师也多不负责。我们的学生大多不好好学习。其常见的表现罗列如下，如果不全，还望各位赐教。

撒谎逃课、依赖心强、考试作弊、承受力差、创造力差、记忆力差、控制力差、适应力差、没有目标、缺少计划、习惯不好、态度不端、不会用脑、纪律散漫、不愿交流、心浮气躁、效率低下、方法欠缺、粗心大意、偏科倾向、厌烦老师、没有毅力、不求上进、玩心太重、考试恐惧、作业对付、上课走神、逆反心理、缺乏自信、没有兴趣、厌烦学习、注意力差，等等。

惩罚孩子的前提是尊重。一旦孩子出现以上"错误"或者更加突发奇想的"怪招"，你做家长的肯定要实施"权威"。但希望您掌握好责骂与训斥的方法与技巧，如此，才能达到教育的目的与效果。不当的责罚，不知不觉中会伤害孩子。

总会听见孩子这样嚷："哼，打吧，打吧，打死我算了，你们从来就没有爱过我，我就不应该到这个世界上来……"很明显，父母又开始给自己的孩子使用"棍棒教育"了。许多家长受到"不打不成器""不打长不大"的思想引导，只要孩子犯下一点错误，非打即骂，一些家长常常会有"恨铁不成钢"的过激心理，使孩子也会对父母产生仇恨。

在孩子犯错的情况下，对孩子进行适当的惩罚是很有必要的，但是惩罚不是体罚，这与我们一直倡导的"爱"的教育是不冲突的，惩罚的前提必须是尊重，尊重孩子的人格，维护孩子的自尊。有位教育家曾经说过："没有教育不好的孩子，只有不到位的方法。"当孩子犯错的时候，你收起自己的棍子，以尊重的态度让孩子自己负责，并且进行正确的引导，这才是教育孩子的正途。

淘淘是个顽皮的孩子，老爱惹出一些麻烦，街坊邻居很是不理解淘淘爸妈的做法，在他们看来，如果淘淘是自己的孩子，肯定早就不知道被打多少次了。

有一次，爸爸去接淘淘回家，见顽皮的淘淘正在用泥块砸班上的同学，爸爸当即制止了他，并要他回家后先去书房。

回家后，淘淘就直接去了书房，他已经做好挨训的准备了。可是爸爸进来的时候，非但没有拿笤帚，反而掏出一块糖果递给他，并说："这是奖给你的，因为你按时来到这里，而我却迟到了。"淘淘惊疑地接过糖果。随后，爸爸又掏出一块糖果放在他手里，说："这块糖也是奖给你的，因为当时我不让你再砸人时，你立即就住手了，这说明你很尊重我。"淘淘更诧异了，眼睛睁得大大的。

爸爸又掏出第三块糖果塞到淘淘手里，说："我调查过了，你用泥块砸那些男生，是因为他们不守游戏规则，欺侮女生。你砸他们，说明你很正直善良，有跟坏人做斗争的勇气！"淘淘感动极了，他流着泪后悔地说道："爸……爸爸，你……你打我两下吧！我错了，我砸的不是坏人，而是自己的同学呀！"

　　爸爸满意地笑了,说:"你能正确地认识错误,我再奖励你一块糖果,可惜我只有这一块糖果了,我的糖给完了,我看我们的谈话也该完了吧!"说完,就走出了书房。

　　父母越是惩罚孩子,越是要尊重孩子。要在尊重的基础上,循循善诱,使得孩子意识到自己的过错。如果上述故事中的爸爸采取打骂的态度,那么孩子或许只是口头上说"爸爸,对不起,我错了",有没有往心里面去,没有人知道。相反,采用春风化雨般的方式更容易让孩子接受。

　　惩罚是为了让孩子明白自己的过失,勇于承担自己犯下的错误。惩罚孩子的方式最好不是体罚性质的,而是教育性质的惩罚,积极引导孩子,这样能够更好地培养孩子的人格。以下是总结的几种办法:

　　方法一:肯定你的孩子。每个人都会犯错,孩子犯错更在情理之中。当孩子犯错的时候,父母要采取一定的惩罚措施。但是惩罚之前,父母首先要肯定自己的孩子,肯定孩子身上的优点,并且告诉孩子,父母对他充满信心,让孩子觉得他还是个好孩子。

　　方法二:向你的孩子说明惩罚他的原因。由于孩子的年龄比较小,对于是非的分辨不是很清晰,有些时候他自己做错了事情也不知道错在哪里,这就要求父母在惩罚孩子的时候告诉孩子哪里做错了,给别人或者给自己带来了怎样的损失,让孩子明白其中的道理,这样孩子才能心甘情愿地接受惩罚。

　　方法三:要适度地惩罚你的孩子。惩罚是把双刃剑,是一种危险的高难度的教育技巧,父母在惩罚孩子的时候一定要讲究适度原则,不要采用体罚的方式来对待孩子。由于孩子的性格不同,敏感程度也不一样,因此,父母要根据孩子的实际情况来惩罚孩子。

3 教育出懂得真正幸福的孩子

　　幸福观每个人都会"大相径庭",其实,很多人都搞错了。他们将一时一事的快乐认为是幸福。其实,幸福是一个大概念,10年、20年甚至一生的不断的快乐的累加,才能称为幸福。有一个比较通用的幸福观,说出,当一个人健康地活着,有希望,有事做;能帮人,他绝对的幸福。

　　如今,做"大事情"的人非常多。因此,很多人不是因职场的压力过大,而"过劳死"了,就是为了"事业",将自己糟践成为"亚健康"。我到如今听到的,拟干的巨大的大事有:给长城贴瓷砖;给赤道镶金边;给太平洋加栏杆;或给珠峰盖电梯间。

　　其实,要快乐又要保证我们的大"事业"的不断发展,只要您每天做5件小事就行,就一定身体健康,就一定没有压力,就一定不会"过劳死"。这5件事的理论基础是:保证心理健康,从而拥有积极的心态。

　　5件事分别是:

　　·奉献一点点儿。帮助您的朋友或陌生人,将你的快乐与更广泛的社会关系联在一起,你肯定未来将从中受益良多。

　　·学习一点点儿。哪怕就学习一点儿乐器、NBA知识或烹饪等等,小挑战和成就感会带来乐趣及自信。

　　·好奇心多一点点儿。搜集观察日常生活的美丽和异常之处,学会享受时光并进行思考,这将帮助您以作家的眼光欣赏这个世界。

·活跃一点点儿。咱们国人多数比较内向，因此还希望多一点"活宝"为好，鼓励做运动，培养爱好。如舞蹈、园艺，或者仅仅是养成每天散步的习惯也肯定使您感觉良好，促进身体的灵活性和身体健康。

·与他人联络一下感情。与老同学、老同事、新朋友和新邻居发展一下关系，可以丰富你的生活，并给你带来意想不到的新帮助。

好了！请你和孩子休息一下，离开电脑、离开游戏机，暂时放下一会儿作业，赶快行动吧。每天行动 5 小点，时间一长，肯定受益良多，行话叫：积累精神"资本"。

从小学生就开始不幸福的问题。如果问 2012 年最热的流行词，那一定是央视记者调查时的提问——"你幸福吗？"小孩子眼中的幸福又是什么？近日，晨报记者模拟央视式调查问卷，对中华路小学、八铺街小学、钟家村小学、十里铺小学、花桥小学的 500 名二年级和五年级学生进行了调查，根据学生填写的调查问卷表，三成学生坦言自己不幸福，排名前三的理由是：培优班上到"麻木"、每天玩耍时间不足两小时、父母常常不在自己身边……

学生心中的"幸福"定义很简单：有很多玩具、交到很多好朋友、得到老师的表扬、考试拿到 100 分、外出旅行……

"我觉得自己既幸福，又有点不幸福，我好纠结啊。"五年级的涵涵说，每次考试拿到高分都会有"奖励"，要什么东西妈妈都会买；小提琴拉得很棒，经常得到别人的表扬；从三年级开始就是班长，在老师、同学眼中自己是"小模范"……"这些让我感到很幸福，但维持这些荣耀又让我觉得好累，我必须时刻提醒自己，要做到最好。"

从 500 张幸福问卷的分析结果来看，大部分学生是幸福的，快乐是生活中的主题。但也有 142 名学生表示并不幸福，其中 26 名是二年级学生，占两成；升至高年级，随着思想的成熟及学业压力的增大，越来越多的学生感到不幸福。

而不幸福的主要原因，六成孩子表示：因为上培优班、上各种辅导班，占据了大量玩的时间，每天玩的时间不足两小时；即便不上辅导班，也不知道要玩什么，因为父母没有时间陪伴自己。

"到了五年级还有什么幸福可言！"10 岁的诗诗说，每天都被辅导班占得满满的，玩耍时间通通被"剥夺"。"早上 6 点就得起床上学，在学校待到下午 6 点，放学后还不能直接回家，得到培优班老师那里写一个半小时的作业。"诗诗坦言，最难熬的是双休日，每周六上午 7 点半至 9 点半补习语文，10 点半至 12 点半补习奥数，下午 1 点半至 4 点半补习英语；每周日上午 8 点半至 12 点练习书法，下午 1 点半至 4 点半学习围棋，晚上 6 点至 8 点补习奥数，双休日被排得满满当当，根本没时间休息和玩耍。

每天玩耍时间少于 2 小时。"我根本就没有时间玩，每天只能玩半个小时。"8 岁的俊俊说，从上幼儿园起，每个周末妈妈都会带自己去学英语。俊俊的妈妈是一名护士，平时工作很忙，但对俊俊的学习从不马虎。二年级的第一次考试，俊俊语文考了 95 分，数学 89 分，在班上排名 18，这立即引起了妈妈的重视。她特地买了 2 本数学辅导书、1 本语文辅导书，做完家庭作业后，还要额外做她布置的作业。"我很想妈妈能和我玩，陪我下象棋，可她总是说要我好好学习，争取下次考进前 10 名，再下次考进前 3 名。"

玩本是孩子的天性，孩子感到不幸福，多半是由于玩的时间被削减。在142名学生的"不幸福"问卷中，83名学生表示玩耍时间少于两小时。俊俊说，"成绩有进步，才能奖励玩半小时的电脑，感觉每天都没时间玩耍。"

父母陪伴时间太少。"爸爸每天都回来得特别晚，很少有时间陪我玩。"八铺街小学五年级的晓杰说，爸爸在一家摄影楼上班，平时都要忙到深夜才能回家。

在142份"不幸福"的调查问卷中，96个孩子选择"父母偶尔陪自己玩几个小时"这一项占七成，"希望父母多陪陪自己"既是每天泡在培优班里孩子的心声，也是"流动花朵"们内心的呼唤。

师范大学教科院的教授认为，随着年级的增高，学业压力增大，学生的幸福感指数降低，调查结果显示有三成学生感到"不幸福"，符合现今教育的实际情况，这也反映出我国的教育没有完全摆脱应试教育的局面。家长应多与孩子沟通，了解孩子内心的想法，不要一味向他们施加学习压力，培优也要把握"适度"原则，留更多的时间给孩子自主支配。

"幸福是一种源自内心的满足，孩子们的生活没有目标，缺乏自我要求，感到孤独才会依赖外界的陪伴。"十里铺小学三年级语文老师秦瑶说，爱读书的孩子内心也会充实得多，班上有一个孩子，父母都在装修市场工作，但每周末都抽空去送她上舞蹈班和绘画班，在她看来这也是一种幸福，父母"送"她去，这个行为就让她感到很满足。

4 家长的重任：小升初之乱和重于天的安全问题

7月初，北京市"小升初"进入最后的电脑派位阶段，12年前扎堆抢生的"千禧宝宝"遭遇了比往年更加惨烈的竞争。而这样的鏖战，又岂止发生在北京？有人如此总结，在一线城市，中考最易，高考其次，"小升初"最难。为了争夺有限的优质教育资源，"小升初"成为许多家庭的精神枷锁。尽管国家禁令频出，却依然堵不住乱象丛生——违规办班、私设门槛、权力寻租、人情开路、以钱择校、招生腐败，义务教育的升学路径竟异化为"拼爹时代"的畸形怪圈。

电脑派位，为什么心不甘。学校越好，参加派位的比例越小，"小升初"真正参加电脑派位的都是平民百姓，有点门路和财力的都择校去了。人为破坏规则损害政策公平性，重点校制度不改，择校风难止。

背景：从1998年"小升初"取消统一考试起，划片就近入学的电脑派位政策就面临双重抗拒——家长不愿意孩子被"随机"派到"差校"，重点校也不愿意接受"派位生"。21世纪教育研究院2011年发布的调研报告显示，电脑派位方式呈现萎缩之势，北京市东城区、西城区和海淀区，2011年只有不到五成的学生以电脑派位方式入学。而另一项调查则表明，92%的家长在可能的情况下都愿意择校，电脑派位几乎被家长们视为"垫底的选择"。

"小升初"不许考试，却充斥着更难以捉摸的竞争。各地根据国家精神制定具体操作模式，但评判标准既不统一，过程又不透明。电脑派位想追求形式上的公平，但执行不彻底、不严格，像共建生，就是依据特殊政策而产生的，留有钻空子的空间。

电脑派位本质上是个科学的政策。但现状是，规则被人为破坏了，钱、权渗透其中，而政府和教育主管部门又缺乏相应的调节能力。少数重点校占有垄断性的资源，校际之间差距过大，

"倒逼"家长去择校。若能取消重点校，均衡分配教育资源，则家长们还会去争吗？

家长的择校冲动，既与整个社会的文化迷失有关，也与教育"传道"目标迷失有关。一些家长主张恢复统考，我理解但不赞成，这违反《义务教育法》。择校问题必须靠推进改革来解决，而不能靠倒退来解决。

"占坑"培训，疯狂为哪般？六年级疯狂占了 4 个坑班，买了电动车送孩子，又买了件冲锋衣，每个周末就靠这两样装备，在路上呼啸、疾驰。生源之争助长"占坑"产业链，碎片化治理政策难以斩断利益链条。

背景："小升初"有多少种升学方式？有媒体总结，多达 16 种。对于普通家长而言，"占坑"是孩子进入名校，比较靠谱的渠道。坊间相传，与顶尖中学关联性最大的培训班谓之"金坑"，学校知名度、录取力度稍次的谓之"银坑"，一般重点学校的培训班则是"土坑"，当然还需提防"粪坑"。"占坑"要趁早，进坑几年，就是反复考试、排位，以备来日有机会被"点招"。即使进入"牛校"的比例很低，很多家长也还是逼着孩子"四处撒网"，以提升"命中率"。

"占坑班"盛行是因为这类优质学校有一部分生源是"以优择校"，但国家规定不许考试，优质校就借助有选拔功能又不违规的培训机构和竞赛项目，两者结成利益联盟。而教育主管部门只能管公办学校，对培训机构无法制约。

抹平校际差距在短期内不可能实现，学校争取好生源也无可厚非。现在很多学校都有各自隐秘的考试手段，又缺乏统一标准，折腾家长也折腾孩子。两害相权取其轻，倒不如让好学校设定统一考试。如果家长不愿意就近入学，就去参加择校统一考试。

"占坑班"实际是教育异化的变种，甚至形成一种产业链。国家出台的治理政策总是跟着市场行为打转，出现就事论事的碎片化决策。若想斩断利益链条，则必须回到源头上解决问题，用系统的制度设计和配套建设根本杜绝这种可能。

"条子"开路，谁在"潜规则"？和女儿同一年的 10 多个孩子，靠"点招"的两个，走"特长生"的两个，其余的尽管没学"奥数"和英语，但找关系全进了重点校，比"点招"还牛。能否阻击"条子"，关键看领导能否放弃"特惠蛋糕"，看阳光招生能否实现。

背景：从某种角度而言，一旦进入"小升初"轨道，既是孩子间的比拼，又是家长们的暗战。在取消统考后，"小升初"择校方式呈现多样化的态势。托关系、找门路渐成"潜规则"，各种人情暗影和权力寻租构成"灰色地带"，"条子生"俨然已成一种特殊的升学"捷径"。正如一位家长所言，无论点招、共建，还是特长、推优，在操作过程中都能感到"条子"的渗透，有时候，"小升初"简直就是一场背景和资源、人脉与财力的"拼爹"对决。

开放金钱和权力择校的通道导致入学规则不公，赤裸裸侵犯教育公平。各地如果实行阳光招生，公开招生过程、公示招生名额和录取名单、控制和禁止跨区择校等，就能阻击"条子"。至于共建生，应当逐年减少名额，直至完全取消。目前难度在于国家机关等"上层建筑"是否以身作则，不去谋求特殊利益。

这个事领导必须带头，先约束好自己和自己的亲属，放弃自己那块"特惠蛋糕"。安徽铜陵等地推进义务教育资源的经验是：没有市委书记挂帅，光靠教育局长是推不动的。另外，"小升初"过程要公开透明，如果将每个入学新生的情况上网公示，置于全体家长的监督之下，就能有

好的效果。

现行政策在最关键点上没有实质性进展。要治根，政府就要给相关利益者申诉、举报的渠道。大多数家长是弱势群体，遇到黑幕了，向上反映的成本太高且效率极低，这就给教育不公平提供了温床。

以钱择校，怎么就管不住？想上好学校，不想花银子，就输在起跑线上了。花吧，上了之后，花得更多。这只是个开始。文件上"叫停"更需现实中"执行"，堵死择校费"大门"亟待法律武器。

背景：择校费，最早追溯至20世纪90年代，此后演变出捐资助学费、赞助费、借读费、教师慰问费等多种名目。除择校费外，家长们还要付出人情费、中介费等。而这，还是建立在"有关系"的基础上，"交钱无门"的大有人在。对此顽疾，国家多次治理，但禁令似乎未能遏制"以钱择校"的惯性。今年初，教育部等制定《治理义务教育阶段择校乱收费的八条措施》，几乎所有以钱打通的升学路径都被"点名"叫停，但收效如何，不得而知。

关键看地方政府能否"动真格的"，是否真正依法行政、依法治教。要真正令行禁止，就必须建立教育行政问责制。比如北京，义务教育阶段的违法违规现象几乎从未得到认真的查处和追究。

国家往往只有文件上的"叫停"，政策怎么执行、有无机构负责、谁来监督，都处于缺位。教育发展多年，却没有《学校法》，如何约束学校？至于督导机构，很多形同虚设。更何况，督导机构属于教育系统，自己监督自己。我们可以扩大监督队伍，让退休教师、民主党派、社会人士都加入进来。

国家虽然增加了教育投入，但总体经费仍不足，一些好学校通过择校费来增加办学经费和教师福利。现在国家规定捐资助学和招生不能挂钩，但也没关死择校费的大门，有可能转为更隐蔽的方式，比如达成口头协议、通过中介或转入黑市。监管学校，应该发挥职能部门和社会舆论的作用，比如设立家长委员会，还要靠地方政府和执法人员，某些利益集团则要靠道德自律和法律他律。

还有一个对于家长来说，非常揪心的"大事"——孩子的安全问题。

救救孩子。这题目，使心情很压抑。据媒体报道，2012年6月9日这天，共有16名中小学生溺水身亡。尤其令人纠结的是，在哈尔滨松花江畔，5名中学生手拉手营救一落水女生时，却全都滑落江里，其中两名学生被路人营救上岸，另外4名不幸遇难。而且，就在前不久，5月20日，安徽淮南发生一起3名小学生溺水身亡事件，两位女孩伸手拉拽不慎落水的同学，结果一同滑落，谁也没上来。5月27日，湖北孝感有5名女孩溺水身亡，将尸体打捞上来时，发现其中三位相互间手手十指紧扣，还保持着互救和挣扎的姿态。据警方分析，事发时先有女孩落水，岸上的女孩见状急忙牵着手下河施救，因水深坡陡，施救者被拖入水下，导致5人全部溺亡。短短20天，这样的悲剧竟然反复出现，我们不能不反躬自问，究竟是哪里出现了问题？

去年，安徽六安就发生过同类事件：5名小学生为救落水同伴被河水吞没。毫无疑问，落水的孩子和救人的孩子都是无辜的，因为他们是孩子，是未成年人，所以才需要整个社会的保护，包括舆论和导向的保护。有关部门在表彰这些孩子舍己救人精神的同时，是否意识到他们是未成年人，而这种表彰具有榜样与导向的力量，将会造成难以掌控的灾难性后果。换言之，今天有5名小学生为救人溺水而亡，倘若处置不当，明天就会有50名甚至更多的小学生赴汤蹈火，效仿这种行为。

有人在小学生溺亡事件中总结出"人性之美",并竭力"彰显"。对此咱们会深感疑惑,以终结幼小生命为交换筹码的"人性之美",已经本末倒置,甚至沦为血腥,说误人子弟都是轻的。古人云,皮之不存,毛将焉附? 人最宝贵的就是生命,生命被扼杀,遑论"人性之美",岂非"人性之殇"!

很多年前,有部二战内容的电影《瓦尔特保卫萨拉热窝》,其中老钟表匠师傅(游击队员)劝诫女儿说:战争中的人各有不同,有的投降了敌人,有的在战斗,有的在等待,你是个姑娘,应该等待。这句经典台词,表达了老钟表师傅的价值观,他希望女儿活下去,所以不支持她参加反法西斯战斗,尽管女儿没有听他的话,不仅参加了战斗,而且献出了生命。

今天,老钟表师傅的话仍然对我们有所启示:该读书时读书,该做事时做事,人在不同的年龄段,都有相应的活法和准则。女人与男人有区别,孩子和成人不一样。见义勇为,是需要能力的。与其扯得山高水远,莫若实言相告。有位游泳教练提示:孩子们远离江河湖海;出事时向成人求救;"人链"的人数不宜过多;手拉手救人要互握手腕;不会游泳者不要冒险救人;救人时切勿托举;会游泳不等于会救人……诚如斯言。

当然,这里有一个关于大道理与小道理的道理。

大道理是一个人或一个中国人,你要爱国,要尊老爱幼,要挣钱养家等等;小道理是你一个公民,不要随地吐痰,公厕中大便后要冲水,公共场所不要吸烟、不要大声喧闹等等。

可是,如今的公民素质低下,往往就体现在相当一些人,而且不论学历高低、年龄大小、社会地位上下,都犯小道理不懂的"大毛病"。

前一时段,天津这边南开大学的女研究生宿舍网上自报家丑,说有 30%的高学历女同学,公厕中"大方便"后直接离开,"忘忘"冲水,悲哀之极。那边首都的,北京大学女博士们赶紧安慰,不要难过,我们这里也一样,就怨学校设备落后,为什么不换自动冲水系统?

如此说来,我们的农民企业家及其家属,在巴黎的铁塔下"嗑瓜子"、在纽约华尔街的铜牛旁,歇斯底里地"呼男唤女"等行为,就特别可以原谅了。

5 让孩子拥有适度优越感

每个孩子都是一个完全特殊的、独一无二的世界。每个人都是独特的,都是这个世界不可复制的风景,从小告诉自己的孩子他是与众不同的,他身上的特性无人能比,会让孩子重视自己的价值,自觉有一种使命感和责任感,会让孩子为保证自己的特性而努力地发展。这种精神上的优越感,对孩子天赋的开发与发展有着极大的鼓励作用。

肖冉冉一家是从农村搬到城市来的,刚到新学校,冉冉感觉有点不适应。这里的孩子吃饭喜欢必胜客、比格,穿得是匡威、耐克……这让冉冉觉得自己好"土",什么也不知道。以前是班里活跃分子的冉冉在现在的班级几乎不说话,像墙角的一株小草。肖妈妈发现了女儿的这一变化,开始有意识地改变以前让女儿自谦的教育方法,告诉冉冉她很了不起,她来自农村,具有城市孩子所缺乏的优势,比如说勤劳、独立、勇敢、有责任感。冉冉疑惑地问妈妈果真如此吗,肖妈妈就把无数农村孩子奋发图强而成功的事例讲给冉冉听。在妈妈的教育下,冉冉果真相信自己身上具备与众不同的优势,于是信心大增,在新的环境里更加努力,她为自己朴实的外表感到与众不同,她为自己健康的饮食感到明智,为自己的吃苦精神感到愉悦。不久后,冉冉不仅成绩名列前茅,而且成为班里的团支书。多年后,冉冉凭借这种与众不同的信念拼搏,成为了一名真正具有优势的人。

当孩子有了这种与众不同的意识时,一切事情都会朝着好的方向发展。有这种意识的孩子,会感受到自己生命的独特性,有"天生我材必有用"的感觉。而这种积极的暗示心理会让孩子在学习、生活中不断用"我是与众不同的""我要证明给别人看"的观念来要求自己,更加注意自己的能力发挥。教子具体方法有:

方法一:告诉孩子他特有的品性,培养孩子与众不同的观念

其实每个人都是独特的,只是很多时候中国的传统教育提倡低调、谦逊,因此父母不习惯告诉孩子他是与众不同的,恐怕孩子日后自以为是、妄自尊大。告诉孩子他很不同,培养孩子适度的优越感、使命感,当孩子认同了自己的优势,表现肯定也会很出众的。

方法二:与众不同不是标新立异,培养孩子正确的优越感意识

有的孩子认为自己家里富裕、自己漂亮或帅气,自认为高人一等,沉浸在这种华而不实的优越感中。这样是有极大坏处的,对孩子的发展极为不利。培养孩子的优越感意识,不是告诉他比别人有钱、比别人漂亮,而是要告诉他比别人聪明、比别人勤劳等优良的素质,这样孩子会在正确的培养下成长。

告诉孩子他是与众不同的,不能让孩子通过造型、吃饭、穿衣服或者吸烟等形式来证明自己的与众不同。否则,结果只能适得其反。

刚刚十岁的丽放学回家后,要求妈妈带她去做头发。妈妈很纳闷地问她,为什么?现在的头发不是很好吗?丽说,班上的女生把头发做得很漂亮,烫成大卷卷,很有个性。她为了表现自己的与众不同,要将头发染成特别的颜色。妈妈一听,明白是对女儿的教育出了偏差。

以前总是告诉孩子她很优秀,与众不同,没想到孩子将与众不同理解偏差了。在这之后,丽的妈妈开始重新审视这个问题,给孩子灌输正确的"与众不同"意识,让孩子在良好的与众不同意识中成长起来。

6 如何度过高中段

高一上学期已近半,期中考试也即将到来,高中课程繁多让许多孩子手足无措,应接不暇,甚至焦躁不安。孩子的学习情况让很多父母十分焦虑,不知道应该怎么做才能帮助孩子。该如何才能更好地适应高中的学习生活呢?

定目标,安全度过"磨合期"。华师附中有多年高中教学经验的冯丹老师指出,孩子在刚进入高中时,往往有失去努力目标的迷茫,在这"磨合期"里,家长的帮助非常重要,特别是帮助孩子树立新的学习目标,加强学习的指向性。我们可以把高中的学习目标分为长期目标和短期目标两类,将长期目标分拆为数个短期目标,循序渐进,让孩子在每一阶段的学习都可以有的放矢,实现学习的顺利跃进,最终直指高考的胜利。确立目标后,家长要帮助孩子提高心理素质,培养胜不骄败不馁的积极心态,引导孩子学会正确对待学习成绩的起伏。

"三先三后",全面攻克知识难点。一些高中老师指出,高中学习还面临着一个学习方法的调整和适应问题。高中时段的学科多,知识点多,时间紧凑,没有良好的自我管理是跟不上的。家长应该帮助孩子立足课本,夯实课业基础,制订计划,培养孩子讲求效率、积累知识点的习惯,形成科学的学习方法及良好的学习习惯。

家长可以帮助孩子制定两张表,包括学习生活作息时间表和一周学习计划表。生活作息表是让孩子从早到晚,从起床到睡觉,将学习时间、休息时间安排得井井有条的保证;学习计划表能够帮助孩子合理安排日常学习、单元学习和查漏补缺,实现课内学习与知识面的拓宽统筹兼顾。家长还应培养孩子在学习上做到"三先三后",即先预习后听课、先复习后做作业、先独立思考后请教别人。在帮助孩子建立掌握的学习方法过程中,家长一定要多鼓励,保证孩子的每一步成长都脚踏实地、稳健前行。

青春期的孩子容易敏感多疑。女孩小雯读小学时品学兼优,可是升入初中后由于优秀生云集,她在班里的成绩不再占有优势,因此她的心理压力也越来越大。

在这种情况下,她的学习成绩也明显出现了下滑趋势。父母为此很着急,父亲本来期望她能考上重点高中,但看到这种情况十分失望:"你要是原地踏步也就算了,怎么还往后滑呢?你怎么就这么笨呢?"父亲的话让她沮丧至极,心情坏到了极点,心理压力更大了。从此以后,她只要在学校里就感觉到老师和同学们都在以异样的眼光看她,每当这时她就会感觉脸上火辣辣的。小雯本来就是一个很要强的女孩,她恨自己不争气,于是昼夜加班。可是重压之下让她身心产生了一系列的不良症状:她首先开始失眠,接着又开始幻听,总觉得别人都在说她是笨蛋,不争气等。对此,学校通知小雯的父母建议她休学。直至这时,父母才意识到了问题的严重性,于是耐心开导她,并极力安慰她,可是无论如何也改变不了她的想法。她坚信自己就是个笨蛋,而且周围的人都在嘲笑她、指责她……无奈,父母只好带她去看心理医生。

其实,青春期孩子敏感多疑是此时的主要表现。此时,家长要谨言慎行,维护其自尊。

青春期的孩子本来就敏感多疑,而小雯父亲的一番话,深深地刺伤了小雯的自尊心。加上她自己的成绩本来就下滑得厉害,于是小雯陷入了深深的自卑,而这种自卑感加重了她的多疑和敏感,致使她的心态急剧恶化。

心理学上有一个瀑布效应,说的是信息发出者的心理比较平静,但所传递出的信息被接收后却引起了不平静的心理反应,从而导致态度行为的变化等,这种心理现象被称为瀑布效应。这正如大自然中的瀑布一样,上游看起来平平静静,而遇到了某一悬崖就会一泻千里。简言之,就是别人的一句无心之言,可能就会令你产生强烈的猜疑和反感。正如上面例子中小雯父亲的那一番话,其实真正刺伤小雯的是那句"你怎么就这么笨呢"。这句话虽然是父亲在盛怒之下说出来的,但确实是无心的,其实小雯的父亲在内心深处或许根本就不认为自己的女儿笨,只不过一时着急,恨铁不成钢,脱口而出罢了。然而,就是这句话对小雯造成的伤害是巨大的,甚至一度让她陷入心理上的恶性循环,直至产生心理问题。

因此,在实际生活中,父母一定要对青春期的孩子谨言慎行,否则,出现了不良后果,悔之晚矣。对待此刻的孩子,这几种方法可以试试:

方法一:让孩子学会信任。

孩子敏感多疑，主要表现就是不信任别人，总怀疑别人在做不利于自己的事情，或者用异样的眼光看待自己，而事实上只是孩子过于敏感罢了，大多数情况下他所怀疑的事情纯属子虚乌有。因此，解决孩子多疑问题的关键在于让孩子学会信任他人。让孩子学会信任，父母首先要与孩子建立信任关系，让孩子信任自己。这就需要父母多倾听孩子的心声，多关注孩子的生活，多站在孩子的角度考虑问题。这样才能走进孩子的内心世界，赢得孩子的信任。

现实生活中，有些家长因忙于工作或其他事情而除了孩子的衣食住行之外，很少和孩子谈心，很少和孩子进行心灵层面的沟通。而一旦发现孩子成绩有所下降，或出现了其他问题，就对孩子横加指责，甚至讽刺、挖苦。试想，这样的家长怎能赢得孩子的信任呢？所以，让孩子学会信任，首先要从家长做起，多关心孩子，多了解孩子。

方法二：帮助孩子树立自信。

孩子敏感多疑的另一主要原因是孩子本身不够自信。当这种不自信遇到一些小挫折时，便强烈地折射出敏感多疑的心理倾向，甚至使孩子陷入一种恶性的心理循环。因此，帮助孩子树立自信，能够有效地避免孩子陷入敏感多疑的心理陷阱。

小蕊为了考上一所重点高中，初三上学期开始努力学习，但进步并不明显，于是她向睡眠要时间，每天晚上开始熬夜学习。可是，由于晚上投入太多的精力学习，睡眠不足，造成了她上课总是打瞌睡，这直接导致了上课听课效果不好。

结果，过了一段时间，她的成绩不但没有提升，反而有下滑趋势，这使得小蕊情绪十分沮丧。她总觉得同学都在背后议论她，瞧不起她，每次考试她都想考出好成绩给同学们看看，可总是事与愿违，为此她心里非常难受，在家也经常对父母发脾气。她变得越来越自卑和孤僻了，她总认为自己不是学习的那块料，后来甚至一度有退学的打算。妈妈发现了她的异常，坐下来耐心地与她沟通。她对妈妈说，她总觉得周围人看她的眼神不对，说话时的表情、语气也都似乎是在嘲笑她，同学们都不爱答理她等等。妈妈知道这都是女儿多想了，这可能是她不自信导致的。于是妈妈又耐心地开导她，并为她举例子说，她在小学时几乎每年都被评为三好学生，成绩一直名列前茅，所以她在学习方面是棵好苗子。近期成绩下降，可能是心理紧张导致的。妈妈还劝导她，要注意调整心态，调整学习方法，不要急于求成。

经过妈妈的耐心开导，小蕊似乎找回了一些自信，她的情绪也逐渐好转起来。

孩子因为不自信而产生多疑的情况比较常见，针对这种情况解决的有效办法就是找一些让孩子引以为豪的事情，或者指出孩子的长处来帮助孩子恢复自信。

方法三：批评孩子，"尊重"在先。

有时候孩子敏感多疑还有可能是家长不当的批评导致的。有的家长在批评孩子时经常用一些贬低性的词语，比如，"你真笨！""你怎么啥都不会？""看来你长大了只能去扫马路了！"这些词语会在特定情况下严重刺伤孩子的自尊心。

孩子虽小，自尊心却一点儿不比成人弱。父母有时候一句话说重了，外向的孩子可能会马上争辩几句，内向的孩子则有可能会把怨气憋在心里，日久天长，内心就容易形成强烈的自尊或自卑。所以，孩子哪里做得不好，父母一定要帮助他分析原因，找出解决问题的办法，然后教导孩子下次如何避免，而不是不问青红皂白，劈头盖脸就是一通批评。

小磊初一时成绩优秀,没下过班里前五名,可是自从升入初二后,他就不好好学习了,经常和一些"哥们儿"逃课,去网吧上网。他的成绩也因此大幅度下降。老师把此事通知了小磊的爸爸,小磊的爸爸得知后非常生气。

当晚,吃过晚饭,爸爸把小磊叫到书房,但并没有马上批评他,而是平静地问他:"听老师说,你最近成绩下滑得厉害,究竟是怎么回事?"小磊低着头怯怯地说:"最近没好好学习。""上课都干什么去了?"爸爸接着问道。

"去……去网吧了。"小磊预料到爸爸可能得知了详细的情况,于是不再掩饰。

"其实,这事儿我都知道了,难得你还比较诚实。"爸爸语气中暗含对儿子的肯定。

"不过,现在是学习的黄金时期,人这一辈子就这么一个最宝贵的阶段。你智力不错,成绩也一直不错,如果把宝贵的时间和精力花费在网吧,你觉得值吗?"

"爸爸,我知道错了,以后再也不去网吧了。我一定好好学习!"小磊似乎真的意识到了错误。"那就这样吧,今天就谈到这里,看你以后的行动吧。"爸爸平静的语气中带着期许。

想必再叛逆的孩子听到这番批评的话,也不会叛逆,整个批评的过程就是在一种平静的谈话中进行的,而且这位家长在批评孩子的语气中,还带着一丝丝肯定,这对孩子是一种暗示和鼓励。这种春风化雨的批评给予孩子莫大的尊重和鼓励,效果也是显而易见的。

7 孩子的潜能无限

一个令人震惊的研究结果是:如果将人类的整个意识比喻成一座冰山的话,那么浮出水面的部分,就是属于显现能力的范围,约占意识的5%,换句话说,95%隐藏在冰山底下的就是属于潜能。

就是像爱因斯坦、爱迪生等天才人物,一生中也不过运用了他们潜能力的2%不到。因此,任何人不论你聪明才智的高低,成功背景的好坏,也不论你的愿望多么的高不可攀,只要懂得善用这股潜在的能力,它就一定可以将你的愿望实现。事实上,如果把一小半潜能释放出来,就可以轻松掌握40种语言。这就是潜能的无穷力量。

人的潜能无限,你认为你行,你就行。大自然赐给每个人以巨大的潜能,所以别压抑你的潜能。发挥你的潜能,就会为成功增添更大的砝码。人的潜能,犹如一座等待开发的金矿,蕴藏无穷,价值无比,而我们每个人都有一座潜能金矿。但是,由于没有进行各种潜能训练,每个人的潜能从没得到淋漓尽致的发挥。并非大多数人命里注定不能成为爱因斯坦,相反,只要发挥了足够的潜能,任何一个平凡的人都可以成就一番惊天动地的伟业,都可以成为一个新的爱因斯坦。

一位音乐系的学生走进练习室。钢琴上摆着一份全新的乐谱。

"超高难度……"他翻着乐谱,喃喃自语,感觉自己对弹奏钢琴的信心似乎跌到谷底,消磨殆尽。已经三个月了!自从跟定这位新的指导教授之后,不知道为什么教授要以这种方式整人。勉强打起精神,他开始用自己的十指奋战、奋战、奋战……琴音罩住了教室外面教授走来的脚步声。

指导教授是个极其有名的音乐大师。授课的第一天,他给自己的新学生一份乐谱。"试试看吧!"他说。乐谱的难度颇高,学生弹得生涩僵滞、错误百出。"还不成熟,回去好好练习!"教授在下课时如此叮嘱学生。学生练习了一个星期,第二周上课时正准备请教授验收,教授想到了新的点子。教授又给他一份难度更高的乐谱:"试试看吧!"上星期的课,教授也没提。学生再次挣扎于更高难度的技巧挑战。

第三周,更难的乐谱又出现了。学生每次在课堂上都被一份新的乐谱所困扰,然后把它带回去练习,接着再回到课堂上,重新面临两倍难度的乐谱,却怎么样都追不上进度,一点也没有因为上周练习而有驾轻就熟的感觉,学生感到越来越不安、沮丧和气馁。教授走进练习室。学生再也忍不住了,他必须向钢琴大师提出这三个月来何以不断折磨自己的质疑。教授没开口,他抽出最早的那份乐谱,交给了学生。"弹奏吧!"他以坚定的目光望着学生。不可思议的事情发生了,连学生自己都惊讶万分,他居然可以将这首曲子弹奏得如此美妙、如此精湛!教授又让学生试了第二堂课的乐谱,学生依然呈现出超高水准的表现……演奏结束后,学生怔怔地望着老师,说不出话来。

人,往往习惯于表现自己所熟悉、所擅长的领域。但如果我们愿意回首、细细检视,就会恍然大悟:看似紧锣密鼓的学习培训,永无歇止、难度渐升的竞争压力,不也就在不知不觉间,行成了今日的这般能力吗?因为,人,确实有无限的潜力!

一位加拿大电车司机,在第一次世界大战时,曾从军曹晋升为将军。一位电车司机并不知道他有统御大军的能力,但事实上他能。一个母亲为了保护她的宝宝,用斧头砍死了一头熊。一个妇女本不能砍死一头熊,但事实上她做到了。

一个人如果知道自己身上蕴藏着巨大的力量,那会创造何等的奇迹啊!有时候,潜能会在不知不觉中显现出来。然而有时候,正如野马只有脱了缰奔跑时才能发挥出全部的潜力一样,人也只有在这种情形下才能发挥出自己的最大能量。无论怎样,每个人的潜能是无限的,关键是要找到一个能充分发挥潜能的舞台。

如何激发自己的无穷潜能呢?一个有效的方法是,不断提高自己的期望,让自己始终保持一颗进取的心。9次世界锦标赛冠军,5块奥运会金牌得主迈克尔·约翰逊的事例更能带给我们启示。

高中时代即显示出非凡体育才能的迈克尔·约翰逊1988年即在美国田径锦标赛上获得男子200米、400米跑两项冠军,在1990年到1997年间,他在自己的最强项400米跑赛场上连续夺得58个冠军,他同时还是200米跑好手,在1990年到1992年间他获得32个200米跑冠军。在1996年6月23日,美国奥运会田径预选赛上,迈克尔·约翰逊以19.66秒的成绩打破了沉寂17年之久的男子200米跑世界纪录。亚特兰大奥运会的200米跑世界纪录和200米跑、400米跑两枚金牌使迈克尔·约翰逊的事业达到了顶峰。1999年世界锦标赛的决赛中,迈克尔·约翰逊以43.18秒改写了他的同胞雷诺兹保持了11年的400米跑世界纪录。他那种挺起上身、仰着脖子的跑姿成为400米跑赛道上一道独特的风景线。2000年悉尼奥运会上,33岁的他又获得400米跑冠军43.84秒和4×400米冠军(最后一棒),在这届奥运会后,他光荣退役。

高峰只对攀登它而不是仰望它的人来说才有真正意义。其实有时候,你不是不会成功,只是还未成功。世上没有不败的胜者，更不会有永远的败者，再美的紫丁香，也有凋谢的一天，墙角的小草也拥有生命的翠绿。唯有保持一颗永恒进取的心，才能让成功的花开放得更持久、更芬芳。若不给自己设限，则人生中就没有限制你发挥的藩篱。世上没有绝望的处境，只有对处境绝望的人。一个人行不行，不是指他有没有能力，而是指他有没有行动。因为每个人都拥有可以激发的巨大潜能。

8 孩子一定不会长成我们想要的样子

年前，朋友推荐我看看网络上一篇颇受好评的教育文章《儿子，爸爸不是郑渊洁》，并且追问：咱们这些普普通通为人父母的小老百姓，在教育孩子的大问题上，到底是应该吸收郑渊洁、李开复、洛克·菲勒，甚至比尔·盖茨他老爹的高端经验，还是老老实实学习哈佛女孩刘奕婷父母望女成龙的平凡追求？我的意见？都很好啊！当然，这些书，也着实都可以不看。反正我们永远也不可能把孩子教育成我们一开始想要教育的样子，因为孩子们是人。所有关于人的大小事情，都一定不会像计算机程序这边输出、那边输入般确定。

老祖宗曾经教导我们："圣人走后，剩下的只是书中的垃圾。"怕的就是，我们之中的大多数，都很容易被语言本身所戏弄，上了文字的贼船。所有我们能够看到、听到、接触到的所谓经验之谈，都一定丢失了总结者想要表达的大多数信息。人与人之间的交流，本来就是一个误会接着另一个误会的美丽碰撞，更何况还是间接进行的。有谁敢说，生活中的郑渊洁，仅仅靠他在公开场合所表达的那些教育理念，就造就了今天的郑亚旗？还有多少人不知道，比尔·盖茨之所以能够在中学时代拿下 IBM 的订单，是因为他有一个在 IBM 做高管的老妈？大家别误会，我在这里拿世界首富开刀，不是想说他因此就具备一般民众难以企及的裙带关系，而是想提醒大家，很有可能我们的电脑神童，不到三岁的时候就坐在一堆晶体管元件上，拿着鼠标玩叠叠高。简而言之，没有一个孩子从小到大所接受的教育方式，可以被另一个家长原封不动地照搬到自己孩子身上，因为我们自己，不可能克隆成为另外一个遥远而模糊的人。就算勉强可以，我们也无法复制孩子们成长的生活环境和时代背景。

成功的教育，大概就是可以让我们的孩子在有朝一日离开我们之后，也可以把自己的日子过得就像以前在我们身边一样好，甚至更精彩、更好。或者说，父母的爱，就是为了离开。父母需要帮助孩子适应他所在的现实生活环境，这一点毋庸置疑。在孩子与外面的大千世界之间，家，是一个缓冲地带，父母，就像一对领路人，在陪伴孩子一路走来的十多年（或者二十几年）里，我们抱着、领着、影响着、干扰着，直到有一天，目送着他们走向未来。

很难找得到合适的文字，告诉热切的父母们到底"应该怎样做"。最多不过是想稍微提醒大家，在寻找教育方法的过程中，也许偶然停下来、怀疑一下也不错。问问自己：真的是这样吗？这样做，是不是在悄悄满足自己的心愿？据我所知，很多极力推崇"快乐至上"的爸妈，绝大多数都没逃开一个很不快乐的童年；同样，还有很多想方设法要把孩子培养成伟大精英的父母，其实不过是对依靠自己的力量改变生活彻底失去了信心。

其实，有时候怀疑比坚信更宝贵。不仅是教育，执着于教条的生活，本身就说明一个人缺乏生命的灵动。曾经接触过一位绝望的母亲，十多年来，一直在严苛地抨击中国当代教育的种种弊端。当然,如果她的职业身份是一位社会评论家,那么这一切无可厚非。但是,如果抱着这样一个态度去做一位母亲,整天都在儿子面前指责学校里的老师如何如何不懂教书育人,那么结果只能让这个孩子失去在校园里找到快乐和希望的最基本的能力。

不客气地说,在这位母亲眼中,没有儿子,只有她对于当今教育界种种失望和不满的忠实听众。我们之中的大多数应该都不会把父母做得如此失败,却同样有可能在很多生活的细节中看不到孩子是一个鲜活的生命,而仅仅把他们当作自己的"教育工作成果",以示天下大众。有时候,我们寄希望于找到一个完美的、百分之百正确的教育方法,私底下的心愿却是,一旦将来孩子没有如愿成才、光宗耀祖,那就可以肯定这个孩子不听话、不争气、不上进,天生不是可以发光的那块材料,而不是我们的教育不当。问题是,就算我们教育不当又怎样呢?我们从来不会渴求自己是完美的员工、完美的人,又何必苦苦要求自己做一个完美的教育者呢?

或者,也许我们这篇讨论一开始的立意就弄错了,结果自己把自己给绕到死胡同里了。谁说追求成功就不能把日子过得快乐?成绩好的学生就一定压力重重吗?掌握知识的过程就一定艰苦卓绝吗?学校、考试、竞争,本来就是这个世界的一部分,没有一个孩子的成长过程能够避开这些重大主题。如何面对并完成这些挑战、如何承担行为的结果、如何调试在现实环境中的自身状态……以上种种问题,都没有必然的标准答案,而需要父母和孩子根据自己的具体情况共同做出选择。

说不定,我们这帮家长聚在一起争论不休,还不如回家放下身段,好好听听孩子的声音。很有可能,他们所经历的每一天,和我们头脑中想象的完全不同。

9 从"高考战"到"家庭战"

高考已经结束了,但考后的日子却不平静。随着高考分数的公布,各种问题纷至沓来,孩子和家长之间也产生了不少的矛盾和摩擦,而在这场"家庭战"中,多沟通就是一剂良药。

随着高考分数公布,各种问题也纷至沓来,有填报志愿和家人闹矛盾的,还有高考失利想寻短见的。专家提醒,家长这段时间应多关注孩子,多和孩子沟通,以免发生意外。

填报志愿闹分歧,孩子挥刀砍自己。 18岁的小东知道自己的高考成绩是548分,十分高兴。没想到,一家人却为了填报高考志愿,爆发了一场家庭"大战"。

中午小东同学通过电话查询,得知自己的高考成绩是548分,一家人都非常高兴。但是,到了下午,全家人为了志愿填报爆发了一场"家庭战争"。原来,小东希望报考自己满意的某军事学校。但是,小东的妈妈希望小东报考英语专业或对外贸易专业,因为小东的舅舅在国外定居,妈妈希望小东同学以后也去国外留学。小东爸爸则希望儿子学医。父母你一言我一语,就吵了起来。脾气火爆的爸爸竟动起手来打了妈妈,这下妈妈可急了,把爷爷奶奶、姥姥姥爷都叫了过来。奶奶一听要报志愿,便提出不能让自己唯一的孙子去外地。姥姥认为,好男儿志在四方,小东应该出去锻炼锻炼。双方的老人又拌起嘴来。小东劝这个也不听,劝那个也没用。眼看六张嘴越说越激动,情急之下,小东拿起刀大喊一声:"别吵了,再吵我就砍自己了!"一家人这才傻了眼。妈妈急忙上前夺下刀,爷爷奶奶、姥姥姥爷随即都表示,谁都不许发表意见,小东愿意报哪就报哪。一场纠纷这才偃旗息鼓。

高考失利受责骂，男孩海边欲轻生。五月初五是"端午节"，可就在这一天，有个男孩因为高考失利，与父母拌嘴后而气得离家出走，并试图跳海自杀。幸好民警及时赶到，才避免了这一悲剧。

2012 年 6 月 23 日晚 6 时许，天津港公安局南航路派出所接到天津港某码头公司门卫报警称，一名 20 岁左右的青年正在码头内四处游走，行迹十分可疑。民警随即赶赴现场，男孩当时正在码头边大声哭泣，情绪波动很大。民警立即将男孩扶上警车并返回派出所。经了解，该男孩 20 岁，是一名刚刚参加完高考的学生。因这次高考成绩不理想，他没能考上满意的学校，再加上父母责骂了他几句，他一时想不开，气得离家出走，在海边欲投海自尽。

当晚 8 时许，民警小张将他送往港区外，与其父母见面，父母见到孩子后，抱住孩子不禁哭了起来，并对民警的帮助表示感谢。

及时和孩子沟通，做支持者和被依赖者。专家提醒，高考后的日子，孩子心里非常焦虑，容易出现这样那样的问题，尤其是分数公布后，孩子情绪更加容易激动。不管考得如何，家长应该注意和孩子沟通，及时了解孩子的心理状况，当好孩子的支持者和被依赖者。

志愿填报时，家长要尊重孩子的意愿，要理性地为孩子分析利弊，做好沟通，千万不要"我说了算"。即使家长考虑和选择是正确的，也要以理服人，要让孩子心悦诚服。即使孩子有一丝想不通，也不要勉强，最后志愿的"落笔"权要交给孩子。另外，许多孩子由于考试成绩问题而极易发生消极心理，并导致各类危险的发生，因此，家长应多和孩子沟通，多疏导孩子，千万不要一味地责怪孩子，否则，得不偿失。

10 进大学了，路自己走

每年 9 月，各个高校迎接来自全国各地的新生。"亲爱的爸妈，我是一名大学生了，我决心从今天起，学着自我管理、自我服务……放开手，大学的路让我自己走。"这是武汉一高校新生发出的"独立宣言"。面对崭新的环境，崭新的人和事，如何才能更快地适应崭新的大学生活呢？这确实是一门学问。

安全问题是第一。

当学生们背起行囊，走出家门的那一刻，他们就像是展翅而飞的小鸟一样，心中除了眼前无垠的天空之外什么也不会多想。此时，安全问题就成为一个学生很容易忽略但又是重中之重的问题。

首先要注意的就是出行安全。不论是在本地上大学，还是远离家乡和亲人独自在外地闯荡，都要面对离开家庭、离开父母的现实，再也没有人陪伴在自己的身边。外出的时候，尤其是在与好朋友、室友一同外出的时候，更要格外绷紧安全这根弦。目前，机动车的数量越来越多，车速都非常快，很容易发生交通事故。另外，现在电动车的数量也急剧增加，而且速度甚至超过了交通法所限制的市内机动车的最快速度，是极容易引发交通事故的一类交通工具。

日常外出时一定要按照交通信号灯的指示行走。即使在非机动车道上，也要注意来往车辆，不可在行走时追、跑、打、闹。走路时尽量不要打电话或是用耳机听音乐。千万不可横穿机动车道；晚间出行车辆稀少，没有交通信号灯的情况下，更要注意往来车辆，与多名同伴一同外出时,切忌一字排开妨碍车辆行驶。这些是看似在提醒小学生的警示语句,但是恰恰就是这些简单的要求,很多大学生甚至是成年人都不能时刻牢记并遵守,甚至酿成大祸。

其次,保证宿舍安全也是每一个宿舍成员的责任。在大学中,宿舍就是同学们的家,除了上课、自习,同学们有很多时间都是在宿舍度过的,提高宿舍安全意识就是维持同学们正常学习生活的基础。在此,提醒同学们,平时外出时一定要锁好宿舍门,防止屋内财物失窃。遵守学校的规定,不要使用违章电器,同时要注意防范火灾。

处理好人际关系是一门学问。

在过去的十几年中,同学们的目标就是一个——考大学,但在踏进大学的校门之后,就会发现,你在大学中要学习的不仅仅是专业知识,更重要的还有很多丰富个人人格、心理的内容,如何处理好与周围人的人际关系就是其中一个很重要的问题。

大学的生活没有父母的宠爱和袒护、亲人的包容和理解,取而代之的是和自己一样有理想、爱冲动、讲义气又缺乏生活经验的同龄人。对大学生宿舍问题,某大学学工部主任感到很忧虑:"大学生有一半的大学时间在宿舍度过,室友的感情、宿舍的氛围直接关系着学生的身心发展。"

在日常的生活中一定要学会控制情绪,勇于发现自己的问题,出现问题不要推卸责任。尊重他人的生活习惯,学会倾听别人对自己的意见。在班级或宿舍中避免小团体的出现,要积极地融入大集体中,谦让和包融会让彼此的关系更加和谐。

学会理财,为第一桶金打基础。

告别了家长的同学们感觉到无比的自由与轻松,从此再也没有人在耳边催促、提醒那些烦不胜烦的要求,生活也因此变得有些放纵了,高昂的生活费就是一个最明显的标志。有很多大学新生经常会出现"经济危机",每个月上千元的生活费仍然满足不了一个学生的生活需求,这个现象在大学中是很常见的。想要改善这种现状就一定要掌握基本的理财技巧。

"大学生出现钱不够花的现象,其实不是钱不够花,而是不会花钱。"理财专家认为,大学生在消费的过程中头脑没有理财的概念,认为钱若是不够花了则父母自然会给补上,因此,他们的消费是缺乏计划的盲目消费。此外,大学生因为没有理财的计划,所以更加容易因一时冲动而购买一些没有使用价值又价格不菲的商品,结果只能是入不敷出。这在大一新生中占有不小的比例。

面对这种情况,家长要及时察觉,不能因为你爱他就过分地听从孩子的一面之词。在适当的时候要提供一些简单易行的方法教会孩子如何合理分配金钱,比如,按时记账就是一个不错的方法。只有了解了自己费用的去向,才能更加合理地计划生活。

合理安排时间,兼顾学习和游戏。

学习仍然是大学生的最重要的任务,只有学好专业知识才能为未来做好充分的准备。而大学校园也是一个模拟的小型社会,很多的学生组织、社团组织都是大学新生小试牛刀的地方,它可以培养一些工作技能和工作经验。许多大一新生都很热衷于参加各种社团活动,但与此同时又会发现,学习的时间除了课堂外少之又少。在这里建议大家要根据自己的性格和能力来选择社团组织,不要参加过多的社团组织,找两三个最符合自己兴趣的即可。

另外，很多的家长都会为大学新生准备一些电子产品，学校也会在宿舍里安装网络设施，于是，上网成了大学生们每天的"必修课"。女生们喜欢网购、追电视剧，而男生钟情于网络游戏。适当的游戏有利于我们放松精神、调节情绪，但是过度地沉迷于网络就如同慢性自杀，将大好前途毁于一旦。在这方面尤其要提醒男同学，时刻防止自己产生网瘾，并且要规劝身边的好兄弟，不要沉迷于网络。只有大家彼此相互监督才能真正地营造出好的环境供大家生活学习。

当个"社会人"的早与晚。"社会人"的定义首先是相对于学生的，特别是"纯学生"，其次就是相对于"单位人"而说的。

我们当前的教育体制，在面对如今现代社会突飞猛进的创新需求中，针对高要求的人才资源市场，说失败也好，说找不着"大门"也罢，反正是刚出你大学校门的人，不管是本科生还是硕博生，他的就业问题就可能是困难的，干工作还就是上手慢半拍，为人处事还就是不老灵验的。过去在封闭国门的年代，我们培育培养"接班人"的一套老法子，大家和社会都感觉是正常之事。可是，这企业的市场经济实施起来后，什么是"真本领"可就要求越来越严格了，再想找混日子蹭工资的"角落"就愈来愈少了。

从大处着眼，一个人越早成为"社会人"越好。社会人就应该是有自己的社会定位的，有吃饭的本领的。有的人天生聪明，不太需要他人指点、教育和培养，就能较早成为社会人，像比尔·盖茨，大学学习了一半，感觉在瞎耽误工夫，立即自动辍学，投入"社会人"行业，发财赚钱。可是，作为智商一般的子弟，要想在城里在上海在东京在纽约占有一席之地，恐怕还是需要进大学拜教授为师多学习的。好了！大方向明确了。

咱再从小处着手，我们的高校教育，它教不教你做一个"社会人"？答案是：教，肯定教！这是老师们嘴上说的，可是社会检验他们的"产品"之后，一致认为没教。为什么？

因为，社会人的标准是既需要知识，又需要智慧，还需要胆识的"全人"。而我们的高校，好的是教的知识挺多，但是其中落后的知识也不少；最坏的事情是连知识都懒得教给孩子们。问题是这智慧与胆识谁教，或者上面提到的你高校解决了"干工作还就是上手慢半拍，为人处事还就是不老灵验的"的难题也行。在实践中，一般企业和用人单位，就施行"矬子里面拔将军"的对策，对学生干部优先录用，起码在学校中在他为别人服务的过程中，锻炼了智慧，提高了胆识；并且知道了什么是工作，多少也实习了为人处事的 ABC。

再说一说对应的"单位人"。社会人成长起来了，他不怕你的单位倒闭，不怕你炒他的鱿鱼，只因为他已经将自己融入了社会，在社会的一个结点上生存，可以较稳当地调来跳去，比如一个厨师，一个真真正正的厨师。可是，有一种"单位人"就惨了，学校毕业之时，机遇较好进入了一个大"机关"，于是一个岗位一干就是七八年，虽然一个职能较熟的完成了每年的任务，但是学校学的专业荒废了，本事除了"嚼老婆舌头"别的全不行，赶上机构转型和企业化运作，这位小"爷爷"小"奶奶"肯定不能适应社会的其他挑选，被社会无情的抛弃掉了。可怜的"单位人"啊！

所以，是学生就应该早日锻炼自己成为"社会人"；是"单位人"也应有危机感、危险感，要练好本领，要不断充电，要适应社会。只有咱去适应社会，社会是不会去适应你的，只要没有给你饿死，就算不错了！

家庭会议法。

良好的家庭氛围,需要有良好的沟通。

解释:美国作家西奥多·德莱塞说:"和睦的家庭空气是世上的一种花朵,没有东西比它更温柔,没有东西比它更优美,没有东西比它更适宜于把一家人的天性培养得更坚强、正直。"

良好的家庭氛围,需要有良好的沟通。家庭会议不仅是实现良好沟通的重要手段,还能调动全体家庭成员的力量,使孩子的习惯培养变得更为顺利。

原则:召开家庭会议要求不流于形式。

操作方法:①确定家庭会议的周期。家庭会议要定期。条件允许的话,最好一个星期一次。也可以半个月一次或者一个月一次。最好不要超过一个月,否则,很难养成习惯。②确定家庭会议的主持人。主持人可以是固定的,如由孩子们来担当;也可以是轮流当主持人,每个家庭成员都有机会。主持人负责在共同制定的时间里召集所有家庭成员开会。③要努力说出自己的想法。家庭会议的气氛应该是诚挚、民主、轻松的,如果因为有长辈在场就不敢说出自己的想法,家庭会议也就失去了它原本的意义。④要仔细听取父母的意见。父母往往比孩子具有更多的生活经验,他们绝大多数是从为孩子好的角度思考问题。尤其是在习惯培养上,父母能看清孩子身上的优、缺点,提出的意见通常是中肯的。⑤做好会议记录。最好由专人进行会议记录。记录的内容包括每次家庭会议召开的时间、地点、参加人员、谈论议题、主要发言及讨论结果等。

父母言传身教法。

身教大于言传,只因为好坏习惯都是在琐碎小事和日常生活中培养的。父母给孩子树立一个好榜样,就是对孩子进行无声的培养。

解释:原苏联教育家克鲁普斯卡娅说过:"父母是天然的教师。"父母的言传身教,对孩子是一种潜移默化的教育。"欲教子先正其身。"孩子善于模仿,模仿产生的效果好坏取决于他所模仿的对象是怎样的。而父母正是孩子天然绝佳的模仿对象,父母的习惯不好,想让孩子养成好习惯是很难的。

原则:父母的言传身教,是要让孩子学习父母身上的优良品质,培养出更好的习惯。父母不是圣人,不可能完美无缺,因此,孩子要注重对父母良好行为的模仿和发扬,对父母不好的行为则要摒弃。

操作方法:①父母要注意自己言谈举止的影响,提高自身的修养。②凡是要求孩子做到的,请父母首先做到。父母说话不要太随便,要注意影响。③凡是孩子提出的合理的意见,父母要虚心接纳,并及时改正。

第二章　伤孩子家长的溺爱毛病

不会爱，你还爱，就是对自己孩子的"虐待"。

"我自己身上掉下来的肉我能不了解？"

许多父母都认为自己很了解子女，但实际上，真正理解孩子，让孩子健康成长，绝非易事。有时，在父母看来无所谓的事情，却会在不经意间伤害孩子幼小的心灵，这就是"虐待"。若是这样的事情接连不断地发生，则孩子很容易产生逆反甚至绝望的心理，这虐待的结果甚至使孩子走上一条不归之路。

如今，此类事情屡屡发生，使那些曾经深信自己的孩子绝不会有这样想法的父母们，也开始感到彷徨和不知所措。

为人父母总是艰难与伟大同行，辛苦与幸福同在，世上歌颂这种亲情的文字俯拾皆是。但是，就如高尔基所说的，生孩子是连母鸡都会做的事，爱孩子就是另外一回事情了。爱孩子一旦被人类赋予了教育的因素，就变得不那么简单了，仅凭父母对孩子的满腔热爱是远远不够的，还要掌握科学的理念，掌握准确爱孩子的艺术与学问。如果教育观念和方法不得当，就会适得其反。

家庭教育的重要性已波及全球，世界上数万种工作中，养儿育女是最重要、最具有挑战性的工作。现代教育学对家庭教育更给予了特别关注。如犹太人的家教传统与中国人的家教传统有很多相似的地方，而犹太中产阶级家庭，更针对怎么把母爱变成篝火，充分利用优越的经济条件，发挥有利的教育因素，演绎出一套行之有效的爱子秘籍，并将它传授给后代。

这套爱子秘籍是什么呢？把它总结起来，就是七个字：特别狠心特别爱！

1 给孩子"自留地"

家长应该理解尊重孩子隐私，给孩子小秘密留个"自留地"，应放低身段以朋友身份与孩子平等交流。

很多大人都强调自己的隐私权，却对孩子的秘密不以为然。一些家长还认为孩子瞒着人，肯定没好事。专家提醒，孩子在两到三周岁就有自我意识，每个孩子都有自己的小秘密，家长应该理解、尊重孩子的隐私。

很多家长认为，孩子没有什么秘密。有的孩子小时候出洋相或做了不光彩的事情，家长总是爱在他人面前，故意倒出孩子的旧账。有的孩子身上有胎记，家长不但不保密，反而常让孩子在他人面前展示。有些孩子的日记、信件、电子邮件等常被父母偷看。结果导致孩子产生自卑心理或逆反心理。

专家指出，孩子在两到三周岁开始就有早期自我意识，家长应当把孩子作为一个有自我情感的个体对待，给他一定的空间。现在独生子女家庭越来越多，很多家长都把孩子看成掌中宝，恨不得每时每刻都和孩子在一起，但是随着孩子逐渐长大、心理逐渐成熟，孩子的独立需求也日益增加，想要一点自己的私人空间，家长应当顺应孩子心理需求并顺势利导，而不是动辄和孩子大动干戈地究问隐私。

专家提醒，其实家长在保护孩子隐私的同时，也能达到和孩子交流、沟通的目的。首先，家长要找好定位。很多家长依然有旧时的家长式作风，用父母的身份压孩子，直接究问毫不留情，这只会加重孩子的逆反心理，达不到交流的目的。家长最好放低"身段"，以朋友身份和孩子平等地聊天，缩短心理距离。其次，要找好角度，就孩子感兴趣的人和事进行交流。比如，在学校的朋友、有趣的事，可以让孩子觉得和大人交流是种乐趣，而不是简单的"交差"。不可否认，有时孩子的隐私中可能包含某些不良行为，即使如此，家长也要既尊重又巧妙地引导、教育，争取孩子的信任。如果孩子视父母为可信任、可亲近的大朋友，就会向父母倾诉内心最隐秘的事情。

2 小"不让干"，大"不敢干"

时下，很多家长反映自己的孩子随着年龄的增长"闯劲儿"越来越弱。了解后发现，孩子可贵的独立天性的消失很大程度上归咎于家长的"帮助"。他们用自己的经验为孩子设置禁区，而自己则身先士卒替孩子"扫雷"。从小到大，孩子就没做过一件事能证明"我能"，更谈不上树立自信心了。专家指出，孩子的自信不是喊出来的，家长应该放手让孩子"自己学着办"，从点滴中积累自信体验。

爹妈伸手过长"好奇宝宝"变身"妈宝贝儿"。

孩子从呱呱坠地开始，就对周围的一切愈来愈感兴趣，有了要求独立的愿望：一两岁的孩子要从母亲手里抢过糖来自己剥着吃，刚学会走路的孩子不要大人搀扶，很多幼儿在牙牙学语时就对新鲜事物表达"我来"、"我自己来"、"我会"的意愿，"好奇宝宝"往往是大人们对这些独立且不愿接受别人帮助的小孩子们的昵称。

可是，不少好心的家长对孩子潜在的能力往往估计过低，对孩子要求独立的愿望视为"麻烦的无用功"，用自己的经验"帮助"孩子，慢慢地，可贵的独立精神就被父母们"帮助"没了：孩子逐渐成了饭来张口、衣来伸手，生活上不会自理，学习上不独立思考、害怕困难的人。有社会调查人员上下学时间，在幼儿园和小学门口观察后发现，七成以上的幼儿园孩子是自己背书包，万一哪次妈妈越俎代庖，孩子准得从大人手里把小书包"抢"过来；可小学生的情况正好相反，年级越高，家长替孩子背书包的现象越明显。

小到上小学背书包，大到考试升学，原来孩子一个人的活儿，现在是一家三口甚至是老少三代一同出马。"以前老师只要解决好同学之间的小摩擦就行，现在家长主动帮孩子出头，生怕孩子吃亏，我们天天都忙着平衡家长关系。"某市一所重点小学二年级的班主任说，"同桌吵架是很正常的事儿，以前学生甭管是和平谈判还是'武装威慑划清界线'基本都自己解决，如果'找老师告状'则基本上就被同学视为无能。可现在的孩子，连找老师告状的本事都退化了，更甭提自己解决了。某学期开学两周，我就接待了四位'告状'家长，好说歹说非要给自己的孩子换座位,声称'惹不起躲得起'。"这样的孩子从小到大就没试过"自己来",只是一直在"找妈妈",越来越缺少自信。

家长"扫雷",孩子省事省心,却失了自信。

其实,孩子没自信的根本原因在于没有尝到过"我能行"的甜头,也没有经过直面困难,通过自身努力解决困难、进而取得成功的磨炼。每当遇到棘手问题,孩子首先想到的是"推给爹妈解决",永远是老妈出马。小时候那点独立精神都消磨殆尽。所以一旦遇到问题,一旦爹妈不能像超人一样,第一时间出现,那孩子就会发慌,手足无措。

高明目前是一所市重点高中的高二学生。从小到大,爸爸妈妈就替他"扫雷"。小学时候,学校举办课外兴趣小组,他由于没能进入心仪已久的篮球组而闷闷不乐,高爸爸看不过去,就通过关系联系了学校主任,儿子终于如愿以偿。自那时候起,高明发现爸爸"很管用",基本上啥事都等"现成儿"。升学时,老爸托关系找路子,想方设法让他进入了理想的学校。高明学习成绩一般,为了让老师多"关照",高爸爸逢年过节就去学校联络感情。老高说:"我那么做,就是让孩子少挨说,这样能保持孩子的自信。"可高爸爸的算盘打错了,虽然看似高明的自尊心是保住了,但自信心却越来越少。"虽然身高快一米八,但这孩子心智那么不成熟。其他男生下课后都会互相招呼着一起打篮球,但高明每次都特别被动,从来不当组织者。平时不怎么和同学交流,偶尔和同学闹点小别扭,高明也是那种窝囊受气包形象。听说初中时,他爸爸嫌同学欺负他,还给他转学,总之,父母绝对不能让儿子'吃亏',所有障碍都替孩子扫清。现在,虽说上高中,但几乎每日一电,询问孩子在校的人际关系,'我们孩子胆子小,容易被同学欺负,老师你多照顾点儿'成了每天的结束语。"高明的班主任老师私下里说,"这家长管得太多了,恨不得把学校也变成真空环境,天天躲在爹妈背后的孩子根本不会表达自己的意愿。"

在老高的打点之下,高明在学校的生活看似好过很多。可同时,他也错过了锻炼毅力的机会。而同学晓昭,则一直是实践出真知。晓昭这孩子,有些调皮捣蛋,在学校免不了挨说,父母鼓励孩子自己解决"不受待见"的问题。一段时间后,晓昭发现对老师"嘴巴要甜一点"、"做卫生时要积极"、"复习考试不能捣乱"、"学习态度好一些"等窍门,果然挨批次数越来越少,还被老师授予了"进步最大"奖项。现在晓昭,还经常向同学传授哄好老师的"秘籍",俨然一副过来人的模样。

成功经验:让孩子"自己学着办"。

如果孩子从小就没做过一件事能证明"我能"。长大成人后,在父母眼里,他永远还是长不大的孩子。父母怀疑他看得对人,不相信他一旦遭遇失恋能理智对待,不相信他自己能找到好工作。万一孩子非得逆着干,家长们准是历数"从小你听我的准没错"的多年经验,或是装作撒手不管,甩下一句"你自己看着办吧",就等着孩子"幡然悔悟"呢。很多成年子女真的就为此话投降了,因为他们好害怕,他们活到这么大从来也没有"自己看着办"过。

相反,从小就"自己学着办"的孩子,自信心和学习能力在成年以后将会翻倍体现出来。中学老师张丽珊介绍了这样一个例子:那年小关还是一名高中生的时候,已经当起了一家三口的管家。每月父母将三口的生活费交给他,而小关放学后则直奔菜市场,掂量一家三口的菜品,回家后洗菜切菜,把"墩儿"上的工作都准备好,只等妈妈回家后炒菜。睡觉前小关再向父母分发转天早餐、中餐的伙食费。小关刚开始管家时，经常是上半月大鱼大肉，钱也所剩不多，待到下半月，全家只能节衣缩食，基本两三天才能见到荤腥。可小关爸妈绝对不指责，只是告诉孩子不要寅吃卯粮，绝不会罢黜孩子的财政大权，依旧跟着吃粗茶淡饭。虽说刚开始小关手忙脚乱，总感觉"吃了上顿没下顿"，买菜切菜也耽误了自己的学习时间，但经过了几个月的磨合，他有了自己的一套生活方法，如周末炖肉改善伙食，剩下的放冰箱保存，平时以素菜为主，一周的中期再用炖肉烩菜。总之，通过摸索，小关不仅做到了荤素搭配，还发现了"多吃时令蔬菜，既健康又省钱"的窍门，这些让很多年轻老师都自愧不如。小关跌跌撞撞不仅"当家知晓柴米贵"，还懂得了合理安排时间。虽然一开始学习成绩略有下滑，但很快调整过来，后来还考上了全国数一数二的大学。时至今日，小关已经是某外资银行的高管，他曾多次在不同场合表示，自己今天的成就与当年父母的放手锻炼分不开。现在每当遇到困难时，自己都会觉着"没什么大不了的"，因为自己未成年时已经"学习家庭两不误"了，自信心就是从那时培养起来的。

早早放手，"爬起来"也是信心积累。

孩子的自信不是一日练就的。究竟怎样培养孩子的独立性，才能让孩子认为"我能行"呢？专家指出，自信不是喊出来的，而是从点滴事情中积累体验得来的。

首先，家长应该热情地支持孩子要求独立的愿望。孩子有这种独立的需要时，成人要给予支持和鼓励，切不要当孩子这种独立的愿望还处在萌芽状态时就加以扼杀。虽然"好奇宝宝"小时招人喜爱，但孩子一长到五六岁，如果再不"识闲"，凡事都要"亲自试试"，立马就会被长辈贴上"讨人嫌"的标签。需要提醒家长，有些事情应该让孩子试着做，无论成功还是失败，都是一种体验经历。即使"跌倒了"，"爬起来"的过程也是树立自信的必经之路。

其次，帮助孩子但不代替孩子。孩子的学习过程的确离不开成人的帮助，但如果这种帮助变成代替，那就不仅使他们失去了独立克服困难的机会，而且容易养成他们学习上的依赖心理，久而久之，孩子就习惯了"被喂奶"的感觉，完全没有自立的欲望。自己的事情自己做，是幼儿园老师教育孩子时常说的一句话，希望各位家长谨记此话，并付诸实践，让孩子体验"自己做事"的快乐。比如，早晨不再当孩子的"闹钟"，完成作业时也不再当"把关人"，让孩子完全通过自己的努力获得成功，以增强自信心。

最后，引导孩子探索更好的解决问题的办法。小孩子们是充满灵性的，但有时候小有成功难免沾沾自喜，一旦达到目的，往往不会再往深处思考。此时，家长的作用应是引导孩子探索更好的解决问题的办法，锻炼思维的灵活性，使孩子不仅满足于克服困难，并且善于克服困难，在获得成功的过程中更加自信，从而进一步积累他们的自信资本。

3 谁没犯过错

在人生这个战场上，常胜将军或许会有的，但更多的胜利者在战场上都曾"趴下"过，甚至趴下后也曾有过心灰意冷，不想再站起来的念头，但最后他们还是凭着自己的意志和力量，首先战胜了那个趴在地上不想再站起来的自己，然后奋勇向前取得了战场上的胜利。

人不是神，人身上莫不存在着各种缺陷和弱点，包括恐惧、怯懦、软弱这些东西，一些人自己不能克服这些东西，一旦趴下后就可能永不能翻身；如果能战胜自己身上的这些东西，他趴下后就一定能再站起来,即使最后身上伤痕累累,他也不失为一个强者。

人生"战场"上,失败或受挫之后,短时的消沉颓唐有时是难免的。壮士也悲歌,骚人也苦吟。这时,他的最大敌人并不在战场上,而是在自己心中,并且自己心中的这个"敌人"要比战场上的那个敌人难斗得多。要论英雄,不是看他是否趴下过,而是看他趴下后做了些什么;也不是只看他在战场上战胜了敌人,而更要看他能否战胜自己心中的那个"敌人"。

努力了,就没有失败。年轻人应该预见到可能的挫折,但是,千万不要错误地把挫折视为失败。所有成功人士都必然经历过挫折,他们与那些"失败者"的区别仅在于他们的不屈不挠和永不服输。对于积极进取的行动者来说,挫折仅仅是暂时的"筋疲力尽"。所以对那些遭受挫折打击而一蹶不振的年轻人,我想大声地说:"振作起来,你没有失败!"

如果你认为自己失败了,那就看看下面这些例子吧。在进军汽车行业的早期,亨利·福特曾两度破产。1902年,《亚特兰大月刊》的诗歌编辑拒绝了一位28岁诗人的作品,评语如下:"我们杂志没有版面安排你那些精力过剩的诗句。"但弗罗斯特没有因此放弃。

发明家切斯特·卡尔逊在为自己的施乐复印机找到合适的投资人之前,在大街上游荡了许多年。

迈克尔·乔丹曾被高中篮球队开除。

苏斯博士的第一部儿童读物曾遭到23家出版社的退稿,第24家出版社则把该作品售出了600多万册。去世之前,苏斯博士终于看到了自己的努力让千百万的孩子们获得了快乐、教育和思考。

在开业头一年,可口可乐公司仅售出400听可乐。

在遭到Atari公司和惠普公司的双双拒绝之后,苹果电脑第一年的销售净利润超过了250万美元。

马拉松运动员琼·贝萝蒂在全美奥林匹克预选赛前的第17天刚刚完成了膝盖手术,但是,琼的坚韧和决心不仅让她获得了参赛的资格,更让她获得了奥林匹克的金牌。

1905年,瑞士伯尔尼大学驳回了一篇博士毕业论文,理由是论文离题千里,稀奇古怪。阿尔伯特·爱因斯坦十分失望,但没有因此放弃。他始终坚定不移。

弗兰克·伍尔沃斯辛苦多年,换来的却是自己的头3家连锁店相继破产。始终的坚定不移使弗兰克最终成就了五分和十分钱连锁店(沃尔玛)的辉煌。

四分卫约翰尼热爱橄榄球,他在匹兹堡的圣·犹思定高中,担任校橄榄球队的四分卫。高中毕业时,约翰尼向圣母大学橄榄球队提出加盟的申请。但是,却因为个子太小而遭拒绝。最终,约翰尼·尤尼塔斯入选全美橄榄球名人堂,并被公认为历史上最伟大的四分卫之一。

和这些人所受到的挫折相比,我们所遇到的又算得了什么?而且他们都靠着坚韧不拔,最终都取得了成功!

如果他们放弃了呢?

大家都很熟悉卡莱尔在写作《法国革命史》时遭遇的不幸。他经过多年艰苦劳动完成了全部文稿,他把手稿交给最可靠的朋友米尔,希望得到一些中肯的意见。米尔在家里看稿子,中途有事离开,顺手把它放在了地板上。谁也没想到女仆把这当成废纸,用来生火了。这呕心沥血的作品,在即将交付印刷厂之前,几乎全部变成了灰烬。卡莱尔听说后异常沮丧,因为他根本没留底稿,连笔记和草稿都被他扔掉了,这几乎是一个毁灭性的打击。但他没有绝望,他说:"就当我把作业交给老师,老师让我重做,让我做得更好。"然后他重新查资料、记笔记,把这个庞大的作业又做了一遍。

在高中的篮球训练课上,教练詹姆斯试图激励自己的球队渡过战绩不佳的困难时期。在赛季过半的时候,他站在球员面前大声问:"拉塞尔放弃过吗?"队员们回答道:"没有!"他又提高声音,喊道:"贾巴尔呢,他放弃过吗?""没有!"队员再次回答道。

"埃尔文呢?"队员们长时间地沉默了。终于,一位队员鼓足勇气问道:"埃尔文是谁呀?我们从来没有听说过他。"詹姆斯教练打断了队员的提问:"你当然从来没有听说过他,因为他放弃了!"

一个长距离的赛跑选手在到达终点以前就退出比赛,那么和没有参赛无异。坚持才能赢得比赛。空军轰炸机的飞行员知道在战争中怎样完成他们的任务。如果因为某种理由,他们未能击中指定的目标,他们就必须持续轰炸直到命中目标为止。因为他们深知,几乎命中比差个一里路好不到哪里去,同样都是无效的攻击,所以他们会坚持下去,尽量命中目标。"退出比赛的人永远不会获胜,而胜利者永不放弃。"成功的人有时候也是被逼出来的。我想大多数人都会承认,他们之所以成功,是因为他们的坚韧不拔,追求成功。事实上,坚韧不拔便是成功的保证。

我还想起了在一本书上看到的一个故事:

一位爱尔兰老人对正要上船去寻找财富的年轻人提了几点忠告:"好了,麦克尔,我的孩子,"老人说,"记住三根骨头,你就会一切没事的。"一个过路人问爱尔兰老人三根骨头是什么意思。老人回答说:"第一就是胸骨,也叫渴望骨;第二是下巴骨,第三就是脊梁骨。渴望骨让你去找寻;下巴骨让你不断问问题,去发现你想要的东西;而脊梁骨嘛,就是让你一直坚持,直到你得到成功为止。"

你看,要想在使用能力的过程当中发现幸福,我们就必须坚韧不拔地去运用能力,使它们能够回应我们的召唤。坚韧不拔往往是成功和失败之间的分界线。就像劈木头一样,如果我们不来最后一下,把木头劈开,那前面的努力都会白废。所以当我们受到挑战的时候,只有保持坚韧不拔的干劲,我们才能成功。

成功是靠努力争取而来的。因为有过努力,即使不成功,在别人的心目中,至少也是一个最亮点。不挠的自信是成功的秘诀,不屈的意志是成功的保证。对不屈不挠的人而言,没有所谓的失败。

4 聪明小孩的10项指标

简单地讲,你看聪明人应该只有3条标准。第一是,这个人不是没有犯过错误的人,聪明是从"笨"中学出来的,其中肯定包括经验和教训,你要求他从来没有犯过"错误",不可能!不干事、少干事的人可能不犯错误,但既然不常干事,就肯定,越来越笨;第二是,这个人是同样的错误从来不犯第二次的人;第三就是"高"标准了,这个人应该是不犯别人犯过的错误的人。此乃"聪明人"也。

再说孩子。百姓的大实话是：老婆都是人家的好，孩子都是自己的强。身为爸妈身份的人，总感觉自家的小孩"聪明伶俐"。其实，绝大多数"天才"儿童只是父母一厢情愿的判断而已，而科学的判断"聪明孩"是有标准的，主要参照以下10项。

当然，也有不少做父母的认为，一条都碰不上该标准的孩子才真正"幸福"，我估计这样父母自己也不会有什么"大出息"。

指标一：会对自己要求严格。严于律己，宽以待人，是一个和自己较劲的孩子。

指标二：能理解较复杂、抽象的概念，面对问题不抱怨，而是直接想解决之道，而且一般都能找到比较合理的解决办法。

指标三：注重细节。聪明孩子观察细节的能力很强。比如，很小的时候就可以把自己的东西完全归位。

指标四：表达内容较同龄人复杂。比如，"这有个狗狗"，是一般两岁的孩子都会说的。如果你的孩子说，院里有个棕色的狗狗，正对着花池的花撒尿，那恭喜你，你的孩子有天才征兆。

指标五：集中注意力的时间比同龄孩子长。

指标六：兴趣广泛。聪明孩子对很多事情感兴趣，而且兴趣点容易转移。比如，这个月喜欢恐龙，下个月喜欢外太空之类的。

指标七：读写能力"早熟"。比同龄孩子更早具备读写能力。要注意的是，这个能力是先天显示出来的，后天培养的不算。

指标八：音乐艺术才能超常。这也要先天的、没有经过正规训练的才算。

指标九：记忆力好。特别表现在记事早。比如两岁的时候能回忆一岁半时的事情。

指标十：接受信息能力强。在大多数孩子对信息抱着"左耳进右耳出"态度的同时，真正的聪明孩子会集中精力接受尽可能多的信息，并且有能力复述出来，而且不是一般的鹦鹉学舌式的复述。

对照一下，如有"弱项"，你就注重对孩子的后天的培训、培养和培植吧。

5 叛逆期如何"化干戈为玉帛"

12—18岁叛逆期(青春期)，暴躁是正常的发育现象。

马超，16岁，读高一。他一直以来都是个快乐的小男孩，可是自从升入高中以来，他的脾气变得越来越暴躁。他在读初中时，曾是班里的尖子生，还是学习委员，同学们对他一直如众星捧月，老师也对他青睐有加。可是升入高中后，他的竞争优势没有了，成绩不如原来那么优秀了，最近的班干部竞选他也落选了。这些事情令他心情十分郁闷，他总觉得老师、同学都不重视他，他与新同学之间的关系搞得也很差。而他的脾气也变得越来越暴躁，遇到一点小事就心烦，也不能承受一点挫折。

在家里，与父母一句话不合，就吵闹、摔东西。事后他又感到很后悔，他说当时自己的头像裂成了两半，难受死了！所以当时他自己也控制不住自己，好像脑子里有个小魔鬼在指挥他发火。

父母对此也感到很疑惑，一直活泼开朗的孩子怎么会变成这样呢？

作为家长，一定要懂心理学。青春期孩子脾气暴躁是一种正常的发育现象，但要及时疏导

孩子脾气暴躁，其实这是一种正常的发育现象。青春期是青少年身心发育的关键时期，在这一时期孩子经常会表现出缺乏耐性、脾气暴躁的特点，甚至会对父母、亲友或老师、同学等有侵犯性的言行举止。

大家可以从两个方面来分析一下这个问题。

从生理学的角度来讲，大脑前额叶皮层对感情、道德等情绪有一定影响，并负责产生行动的神经冲动。青少年时期的孩子正处于大脑前额叶皮层发育的阶段，发育过程伴随整个青春期。在发育的这一过程中大脑内会发生一系列的化学变化，这种变化导致了发育期的青少年有感情判断失常、举止暴躁等表现，顺利度过这一阶段，他们就会一切恢复正常了。

从心理学的角度来讲，这一时期是孩子自我意识发展的第二飞跃期，自我意识的突然高涨是导致孩子产生反抗心理的第一个原因。随着孩子自我意识的高涨，他们更倾向于维护良好的自我形象，希望获得他人的认可和尊重。但由于种种原因，他们往往事与愿违、屡遭挫折，于是，他们内心就产生了一种怨气，从而导致了他们暴躁行为的产生。

抛开生理学的原因，上面例子中，马超的行为就属于在自我意识高涨下催生的暴躁行为。他初中时成绩优秀，有一种优越感，但是升入高中后，竞争加剧，他失去了原有的优势。在这种情况下，他心理上就产生了一种强烈的失落感和不平衡感，而他一时又无法改变这种状况，于是内心的怨气越积越多，导致他就像一个火药筒，一触即发。

针对这种情况，父母应当及时帮助孩子排解不良情绪。物理学有一个避雷针原理，是指在高大建筑物的顶端安装一个金属棒，在雷雨天气下把云中雷电引入地下，从而有效保护建筑物等免遭雷击。这一原理引用到心理学领域就是：对待不良的情绪，要及时疏导以避免堵塞，否则，容易引起暴躁的情绪。因此，当孩子产生不良的情绪时，父母要及时想办法帮助其宣泄出去，这样孩子的心理才会恢复平静。

解决如上问题的经验有：

方法一：帮助孩子排解不良情绪。除了青春期孩子本身比较容易暴躁外，不良情绪是导致孩子脾气暴躁的主要原因之一，因此父母要及时帮助孩子排解不良情绪，防止不良情绪在孩子内心积压过多，导致大爆发。

王伟有一次在学校食堂吃饭时不小心把另一个高年级同学的裤子弄脏了。那个高年级同学特别无理，想捉弄一下王伟，非要王伟当众给他舔干净，王伟很气愤，不答应。那个同学嘴里骂骂咧咧地就准备动手，其他同学看不下去了，就把他们劝开了。但最后，王伟不得不用手纸把那个高年级同学衣服上的饭渍擦去了。

事情到此也算有了个了结，可是那个高年级同学并没有就此罢休，每当在校餐厅吃饭时，那个同学就故意找王伟的碴儿，搞得王伟很郁闷，每次也都不敢和对方理论。后来，再去餐厅吃饭，王伟就尽量躲开那个同学，但这毕竟不是长久的办法。为此，王伟又害怕，又窝了一肚子火。

在学校里没处发火，他回到家里就把一肚子怨气都发泄出来。有时候父母轻声问他一句，他的回答也带着火药味，父母不知道到底发生了什么，感觉他最近怪怪的。后来在父母的追问下，他终于说出了事情的原委。父母先是开导他，又去学校找校教导主任反映了情况，校教导主

任及时处理了这件事情。至此,那位高年级同学再没敢欺负王伟,而王伟也不再那么暴躁了。青春期的孩子产生不良情绪有多种原因,但无论是哪种原因都有可能让孩子的脾气变得暴躁。所以父母要及时关注孩子的情绪问题,帮助他找到原因,及时排解不良情绪。

方法二:家长要学会做孩子的朋友。孩子脾气暴躁也有可能是性格的原因,有些孩子天生性格就比较暴躁。针对这种情况,父母除了慢慢纠正孩子的不良性格外,还要学会和孩子做朋友。尽管孩子已经进入了青春期,但他们仍然希望父母能像朋友一样对待自己,因为朋友显得平等、懂得尊重。如果父母能以这样的一种姿态对孩子,那么就很容易走进孩子的内心世界,了解他的喜怒哀乐,从而缓解他的不良情绪和心理压力。

小敏是一个性格比较内向的孩子,自幼脾气就比较暴躁,一点小事不如她意,就大哭大闹。升入初中后,她依然比较内向,虽然遇到事情不再像小时候那样大哭大闹了,但是会生闷气,有时候也大发脾气。妈妈认为不能让孩子继续这样下去了,否则,她以后进入社会也很难与人相处。本来妈妈工作一直很忙,下了班还有一摊子家务事要做,但是为了小敏的心理健康,妈妈每天无论多忙都要和小敏谈谈心,聊聊她的生活情况、学习情况等。妈妈像一个大朋友似的给小敏讲青春期的一些事情,还跟她讲一些男女感情的事。一开始小敏不适应,后来慢慢也就习惯了,还真的把妈妈当大朋友一样对待,与妈妈无话不谈。由于小敏在妈妈这里受到了健康的心理教育,因此她在学校慢慢地变得开朗和自信了,当然也愿意与其他同学交往了。在这种健康的心理环境下,小敏的学习也很轻松,生活过得很充实。

与孩子做朋友,说起来容易,做起来难,甚至有的父母不知道如何与孩子做朋友。生活中,很多家长的确也非常关心自己的孩子,但即便是关心的话语从家长嘴里说出来也带有一种居高临下的口气或命令的意味。在这种情况下,孩子又怎能接受你这个朋友呢?

方法三:你要教给孩子倾诉的方法。无论何种原因导致孩子产生不良情绪,都要教会孩子学会倾诉,不要让孩子把不良情绪压在心里,否则,不仅容易产生心理问题,还会使孩子形成暴躁的性格。

让孩子学会倾诉、发泄不良情绪的方式有多种。比如,女孩子遇到了伤心的事,又实在不愿意给父母说,在这种情况下,可以让她自己独自待在屋里,让眼泪痛快地流出,事后再对她进行安慰等。或者让孩子找知心朋友倾诉。也可以让孩子把伤心的事写进日记里等等。男孩遇到了伤心的事,可以让他参加体育活动,比如打打篮球等。

小瑛是一位初中二年级的漂亮女孩,她学习成绩非常优秀,加上她有一副嘹亮的歌喉,因此受到老师和同学们的青睐。也正是这个原因,她吸引了一些男生的目光。刚开始,她对这些目光和示好,只是表示了礼貌的回应。但是时间长了,她经受不住一位帅气的男生的追求,于是早恋了。随着两人"感情"的发展,她如痴如醉地陷入了早恋的泥潭而不能自拔,她的成绩也因此明显下滑。

可是事情并没有像小瑛想的那样顺利发展下去,不久,那个帅气的男生又"爱"上了别人,这令小瑛伤心欲绝,几度挽回"感情"的努力失败之后,她陷入了绝望,情绪也坏到了极点。她无法向父母说明这一切,只能用暴躁的行为举止来发泄内心的苦痛。妈妈从中察觉到了异常,也隐隐约约地料想到女儿出现了什么事情,但却无法从小瑛口中问出结果。妈妈担心小瑛把这种悲伤情绪一直压抑在心底会让她承受不了,于是把她搂入怀中,告诉她:"孩子,妈妈知道你遇到了伤心的事情,这种伤心每个人可能都会遇到,不要把它压抑在心底,想哭就哭出来吧……"妈妈的话还没说话,小瑛就"哇"的一声扑在妈妈的怀里哭了。哭过之后,小瑛的情绪好了很多。过后,她又陆续向妈妈讲述了事情的经过,妈妈耐心地安慰并开导了她。

青春期的孩子最容易遭遇情感的困惑和创伤,当孩子遭遇情感困惑或创伤时往往不好意思向父母诉说,而习惯于将困惑和伤痛埋在心底,自己慢慢去消化。有时候孩子能够进行自我疗伤,有时候这种痛苦的情绪会把孩子压垮。这种情况下,父母教孩子学会倾诉就非常有必要了。

6 孩子喜怒无常

有不少家长反映,孩子在生活中经常有喜怒无常的现象。前一秒钟还玩得很开心,转眼间因为一点小事就发脾气、摔东西,哭闹不止。一些家长往往在此时手足无措,不知该怎么应对。既怕责怪伤害到孩子,又担心因为过分纵容、溺爱而起副作用。有精神卫生中心儿童青少年心理科的专家表示,孩子喜怒无常是情绪不稳定的表现,家长应及时做好示范和疏导工作。

专家介绍,学龄前的儿童出现一定情绪波动现象是正常的,只要不影响到生活和今后的学习,家长就不用过于担心。但孩子一旦出现类似问题,家长应引起注意,否则,有可能在今后发展成青春期情绪障碍。孩子有时遇到不称心的事情,不会用合理的方式发泄,大声吵嚷、哭闹、摔砸东西。也有的孩子通过这些行为向家长提出要求,如出去玩、买玩具、看动画片等等。

孩子平时的处事方式十有八九模仿家长的行为。一些家长在大问题上很注意对孩子的引导,如读书、过马路、交朋友等,但一旦遇到影响情绪的事情,就往往忽略了自身的示范作用,有的就喜欢通过哭闹、摔砸东西的方式发泄。专家说,当孩子还不懂得自我发泄情绪时,往往喜欢模仿大人的行为,有的就是从家长身上沾染到了"恶习"。在临床中,曾遇到孩子一遇事就蹲下来抱头大哭的,怎么劝都劝不好。后来经过询问才了解到,原来孩子的母亲就经常通过这种方式发泄情绪,久而久之被孩子学会了。因此,在情绪疏导上,家长平时的示范作用至关重要。孩子不开心了,家长可以引导他读书、运动、做游戏,让孩子通过做有意义的活动来发泄情绪。如果孩子已经有哭闹、摔砸东西的行为,家长可以在抚慰孩子情绪的前提下,用他们能够理解的语言讲道理,以免让孩子认为哭闹就可以不讲理。如果孩子希望通过这些行为得到些好处,家长就该慎重考虑了。

专家还提醒,儿童常见的心理问题,和生物学因素相关的很少,基本都来自于家庭影响。现在家庭中都是独生子女,且不少条件优越,家长在孩子教育方面更要多上心,做到宽严有度、全方位地教育孩子。

让睡眠回来也是重要的处理方法。睡眠,对如今的大多数孩子来说,都是十分缺乏的。但也有该睡的时候,却紧张失眠了,大家看看有这样一个人,是如何对待失眠的。

的确,睡眠这一不成为问题的自然生理现象,随着人类文明的发展也变成了问题,或者换一种说法——睡眠的缺失,是人类发展到高度文明带来的副作用。的确有这样的说法——失眠最初源于照明的发明。电灯给了人黑夜的眼睛,于是,人们可以违背自然规律不再日出而作,日落而息。

我一直都喜欢在夜深人静的时候读书、上网，或者什么也不做，对着夜色发呆，让思绪随着月光的清辉任意流淌。我的好朋友更有他的一套理论，夜深人静的时候睡觉，简直就是浪费生命。还好，我们目前还都属于想睡就可以睡得着的一类。

当然，对大多数睡眠不足的人来说，睡眠缺失是被动状态。睡觉睡到自然醒几乎成为所有都市白领的人生终极目标。如我，从不为睡眠发愁，偶尔可以睡个懒觉，内心的思虑和压力也很难成就纯粹的自然醒。据调查，中国成年人失眠发生率为38.2%，高于美国、英国、法国和日本。失眠差不多成为白领生活中的关键词。

想睡又睡不着的原因多种多样，中国农业大学范志红教授说的"电脑和阅读器让人失眠"估计只是其中的一种原因。我们可以不开电脑，不用电子阅读器，甚至熄掉所有的电灯，但是我们可以让我们的心摆脱生存压力的困扰，不受喜、怒、忧、思、悲、恐、惊的折磨吗？

就像人类掠夺性发展破坏了生态，现在为了可持续发展不得不想尽办法拯救地球一样，人类先是不顾一切地毁掉自己的睡眠，继而又千方百计地对抗失眠。睡眠之于人类的确就像食物和空气一样不可缺少，而失眠也确实成为人类健康的大敌。所以，国际精神卫生和神经科学基金会2001年发起一项全球睡眠和健康计划，并将每年3月21日定为"世界睡眠日"，目的就是要引起人们对睡眠重要性和睡眠质量的关注，提醒我们改变生活方式，关注睡眠健康及质量。关注睡眠质量就是关注生活质量，关注睡眠就是关注健康。

睡眠很重要，但是我们也没必要被这失眠吓住。有一个有趣的现象，就是很多失眠者的失眠理由是害怕失眠。越是害怕睡不着就越睡不着，于是不得不在不断自我强迫中度过一个个无眠之夜。于是失眠人数随着治疗失眠的方法增多而增多。

其实，对付失眠，人们最应该求助的不是医生，而是内心；最应该学习的不是各种对抗失眠的招数，而是放下。让心灵在夜深时宁静下来，放下所有贪念，身心轻松愉悦，安稳的睡眠还怕不随之而来吗？

7 当"更年期"碰见"叛逆期"

叛逆期的案例：报纸上曾报道过这样一件事，说的是一个15岁的初中生因为受不了母亲的唠叨而离家出走了。事情的起因源于一部手机，廉女士和丈夫因关系不和而分居，分居后廉女士独自养活儿女们。后来，廉女士的丈夫给他们的儿子买了一部手机，本来儿子的成绩很好，自从有了这部手机后，天天玩手机、上网等，结果导致学习成绩急剧下降。不仅如此，儿子还经常向廉女士要钱充手机话费上网，这令她十分恼火。

为此，廉女士经常因为手机的事情而唠叨儿子，还时不时地讽刺、责骂他："就知道天天玩手机，你看你们班××同学，作业做得好，考试分数比你多，你真是一点儿出息都没有！"

面对母亲的唠叨和讽刺，一次两次还勉强能忍受，但时间一长，他就觉得透不过气来了。常常是没等母亲把话说完，他就冲着母亲吼了起来，母子俩针锋相对，一触即发。这种情况在家里经常发生，母子俩简直到了互不相容的地步。

作为儿子，其实也要和母亲好好沟通过，他说自己虽然喜欢玩手机，但从不耽误做作业，只不过是比别的同学做得晚一些而已，他习惯于先玩儿再做作业。另外，他也经常把他们那些孩子的观点讲给母亲听,但每次都被母亲认为"你们那些孩子就像疯子,不可理喻"。听到这样的评价,小王感到非常失望,与母亲的对立情绪更加强烈了,直到后来的离家出走。

好像有一部电视剧叫做《当青春期撞上更年期》,讲述了一个孩子从小处在父母的高压政策教育之下,面对父母要求的循规蹈矩,他偏偏骨子里充满了不安定因素。他常常试图反抗,但每次都会屈从于父母的压力,久而久之,他就学会了阳奉阴违——在家里是乖巧儿子,孝顺父母;在外面,他个性张扬,随心所欲,逃避责任⋯⋯

青春期遇上更年期确实是一件比较棘手的事情,如果处理不好,极易引发母子大战。上面例子中的廉女士和儿子的故事就是这一阶段的典型案例。青春期的孩子和更年期的母亲,心理都比较敏感,思维也容易倾向极端化。况且,从例子中不难看出,这位母亲对儿子的教育方式有些简单和粗暴,这种语言暴力更易激起青春期儿子的强烈反抗。所以对于青春期的孩子,家长应该采用温和的方式,避免使用语言暴力。

望子成龙、望女成凤是天下所有父母的共同心愿。孩子在小时候对家长的话言听计从,家长或许已经习惯了孩子的这种顺从。但是随着孩子年龄的增长、知识的丰富、思想的成熟,原来的说教越来越不管用了,尤其是进入了青春期,孩子变得越来越叛逆。这时候,家长愤怒了、迷茫了,孩子怎么变成这样了?孩子拒绝家长的说教,说明他已经长大,已经有了自己独立的意识和想法。另外,孩子有孩子的生活背景、成长环境和交际圈子,他们的思想和想法或许与家长有很大的不同。在双方的沟通过程中,家长不要把自己的思想和观点强加给孩子,更不要对孩子无休止地唠叨,以免引起孩子的反抗。

心理学上有一个超限效应,是指刺激过多、过强或作用时间过久,引起心里极不耐烦或逆反的心理现象。有一次,马克·吐温在听牧师的演讲,刚开始,他感觉牧师讲得很好,于是打算捐款;但是10分钟过后,牧师还没有讲完,他有些不耐烦了,决定只捐些零钱;又过了10分钟,牧师还没有讲完,他十分气愤,决定不捐了。最后在牧师结束演讲开始募捐时,马克·吐温自己不仅分文未捐,还从盘子里偷了两元钱。这就是典型的"超限效应"。

同理,家长不断地唠叨孩子,这种语言的刺激时间越久越容易引起孩子的不耐烦和逆反心理,所以教育孩子一定要尽量避免这种效应的产生。

叛逆期的交流方法,可试试如下几个:

方法一:避免超限效应,少唠叨自己的孩子。

孩子不能不教育,但是无休止地"唠叨"终究不是办法,那么家长应该怎么办呢?少唠叨,尽量不唠叨,教育或批评的话只说一遍,做不好或做不到,让孩子自然接受惩罚。如果自己本身就是一个喜欢唠叨的人,那么一定要从各方面改掉自己的这种坏习惯,不要把责任一味地推到孩子身上,以免亲子关系恶化。

一位父亲曾这样讲述:我女儿本来是很乖的一个孩子,除了学习成绩一般,哪儿都挺好的。可是自从升入初二以来,就开始迷恋歌星,买CD、看演唱会,像着了魔一样,结果学习成绩一落千丈。你一跟她提学习的事儿,她就跟你摔摔打打,或者把房门一关,连饭都不吃,让你既感到可气,又感到心疼。孩子的妈妈本来脾气挺好的,可是一到了更年期,也总爱发脾气,结果母女俩经常战争不断。为了缓和家里的关系,我劝说母女俩去看了心理门诊。

回来后，孩子好了许多，有一次吃饭时，还主动提起了期末考试的事，说："爸，妈，这回考试别的还行，就是数学没考好。"谁知，她妈听到这话火了，"没考好，那考了多少分？""不及格。""我就知道不及格！"女儿听到这话，强压住火，可是她妈在那边却越说越来劲儿："整天就知道喜欢那些没用的，不好好学习。"女儿一气之下，把饭碗给摔了……

例子中这位妈妈实在做得不太妥当，动不动就唠叨孩子，也难怪孩子会做出摔碗的极端行为。青春期的孩子喜欢追逐时尚，喜欢模仿明星，他们有自己相对独立的生活和思想，如果家长反复地唠叨孩子、讽刺孩子，那么一旦超越他们的心理承受上限，就会迫使他们做出一些逆反的事情来。这种现象非常值得家长们反思。

方法二：给孩子足够的理解和信任，放手让他处理自己的事情。

孩子在不知不觉中长大了，他们不再是饭来张口、衣来伸手的小孩子了，也不再是对父母言听计从的乖宝宝了。可是，父母行为习惯的改变并没有追得上孩子的成长速度，很多家长在孩子进入青春期后仍然像对待七八岁小孩子那样管教孩子，因为他们总认为孩子还没有长大，什么都不懂，什么事情都做不了或做不好，所以很多事情都离不开自己的教导（其实更多的是唠叨），那么在这种情况下矛盾就不可避免了。正确的做法是给予孩子足够的信任，让他们试着自己处理自己的事情，只在必要时给予适当的指导，而绝不是无休止地指责和唠叨。

有这样一个例子。一位正值花季年龄的女孩突然对妈妈说："妈妈，我们班有一个男生，学习非常好，长得也很帅，有很多女孩都喜欢他，我也不例外，每当我看到别的女孩和他说话我就会很嫉妒。"妈妈一听这话，就意识到问题有些严重，但她并没有唠叨或指责孩子，而是不动声色地说："哦，孩子，你长大了，妈妈真为你高兴啊，妈妈和你一样大的时候也曾经像你这样，但是妈妈用理智战胜了自我，所以妈妈后来考上了名牌大学。"女孩听到妈妈的话，脸颊下意识地红了，而后顿了顿说："妈妈，我明白该怎么做了，请你放心。"

就这样，看似比较严重的一件事情，在妈妈的轻描淡写中化解了，这位妈妈松了一口气。

喜欢一个人是很正常的事，也是每个人都拥有的权利，孩子也不例外。作为家长，要给予孩子充分的理解和信任，一定不能大张旗鼓地蛮横阻止或训斥，也不要无休止地唠叨，讲一些大道理，否则，只能使事态更加恶化。

8 知道的多了学好了，知道不说了长大了

一个人生活在和平盛世之时，在正常成长过程中，伴随着年龄的增长，受教育的量就开始增加，类推可知，知道多的人是大几岁的。就现代教育体系下，高中毕业之后，就应该是一个知道的比较多的学好了的一个"大人"了。

此时，不管是一个小伙还是一个丫头，多数都是状态极佳，一个个雄心勃勃、"目空一切"、自认"前途远大"。好！"反正世界是你们的"，但是不见得是"你"的。看起来，光学好了还不行，还需要变成长大的小"大人"。

如此这样，又一个新指标开始出现了，"我知道，但是不说"，有人称之为深沉状，而且比较符合中国祖先们的为人传统，或者说是属于"难得糊涂"的本质属性。作为一个有一些知识和头脑中有一些东西的傻小子也好，丑丫头也罢，不该说时，不说，该讲时"一语道破"，谁又能不承

认这就是长大了呢?

当然该说时不说,背后乱讲的人如今特别、特别多,不过有谁崇拜那种人? 又有谁说他是"长大"的呢?

9 如何让孩子愿意与你沟通

与孩子无法进行有效沟通,已经愈来愈成为困扰许多为人父母者的难题。其实,只要父母能够从尊重孩子的角度,认真分析父母自身的原因,有针对性地从小事做起,从我做起,从以下四个方面努力,与孩子进行有效的沟通就是不难的。

以身作则,让孩子愿意与你沟通。

五年级的小磊在作文《我的爸爸》中写道:

小时候,我非常喜欢我的爸爸,也很爱和他说话。那时候爸爸说到做到,他要求我做完功课再看电视,他也不看,辅导我做完作业,大家一起看。他爱看书,还把书上的故事讲给我听,爸爸棒极了!

可是,自从他当上老板以后,就慢慢变了,我越来越不喜欢他了,原因是他只知道严格要求我,却不严格要求自己。他叫我不要说脏话,可我却经常听到他用脏话骂妈妈;他要我认真学习,好好读书,可他自己却只知道喝酒、打麻将。我再没见过他看书,有时我不懂的问题问他,他总是一问三不知。有一次我对他说:"爸爸,为什么你要我做的,你自己却做不好啊?"他一听火了,上来狠狠地揪住我的耳朵:"真是反了,倒教训起老子来了,看我不揍扁你!"

我为有这样的爸爸而感到苦恼,我真的不想理他了。孔子说:"其身正,不令而行;其身不正,虽令不从。"如果你只知道要求孩子应该这样,不应该那样,而自己却不拘小节,我行我素,久而久之,你的威信、你说话的分量,就会在孩子的心目中大打折扣,以至于孩子会不屑与你进行沟通。

以友相待,让孩子主动与你沟通。

《中学生报》小记者、北京高二学生董诚,和妈妈杜女士就是一对最最要好的知心朋友。

杜女士说:"以前逛商场,儿子要看光盘,我要看衣服,总有矛盾。后来,我看中什么衣服,就请儿子当参谋。我偷偷看儿子一眼,他点头我就试穿。我觉得儿子有男孩的眼光,妈妈衣服选得好不好,他一下就能看出来。儿子是我最好的参谋。"董诚说:"跟妈妈出去特别轻松。妈妈能让我当参谋,我这个当儿子的,感到就像她的好朋友,特有自信。"

杜女士常常把自己无论是快乐的还是不快乐的心理感受与儿子分享,她说:"从当妈妈的那天开始,我就感觉我不光孕育了一个生命,更是多了一个朋友。"妈妈向儿子交心,儿子非常感动,他说:"妈妈跟我非常平等,而不是高高在上。我有什么心里话都愿意和妈妈说。"儿子有时候背着书包进门:"妈,我跟你说个事。"妈妈不管多忙都耐心听他说完。

为人父母者大多有这样的体会:孩子在家中常常沉默寡言,而一旦与朋友或同学在一起,就往往谈笑风生。这是因为孩子没有把父母当作可以交心、谈心的朋友。如果你想了解孩子心中的真实想法,那么收起你居高临下、训人说教的严肃面孔,像朋友那样,认真地倾听孩子的心声吧。

理解包容，让孩子在沟通中完善自我。

有一位父亲是县教育局长，儿子是高中学生。有一天儿子跟父亲说："爸，本人看上了一个女生，漂亮、智慧、好学，我能跟她谈恋爱吗？"父亲说："好啊，你能看上她，她看上你了吗？"

儿子自豪地说："她也看上我了。"

父亲乐呵呵地说："那很好嘛，我跟你妈妈也是同学，不过是大学同学。如果你将来想在县里发展，你就跟她继续下去；如果想在市里发展，就应在市里解决这个问题；如果想在省里发展，就应该到省里解决问题；如果想到北京发展，就应该到北京解决这个问题；如果想在国外发展，就应该出国解决这个问题。"

一心想读清华大学的儿子，听了父亲的一席话，想了想说："那我就等等再说吧。"

一味地批评指责，只会适得其反，孩子会因为不知所措而产生自卑、自闭、逆反甚至厌世心理。而理解包容、以理服人，实际上是父母给了孩子反省和改正的机会。

欣赏激励，让孩子在沟通中改变人生。

王玲玉的女儿张茗，16岁时就出版了诗文集《阳光女孩》。这个有文学天赋的张茗，7岁时就写了第一首诗《镜子的美丽》。当时她还不大会写字，许多字都是拼音代替。可她却兴奋不已，大声对妈妈说："妈妈，你看我写的诗！"

妈妈看了一遍后，非常激动："太棒了，我女儿会写诗了！我要把它珍藏起来。"妈妈的鼓励，让女儿信心大增。以后，女儿又陆续写第二首、第三首……后来又开始写散文、小说。

王玲玉经常对女儿说："孩子，妈妈是你永远的读者。"正是这位最忠实、最特殊的读者，大大激发了女儿的潜能，培养了女儿的自信，帮助女儿爱上了写作。

1975年母亲节时，正在哈佛大学读二年级的比尔·盖茨给他的母亲玛丽·盖茨寄来一张问候卡，上面这样写道："我爱你！妈妈，你从不说我比别的孩子差；你总是在我干的事情中，不断寻找值得赞许的地方；我怀念和你在一起的所有时光。"这位独步天下的亿万富翁，从他母亲那儿得到了一样被许多母亲忽视了的东西——欣赏和激励。"水激石则鸣，人激志则宏。"孩子比任何人都更需要被欣赏和被激励。

10 辅导班越骂越火

在一些大厦或写字楼里，时常有一群满脸稚气背着各式书包或怀抱课本的学生进出。当电梯门打开，学生们便一拥而入，消失在这栋大厦各个楼层的若干家补习机构，开始他们或长或短的课程，而大厦里其他公司的员工似乎对这种情况已经习以为常了……

暑假，是社会上各种辅导培训班最火的时节。"政府天天叫停，它却越来越火热，陷入到一片疯狂之中，到底谁疯了？"这是日前一则媒体报道发出的质问。辅导班价格节节攀高，动辄上万甚至十几万元，但家长和学生仍趋之若鹜。伴随各类培训机构的"攻城略地"，诚信度不足，水平良莠不齐，监管难言有效，恶性竞争加剧，倒闭卷款事件时有发生……教育培训甚至成为近年来消费者投诉的新热点。

高价辅导之所以吸引家长和学生义无反顾地"砸钱"，动力无疑就是"提分"！可是，这种"天价"辅导班真能带来一份优异的成绩单吗？纷乱的暑期培训市场上，究竟谁在学？谁在办？谁在管？有记者进行了多处走访调查，寻找答案。如下探访"天价班"乱象。

1.问有多贵？由于教育部等相关机构并没有出台相关定价准则，因此各家培训机构具体的收费标准并不统一。

一位培训机构的咨询人员介绍说，"以新初三的培训来说，单科'一对一'收费一般是每小时从150元到300元不等，根据选择老师不同而分成不同等级，故而价格差别很大。"相对于"一对一"教学价格不菲，小班上课则"实惠"得多。一般小班培训规模在十几到二十多人不等，以初三的单科辅导为例，24课时收费840元，相当于每课时35元。

除此之外，有的培训机构还会收取其他费用。比如某培训机构表示要收取400元的"综合服务费"，包括报名费、建档费、选派教员费、信息服务费等一系列费用。这些费用是脱离于教学费用之外的，但是又是强制性的。

2.问谁来教？据了解，培训机构的授课教师一般分为国办校教师和专职教师两种。国办校老师是指一线在职的老师，而专职教师则是指仅在教育机构进行教学的老师。多数培训机构都宣称自己的师资队伍全部为一线在职老师，有市五所的名师，也有普通学校的老师。

某教育机构负责人表示，他们的教师都是重点校的老师，但名师只负责小班教学，"一对一"教学的都是普通校教师。对于授课教师也有一套特殊的划分等级的标准，主要是根据所带学生学习成绩提高的幅度和速度来确定，而非该老师所任职的学校水平。

与此同时，也有不少机构的老师并非在职教师，而是所谓的专职教师，这些教师经过培训机构的培训即可上岗授课。

3.问谁在管？根据我国《民办教育促进法》规定，教育培训机构主要分为三种类型：对外培训若是涉及教育类的，属于教育局管辖范围，设立民办非学历高等教育机构等相关手续要到教育局办理；涉及职工岗位培训的，属于劳动部门管辖范围，设立民办职业培训学校等相关手续要到劳动和社会保障局办理；还有一些咨询公司之类的经营性民办培训机构，是在工商行政管理部门注册登记。

有业内人士透露，同类型的辅导班现在遍地都是，但是水平参差不齐，大多数起名为"咨询公司"，以规避教育局的监管。

采访中发现，尽管注册和监管机构不同，但是大多数培训机构仍然都宣称自己是教育局认可的、有办学许可证的培训机构，以此来吸引生源，但其办学许可证、营业执照等相关证件都不会公开摆放。

某市的区教育局民办教育及行政审批科一位工作人员告诉记者："正规的培训机构主要培训内容包括行业培训、特长培训、语言类培训和技能类培训几大类，而仅仅针对九年义务教育阶段学生的同步提高班是不允许办的。一般来说，办学许可证要在该机构坐落的区教育局进行办理；此外，劳动局也可以发一些职业教育类的办学许可证；还有一些教育咨询公司在工商局注册。想要了解这个教育机构的性质首先要看营业执照，上面清楚地显示经营的项目和审批的单位。"谈及对这些机构的监管措施，该工作人员表示，《民办教育促进法》和天津市其他法律法规对此方面均有规定。如果接到投诉，他们就会立即调查处理，并报告上级主管部门。

现场镜头:种类多、"一对一"、"光荣榜"粉墨登场;各种"画皮"作秀,"天价班"比比皆是。

一次,来到某市的图书大厦、学校附近的多家培训机构,动辄几万甚至十几万的培训费,家长们花起来毫不手软。

还没走进图书大厦的大门,记者手中就被塞满了各种宣传单,有进行课外辅导的,有培养兴趣特长的,还有出国留学的。种类繁多,令人眼花缭乱。粗略估算,守在图书大厦门口发放传单宣传的培训机构就有近10家。每当有人路过,宣传人员都会极热情地询问是否需要补习,并根据路人的具体情况推销各类培训产品。而"一对一"则是出现频率最高的词。

所谓"一对一",简单来说就是一位老师专门负责教一名学生。某教育机构的课业分析师李老师解释说:"我们会先给学生进行一个学科知识测评,找出他们的薄弱环节,而'一对一'就是点对点帮助学生解决他的问题,因为这种精确度是最高的,也是最有效的。"记者在各培训机构看到,每个大教室里都摆放很多互相有隔板的桌椅,隔板把每对老师和学生单独隔离在一个独立空间。每对"一对一"的老师和学生坐在一起,在这个区域内,这个老师只辅导这一名学生,这样就能提高学生的积极性。

除了"一对一",很多培训机构另辟蹊径,吸引家长和学生。比如,有教育机构表示,他们除了正常的教学,还为学生安排了"每日8小时管理性陪读","这个管理性陪读主要是指安排自习区让学生完成作业,学习中还会有老师一对一进行帮助,有不会的问题可以进行解答。"

此外,占据各机构宣传单上"半壁江山"的还有一项非常重要的"成绩单"或"光荣榜",即教育机构把在本机构学习过的、成绩提高显著或取得优异成绩的学生的具体信息列出来。某"光荣榜"上学生每科提分均超过10分,最多的达到单科提分56分,全科提分143分。这些分数提高程度令人惊讶,成为吸引家长和学生的法宝。而有的机构甚至打出了"2011年中,高考单科平均提升60分;高考本科上线率100%"等标语,噱头十足。

细查事实:"包中"、"保分"是噱头?;"不达标退款"更不靠谱;收钱难保质量,30万学费"打水漂"。

去年高考结束后,孙先生和一家自称高考保过本科线的教育培训机构签约,交了9.98万元,约定今年孩子上不了二本就全额退费。可今年孩子成绩出来后,只有405分。他找到培训机构要求退钱,但对方以"孩子上课迟到、不打卡"等行为"违约"为由,拒绝退钱。和他有同样遭遇的,还有9名家长,其中有的家长为让孩子上大学,已经交了30万元,最终都是空手而归。虽然家长们都采取了法律手段追究责任,但能够获得补偿的寥寥无几,更重要的是孩子的宝贵时间和机遇已经错过了。

对教学成果的验收,成绩无疑是最强有力的证据。许多宣传都用上了"包中"、"保分"等词,尽管家长都心知肚明这个"不靠谱",但却足以让家长产生潜意识中的期待,认为这家培训机构确实有化腐朽为神奇的本事。

一位英语培训机构工作人员表示:"只要有足够的学习时间就一定能提高。"当记者追问是否有关于"保分"这种说法时,他表示,这需要先进行测试,根据学生具体条件制定相应计划。"如果学生分数没有达到之前定好的要求,可以免费重修之前课程的五分之一。"

此外,还有些培训机构表示如果没有达到要求,就可以退费。但当记者要求看有关退费条款的合同时,对方均表示合同内容根据每位学生的具体情况而定,没有统一的标准版本,所以无法出示。

11 家长包办,越俎代庖

高考结束后,小陈的父母结合公布的试题和答案,估算他的高考成绩在 560 分左右,陈先生通过上网查询、阅读报纸,和亲戚朋友商量,甚至不厌其烦地给有关高校的招生部门打电话咨询,最终他为儿子设计了了多种方案,其中包括本科一批的几所高校,本科二批的第一志愿和第二志愿等多套方案。考虑到孩子大学毕业后的择业问题,陈先生还亲自给孩子选择了计算机、生物工程等一些当前比较"热门"的专业。

小陈一再表示自己不愿意学理农类专业,他想学经管类专业,但是父亲说:"你没有社会经验,你还这么小,你怎么知道学什么好,学什么不好,我肯定比你懂得多。再说,现在计算机和生物工程都是热门专业,以后好就业,这可是一辈子的事情,由不得你胡来!"

小陈的专业最终是"被选"的,因为担心小陈不听话,从中捣鬼,"志愿征集表"是由父亲填写的。从始至终,小陈甚至都没有看到志愿表的模样!

最终,无可奈何的小陈还是读了父亲理想的专业——计算机,他每天都要面对数据库应用、C 语言程序设计、JAVA 程序设计、FLASH 动画制作等看不明白也听不懂的课程,逐渐失去了学习的兴趣和动力,于是他渐渐地开始旷课、不参加考试、和同学吵架。陈先生千里迢迢到学校几次探望和开导均没有结果,最后,小陈甚至产生了心理问题,不得不退学回家。

这个填报志愿时段的故事,说明此阶段,最紧张的可能不是孩子,而是家长。说实话,大多数高三学生对目前我国大学专业设置不是十分了解,对想报考的专业既不了解其培养目标,也不知道相应课程,对就业方向和前景更不清楚。要想翔实地了解这些信息又需要花费大量时间,正在紧张学习的高三考生难以有较多精力顾及,这时作为家长,不妨代做资料收集的"功课"。

家长为孩子的高考操心无可厚非,很多家长在孩子考学的过程中想出了很多好的办法,但选择高校及专业不能越俎代庖。每年都有一些家长"强行"为孩子报考,把自己的意愿强加给孩子,最终把好事演变成坏事。志愿填报涉及考生今后的学习和就业,家长应多征求孩子的意见,根据孩子的兴趣爱好及特长,制定更为科学合理的志愿填报方案。

在指导孩子的志愿填报时,家长要端正态度、当好参谋。要多向学校咨询自己孩子的状况,以便更好地帮助孩子定位。切忌脱离孩子的实际情况将志愿报得过高或过低。要充分考虑到学校和专业的特殊情况。另外,志愿填报必须由本人亲自填写,家长负责检查孩子是否将院校名称、代码以及专业名称、代码写得清楚、准确。

案例中陈先生的出发点是好的,希望儿子能有一个好的发展,但是他忽略了一个最重要的事实——未来是儿子自己的,父母无论怎么爱孩子,都不能代替孩子去生活,更不能代替孩子去选择。陈先生正是因为不懂这一点,才酿成了后来的悲剧的。

希望我们的每一位家长都能以此为鉴,以此为戒!

有调查发现,高考生在填报志愿时,和父母一起商量决定的人占到 56.7%,与老师商量决定的人占20%,只有15.9%的人自己决定,而向专业机构咨询,听取专家建议的仅占到7.4%。

由于在报考志愿时缺乏对自身特点的客观认识及科学的指导,大家已经看到,一部分学生在进入大学后,开始对自己所学的专业不喜欢、厌学,甚至有的退学;也有一部分人工作后根本不从事自己所学的专业,而是重新选择其他的专业继续学习。这不仅对个人的发展不利,而且对国家教育资源也是一种浪费。

家长对考生选择志愿加以正确引导,是很有必要的。但如果忽视考生的主体作用,任由长辈大包大揽,强迫考生做出某种选择,就难免出现偏颇。建议家长在孩子填报志愿时,在给出中肯建议的同时,尊重孩子的意愿和兴趣。

从学生填报志愿时的依据可以看到,很大一部分高考生在填报志愿时缺乏专业的指导,完全听从父母和老师的安排。师长的意见固然是重要的,但更多还是要看未来的职业需要,父母认为好的专业未必真正适合孩子自己。

高考生填报志愿是否得当,关系到是否能被院校录取,也关系到自己未来的发展。从某种意义上说,选择专业就是在选择职业,就是在选择未来。虽然专业并不能决定某个人将来从事什么样的具体职业,却基本上确定了未来职业的范围。所以,无论是考生还是家长都不能不慎之又慎。

建议操作办法:

情绪疏导法。

抛弃不良情绪,保持积极心态。

解释:萧伯纳说:"人们总是责怪环境造成自己的困境,我不相信环境。人们出生在这世上,都在寻找自己所需要的环境。如果找不到,就应当自己去创造。"孩子一天天长大,心理变化日新月异,情绪问题常常干扰养成教育的正常进程,影响孩子的前进。孩子的情绪好,教育就容易进行。因此,帮孩子做好情绪疏导,使他保持健康的积极的心理状态,很有必要。

原则:抛弃不良情绪,保持积极心态。

操作方法:①帮助孩子进行自我归纳,发掘和识别自己已经形成的价值观,归纳自己对外界事物和现象的理解与判断。②帮助孩子识别认知上的错误,针对孩子不合理的、夸张的想法,可以进行质疑和反诘。③发现认知错误后,用新的合理的思想予以替代。④在对错误认知进行驳斥的同时,要消除孩子认为自己是别人注意中心的想法。

行为契约法。

对双方有约束力的书面约定,要有"有效期"。

解释:为了帮助孩子养成好习惯,父母常常扮演监督者、唠叨者的角色,这会令孩子反感,甚至引发孩子情绪上的抵触。此时,最好的办法是父母和孩子都平心静气,坐下来好好谈一谈,试试行为契约法。这里说的行为契约是针对父母和孩子双方的。是父母和孩子经过谈判,共同协商而形成的一种对双方行为都有约束力的书面约定。父母的目的是改变孩子,帮助孩子养成好习惯;孩子的目的是改变父母唠叨和啰唆的现状,使其不再过于监视、唠叨自己。双方都想改变对方,一方的行为改变就充当了另一方行为改变的催化剂。如果父母和孩子中有一方出现没有执行约定的行为,就可能导致另一方也不执行协议,从而导致整个行为契约法的失败。

行为契约是养成教育中有效改善亲子关系的润滑剂,有助于建立亲子之间相互尊重、相互信任、平等待人的人格关系。

原则:确立正式的、具有约束力的契约条款,是运用好行为契约法的首要条件和重要保障。行为契约条款的确立,要遵循彼此尊重、相互制约、要求详细的原则,最好以书面形式出现,涉及到的成员应人手一份。行为契约作为一种教育方法意义上的"君子协议",虽不像法律条款那样严格、正规,但对父母和孩子都具有约束力,可避免口说无凭和随意更改的问题。

父母和孩子要共同保持和维护行为契约的约束性,不断以自己的良好行为强化对方的良好行为,最终双方都养成良好的习惯。

操作方法:按照少年儿童行为习惯与人格关系研究课题组的研究,一个行为契约由五个基本部分组成。①确定目标行为。行为契约的目标可以是减少不适宜或不良行为,也可以是增加适宜或良好行为,或者两者兼有。目标行为必须是客观的、可操作的,不能含义模糊,有待推论。②规定确认目标行为的方法。既然签约双方要对目标行为相互监督,那么目标行为出现或者没出现,就要有一个双方都认同的检测方法。常见的方法有直接观察的行为文件(比如作业本)和固定的行为产物。③确定行为契约的有效期。对于较难形成或较难改变的习惯,最好确定一个相对较长的有效期,并在有效期内划分出几个较短的考察期,每个考察期都制定相对具体的考察目标,每一目标的要求逐级递增,不要忽高忽低,以免在执行过程中无所适从。④确定强化和惩罚的跟随条件。签约者执行的是适宜行为,应得到契约中明确规定的强化;如果是不适宜行为,契约就要明确惩罚后果。⑤契约双方签字。双方签字有利于孩子建立起"父母与我平等"的观念,有利于行为契约的顺利执行。

末尾补习法:

这种方法,是针对家长与孩子如何运用家教、如何科学合理地补习的难题的。

如今,为了能过好小升初、中考、高考这三"大关",很多家长都给孩子加时、加码,报了各种补习班。殊不知,最根本的方法应该是从小培养孩子的良好学习习惯,养成一套实用的学习方法,并在学习实践中不断地去总结,进而达到提高成绩的目的。

这其中的关键点,应该是学习的方法是效率高或低,与对具体课程的兴趣。优秀的孩子,在家长的配合下,每个学期、学年会针对学习成绩或掌握知识差的"末尾"课程进行研究和补习。

学习成绩最差的课程,原因多是:具体授课教师水平差,没有讲出该课程的"兴趣"点和学习方法的"技巧",只是一个课本的诵读者。再有就是老师与孩子间有人为的、主观的隔阂,使孩子产生了恐惧心理或逆反心理等等情况。

为此,家长就要下一些功夫了。请寻找对该课程最有研究的优秀教师,上门获取"家教",进行末尾成绩课目的专项"补习"。请大师先讲对该课程的概述部分,从而调动起孩子的兴趣;再讲一些,该课程的具体学习方法。孩子在获取"真经"后肯定对该课程产生兴趣,就进步了! 当然,此类"大师"级的教师,所收费用要高不少,但请他(她)少讲具体的,原则上不留作业,这些,孩子的学校都干了,不必重复,实在没有意义。

对每学期、每学年的成绩最后一门或掌握最不牢靠的课程进行"末尾补习",你的孩子肯定会全面进步,而且不会,过多地重复一些作业,浪费宝贵的高效能时间。

● 第三章　家长的没正形,望自律

有位美国诗人,同时还是一名儿童教育专家多萝西·劳·诺特。诗人写过一首诗,名字叫《孩子从生活中学到什么》,诗中有这样优美的描述:

如果孩子生活在批评中,他们将学会指责。

如果孩子生活在安全中,他们将学会信赖。

如果孩子生活在敌意中,他们将学会争斗。

如果孩子生活在认同中,他们将学会关爱。

如果孩子生活在恐惧中,他们将学会担忧。

如果孩子生活在认可中,他们将学会拥有目标。

如果孩子生活在遗憾中,他们将学会自怜。

如果孩子生活在肯定中,他们将学会自爱。

如果孩子生活在猜忌中,他们将学会内疚。

如果孩子生活在友善中,他们将学会世界是居住的乐土。

笔者给这个诗写一个"综上所述":有什么样的家长,就完全有可能塑造出一个"什么样"的孩子。但是,伴随着现代教育事业的进步,学校和社会还是多少会启发一些自己有一些"觉悟"的孩子,为此,他会对家长的"所作所为"看不惯,进而发展到"看不起"。

笔者认为,家长自律为佳!

❶ 孩子说你"没正形",请检讨

这是送给那些不负责的家长们的。是著名作家蒋子龙先生说的,我们经常在一个游泳池晨练,大家戏称他是——蒋委员长。

清晨在游泳池边蒋委员长向一位泳友打招呼:"这两天没来?"他先"咳"了一声,"别提了,那天我喝多了,朋友把我送到家就吐了,老婆一个人弄不动我,就喊女儿帮忙,谁想她妈还没抱怨,她倒嫌弃我了,竟挑唆她妈跟我离婚,还说你当初怎么会看上这么个人?甩了他算啦。你说现在的孩子怎这份德行?没正形!"蒋反问他:"你有正形吗?经常在外面喝得烂醉,回到家吐个一塌糊涂,深更半夜的人家不得收拾,不得给你洗澡吗?你就不能控制在不醉不吐的境界?"泳友嘿嘿一笑,没正形的劲又上来了:"酒就是为了让人醉的,喝酒不醉,不如喝水。一醉方休,不醉怎能散席?"

我蓦地想到,"没正形"这三个字倒很形象地概括了当下一种普遍的社会现象,"没正形"或许成了现代人的一种常态。特别是一些为人父母者的常态。

2 同长中，作为家长的若干 "戒律"

一个初二的学生介绍道:初一时,因为有病,耽误了一些课程,结果成绩一直就不好。我自己越来越没有信心,总觉得自己太差了,怎么也赶不上了。我心里堵得难受,回到家里想跟父母聊聊,可是他们连理都不理我。他们从来不管我,整天只知道赚钱,张口闭口就是炒股,我的考试成绩是好是坏,他们连问都没问过。

现实生活中,的确有这样的父母。他们只是自然型的爹妈,不是智慧型的家长。在此,也请诸位当上爸爸、妈妈的"家伙",要负起自己家长的责任来了,要"共学同长"了! 为此,提出如下"戒律":

- 不许给"调皮"贴上问题孩子的标志,别把"听话"作为好娃的唯一标准;
- 要让孩子学会为自己的选择而负责,别把父母的想法强加给娃;
- 不许对孩子施以语言的暴力,千万别当众羞辱你的娃;
- 不应该把考出高分当成孩子的唯一目标,不应让课业负担充斥娃的所有时间和空间;
- 不许让孩子这也不许去,那也不许摸,不要捆住娃的手与脚;
- 不要把小孩当大人来要求,也不要把大孩子当成小孩子来管束;
- 千万不可为娃包办代替所有事情,如此会让孩子失去学会长大的机会;
- 不应拿自己孩子的弱点同别的孩子的优点作比,不许强化娃的缺点;
- 不要对孩子百依百顺,让孩子受不得半点委屈;
- 没必要捂上孩子的眼、耳、鼻,让孩子这也不许看,那也不许听不许说。

孩子学习不好的家庭毛病。孩子学习不好、成绩差、学习马虎都是困扰家长的大问题。造成这种情况的原因有哪些呢? 关键又在哪里呢? 专家指出,家长在教育中不自觉的错误可导致孩子多种心理问题,并直接影响孩子的学习效果。

常询问孩子在班级的名次。

家长不能以每次考试成绩的排名来肯定或否定孩子, 对于一个不可能得第一的孩子反复强调名次,势必使孩子陷于自卑。而孩子的自我否定,不仅会使他学习成绩进一步下降,而且会使孩子未来的整体发展会受到妨碍。

常指责孩子的失败。

比如有两个孩子的语文考试不及格,家长甲对孩子说:"妈妈和爸爸都很关心你的语文成绩,我相信这次考试还没有反映出你的水平,你要加油呀,孩子!"家长乙对孩子说:"你怎么这么笨! 这么简单的题目都不会做,你以后肯定考不上大学!"家长甲传达的是关心和爱护,家长乙引发的却是焦虑和憎恨,前者能激发孩子进一步学习的积极性,注重于问题的解决;后者则会打击孩子的学习积极性和自信心。

常阻止孩子玩耍并命其回到书桌前。

玩是孩子的天性,一味地阻止,迫使其"学",而且学之不尽,孩子必然会产生厌烦心理。成功的教育是变"要我学"为"我要学",即将外在动机转化为内在动机,充分调动孩子的学习积极性。而不恰当的教育,则只会使孩子原本存在的学习兴趣也没有了。

如对于学习马虎,成绩不好(差)的孩子,家长应注意以下几方面:

第一,家长必须要有耐心,情绪稳定。

因为孩子过去的基础较差,想要孩子一下子把学习搞好是不现实的,也是不可能的。因此,做父母的千万不能操之过急,更不能因为孩子学习不好而指责孩子。

第二,父母应该和孩子进行诚恳沟通。

交谈时,父母应该对孩子抱着真诚关心和宽容体谅的态度,表示理解孩子在学习上遇到的困难或挫折。同时,父母还可以谈自己过去学习的经验教训,给孩子以信心和勇气。

在此基础上,再从以下几个方面了解孩子的情况:①在学习上是否尽了全力? ②是否认为自己无法搞好学习? ③需要什么帮助吗?

应从以下几方面向孩子的老师、同学或朋友了解孩子学习上的问题所在:①孩子上课是否用心? 做作业是否认真? 能否按时完成? ②孩子平时喜欢与哪些人在一起玩? 有没有受到什么消极影响? ③孩子的特长是什么? 兴趣是什么? 能否根据孩子的兴趣和特长采取一些特别的措施,让孩子恢复自信,培养其成功感。

第四,父母应该做到以下几点:①当孩子遇到困难时关心他,支持他,鼓励他坚持不懈,顽强奋斗。②让孩子养成独立学习、不依赖他人的良好习惯,不要老干预,老指导,老帮助。③教育孩子正确对待失败,告诉他失败是成功之母,要善于从失败中找到成功之路。④以肯定任何大小成绩的方法来建立孩子的自信心,让孩子体会到,无论成功或失败,只要他尽了自己的努力,父母都一样爱他。⑤鼓励孩子提出切合实际的目标,一步步地争取,不要希望一步登天。

第五,父母要以身作则,做孩子的好榜样。

期望孩子具有良好的生活、学习习惯,父母首先要做到做事不拖拉,当天的事情当天处理,而不要轻易斥责孩子学习拖拉、不主动以及贪玩;对孩子讲话、做事要小心谨慎,不要轻易指出孩子致命的弱点,要维护孩子的尊严;不应该给孩子布置额外的学习任务,避免作业强迫症,重要的是以自己的言行规范来影响孩子,让孩子去领悟如何做人做事;要经常在家庭中进行民主交流,父母和孩子分别总结一段时期以来个人的得失以及未来的努力方向,同时相互交流家庭成员之间对彼此的意见和建议,让孩子畅所欲言,使他感受自己的存在意义,而不是在不断的埋怨和抱怨中挣扎。

第六,向孩子的老师、同学或朋友了解孩子的优点。

如,孩子的特长、兴趣以及其他表现良好的地方。要结合孩子的现有的优点,鼓励和督促孩子发扬优点,弥补不足,建立起对文化课程学习的自信心,产生对文化课程的兴趣以及学习上的成功感。

第七,要帮助孩子进入学习状态。

如,孩子遇到困难时要关心、支持、鼓励;孩子出现进步行为表现时及时给予表扬、激励和肯定(如,努力程度、按时完成作业、写作业又快又好等),鼓励和支持孩子寻找适合于自己的学习方法,逐步找到适合自己、独立的学习模式,最终达到良好的学习状态。

第八,父母要多与老师沟通,了解作业的布置情况,以便督促孩子完成作业。

同时还可以针对孩子的学习情况与老师协商帮助策略。如针对孩子的学习实际请课任老师设计辅导方案,循序渐进,保证孩子"当天学当天会,当天的事当天做"。

第九,要鼓励与调动孩子积极主动地学。

如,与孩子展开写作业竞赛,促使孩子全心身地投入到写作业的竞赛之中,使他兴趣盎然高效率地完成作业;和孩子商量如何完成学习任务以及如何进行玩耍,这样既了解了孩子的需要,又让孩子明确了自己要完成的任务,同时也可以激发孩子的学习兴趣,进而增强孩子自己做主的责任感和义务感。只有积极主动地学习,才能感受到其中的乐趣,才能对学习产生兴趣。

3 别做不成熟男人和特"讨厌"的人

还是说说不"懂事"的爸爸。那天接一好友的趣味短信,揭示不成熟男人的种种表现,在此汇总并发挥一下,敬请看客们品头论足。不成熟男人的主要表现有:

- 跟网友见面;
- 和情人结婚;
- 把爱好当职业;
- 把同事当朋友;
- 朋友和敌人太多;
- 上司面前,知无不言言无不尽;
- 轻信上司的许诺;
- 喜怒哀乐挂在脸上;
- 相信只靠自身努力会成功;
- 不会艺术地恭维他人;
- 不会以批评的方法表扬上司;
- 没有私房钱。

以上这些条条框框,还有一个量化的标准,就是具备其中三条以上者,就是标准的菜鸟型非成熟男人,望结婚了的特别是当了爸爸的男人们自查。

再有,一些特别叫人"讨厌"的人,在生活和工作、学习中,经常遇到。一些"缺德"的、不"自觉"的、或是"缺心眼"的人,生活中到处都有,下边说说,不全的请读者给补充一下。

- 住宾馆用床单擦皮鞋的人;
- 任何场合都绝对听不到他一句心里话的人;
- 只要有两个以上的人在场就永远是用公文的语气和口径说话的人;
- 朋友聚会,在有人埋了单之后强烈表示自己早就准备埋单的人;
- 利用某人未果,然后到处说某人原来是没有利用价值的人;
- 小有成功就赶紧否认此前受到过帮助的人;
- 只记得筷子敲头,不记得筷子夹肉的人;
- 得到过朋友无数次帮助,只要有一次未遂意愿就与朋友反目成仇的人;
- 一见原来被自己无视甚或轻视的某人发迹就到处声称与某人相知已久且交情甚深的人;

● 用公款把自己只在本单位简报刊登过的文字编辑成册正式出版还隆重举办研讨会的人;

● 本来可以纯朴,偏以时尚为炫耀,弄得自己不伦不类却嘲笑别人土气的人;

● 不论对与错,都永远振振有词的人;

● 某件事稍不合自己的意就把做事的人说得一无是处的人;

● 有机会就自我表扬,没有机会也创造机会自我表扬的人;

● 永远在愤世嫉俗,对任何人的任何成功都撇嘴表示不以为然的人;

● 以为从来没有对不起过别人,只有别人时时处处对不起自己的人;

● 总是抢着说话,觉得别人的话都不值得一听的人;

● 对收发、传达、勤杂工和清洁工从不正看一眼的人;

● 一边痛骂男人没一个好东西,一边跟有权有势、财大气粗的男人打情骂俏的人;

● 一边动不动就批评别人不文明,一边随时当众抠脚丫子的人;

● 把饮料没喝完的纸杯塞进飞机座椅背后口袋的人;

● 乡下生长又长期在乡下工作,进城没有几天就老是把"乡下人"当作蔑称评论别人的人;

● 不论众人在谈论什么话题,都总要极力把大家的注意力吸引到自己身上的人;

● 把有各级各类领导的合影照片挂满了客厅,"逼"客人在密密麻麻的一大片面孔中寻找他,别人的反应不像自己期待的热烈就不高兴的人;

● 只要某人比自己地位高,不论某人说什么都使劲附和喝彩的人;

● 开自己的小车,特地停下来和一个骑自行车的同事打招呼的人;

● 与人握手时,眼睛看着别处,手指头刚触着对方的手就移开的人;

● 探生病同事时,与病床保持远得不适当的距离,离开前就在病房的卫生间认真洗手的人;

● 对不喜欢自己的人逮住机会就无情伤害的人。

4 家庭不和谐会让孩子无心学习

家长不和,孩子受苦。家长不信任孩子、过分干涉孩子的生活、打骂孩子或是不守诺言时,孩子当然会对家长失望。但从社会学的研究结果看,令孩子失望的首要原因却是"夫妻吵架"。这个结果实在有关让做了父母的家长警醒。20岁以下的学生,因为心灵尚小,所以把家长日常的争吵看成了天大的事,于是彷徨与不安,感觉自己根本无法介入其中。

其实夫妻之间,往往因为对一些鸡毛蒜皮小事而抱怨,最后演变成了激烈的争吵。饭菜做得不合口味要抱怨;钱不够花了要抱怨;一起生活久了,缺少了当初恋爱时的甜言蜜语还要抱怨;工作忙得团团转无暇顾及对方也要抱怨。正是这些琐碎而无谓的讥讽与责难,掀起了夫妻感情的风浪,脾气暴躁的还要摔东西,有的甚至借酒撒疯做些更过分的事情出来,孩子怎么能不惶惶不可终日呢?

看看孩子是如何想的。一位中学一年级女生,"他们总是吵得很凶,让我也感到矛盾、失望、心烦、郁闷。每次一回到家,我就不想说话,我讨厌家里的一切。"

"我出生在一个关系不和谐的家庭里。父母常常会为了一点鸡毛蒜皮的小事而争吵。但他们吵架后又会很快"和好"。我知道他们很快"和好"的原因,他们是怕影响我学习,不让我分心。所以我在他们面前总是表现得若无其事,让他们觉得我心无杂念。可是,我内心的感受又有谁知道呢? 每当他们吵架的时候,我的心都如刀绞一般,事后便无心学习。就这样,我的成绩开始一天天地下滑,我再也找不回原来的自信了。"

有这样家庭问题的学生不在少数。父母的感情问题,不是我们一两句话就能说得清楚的。世上总有些事是我们不愿意但又必须面对的。所以,我们从小就要养成坚强的性格,做好随时接受任何打击的准备。父母的问题,他们早晚自有解决的办法,生活总要继续下去,我们再烦恼都是没有用的。但有一点是可以肯定的,不管父母两人之间怎样,他们都是关心你的,他们最不希望看到的,就是你受到伤害。所以,你只有坚持努力学习,不让成绩下滑,才可以让他们放心。你帮他们减少了心理上的烦恼,或许就能缓解他们感情上的危机。

小辉是一名初一的学生,在一次期中考试中,他各门功课的成绩都不及格,其中数学只考了4分。小辉应说是个非常聪明的学生,因为他的动手能力特别强,他的电脑水平也让老师赞叹不已。

但是,小辉就是不喜欢学习,数学考试得了4分,实在令数学老师不解。而且,小辉的考试成绩使他们班级的总分名次受到了巨大影响,这也着实让班主任感到头疼。

为此,班主任经常对小辉进行个别教育、引导。但是,不管老师怎么苦口婆心地劝说,耐心地指导,小辉的反应都总是非常冷淡。他向老师表示,自己只要能混到初中毕业就行了,他的父亲就是这样要求他的。

班主任与小辉的父母取得联系之后,得知小辉的父母亲已经离异多年,而且他们各自已经有了新的家庭。小辉的父母对小辉的学习从来不过问,也不关心他每天都在做什么。小辉在父亲家住一段时间,再去母亲家住一段时间,这样往返于两个家庭之间,从来感受不到家庭的温暖。对于小辉来说,家只是个吃饭和睡觉的地方而已。因为自己学习不好,常常惹父母生气,每次考试之后,母亲总是严厉指责他不可救药,而父亲则经常对他进行体罚。于是,班主任希望与小辉的父母面谈一下,反馈一下小辉的学习情况,讨论一下他未来的发展问题。但是小辉的父母都表示自己工作太忙,回避与班主任老师的沟通。

有小辉这样的家庭的学生,往往对父母有逆反心理,假如发现自己考试成绩不好可以让父母不高兴,他自己就觉得非常舒服,因而故意不努力学习。大家常把一个家庭关系比作三角形。良好的家庭关系类似于一个等腰三角形,父母构成这个三角形的底边,孩子则是三角形的顶点,顶点到达底边的距离应该是相等的。而在现在的许多家庭里,这种三角关系已经出现了"扭曲"。

有这样的家庭的学生要认识到,既然有些事情已经发生,并且难以改变,那么我们不妨学着去适应这种现状。毕竟人生的路还很长,而且,每个人的路都是自己走的,即便拥有美满的家庭,父母也不可能陪伴我们行走一生。

在此提醒孩子们,从小就学会坚强吧,不要让任何事情影响你好好读书的信念。人生的道路上,不如意的事情还有许多许多,假如你不够坚强,在以后的征途中会步履维艰的。

5 过于苛刻

人生五味让孩子自己尝。生活态度方面,父母如果对孩子过分控制或干预,孩子做事时的自信心和挑战心理会慢慢枯萎。这样的状态长久持续下去,孩子很可能会成长为一个懦弱而内向的人,或者正好相反,成为一个攻击性和反抗心理极强的人。

请看看孩子的感受:

"我一直生活在父母巨大的翅膀下。从幼儿园到现在,都是顺从父母的意思,甚至很少去朋友家玩,更没有在朋友家住过,觉得不可思议吧。就连去游乐场玩的次数也是屈指可数,还得是爷爷奶奶给讲情的情况下。

哈!我并不认为父母对我抱有较高的期望值是件坏事,他们已经为我投入了很多,当然会抱有较大的希望。但是,一旦我的所作所为稍稍违背他们的意思,或者没有达到他们的期望,他们便不支持我鼓励我。他们指责我不诚实,认为他们看到的不是一个真实的我,总觉得我在隐藏自己真实的一面。

在父母的想象中,我应该,也必须是一个模范女儿。爸爸总在干涉我的事情。虽然我知道他是为我担心,是关心我,我却对此厌倦厌烦到了极点。"

孩子的"厌倦厌烦到了极点",正反映出了她极度的厌恶感。管制之严厉,期望之远大,已经到了不能有一点儿让父母感到一丝不满的程度,这也使孩子走到了穷途末路。"因为在经济上投入了很多",所以,就要在孩子身上看到回报,这种思维模式,实际上是将父母和子女的关系推入了一个冷漠的交易中,让孩子心里无法感到温暖。

少唠叨别人,多赏识他人。如今,我们的社会文明程度大大地提高了,民主气氛也越来越浓了。大家茶余饭后,可以畅所欲言地指责一下张三,议论一段李四了,甚至对我们的城镇建设、经济发展、产业结构等政务都可以随意"指点江山"了。更有一些拥有责任心的人物学会了上网就学着建博客,手机能上网了就建微博、通微信,并且,大量发博文、发微信,进行"抨击"。

这些现象,总感觉好像不对头,你说你不去把你自己的"事业"努力干好,整天瞎指责什么?这不对那不好,完了还不敢留名。据说有一种职称,是专为此类"英才"设置的,叫什么来着?对,叫"愤青",当然有各类的小"愤青"和老"愤青"了。其实,你去多想办法、去多出主意、去多赏识他人,对你自己的身心健康肯定有利。比如,在生活、工作中:

赏识你的孩子。虽然孩子很淘气,不聪明,也没有什么特长,但他(她)健康,爽朗,富有热心和爱心,努力去做他(她)应该做的一切,并有明显的进步,这你还有什么不满足的呢?试着发现孩子的长处并激励他(她),孩子会在开心中积极向上。

赏识你的另一半。爱人不漂亮,但她(他)懂得体贴家人,孝顺长辈,里里外外都拿得起放得下,勤劳能干,工作努力,撑起了家中的一片天,这是多么难得啊!

赏识你的同事。你别总认为,没有自知之明的同事,他自我感觉良好,以为可以包打天下,但结果表明,工作总是没有别人做得好。但是,他非常热心,别人遇到困难时总爱帮一把。总之,每个同事身上都有长处和优点,你要学习和欣赏。同事中可能还有的是你的下级,请也欣赏你的下属,有时粗心的下属又出错了,不要大声呵斥,告诉他错在哪里,结果,他改正了,再也没有犯过类似错误,表扬他,肯定他的知错能改;做什么事都慢腾腾的下属又没有按期完成你安排的一项工作,告诫他以后要加快速度,看看他已完成的部分,精益求精,几乎找不出任何瑕疵,所以,还要欣赏他的细心和工作质量;发牢骚的下属总是意见多多,不要烦他,从他的话语中汲取有益的部分,改进工作,同时,应当欣赏他的直言不讳。

赏识你的老板。虽然他对你要求严格,经常对你的工作鸡蛋里面挑骨头,一次次给予你严厉的批评,使你心生怨言。但仔细想想,他这样做,却让你学会了更加严谨地去工作,做好每一个细节。你不善言谈,他逼你去外单位办事,和人交流与沟通;你的文字功夫不好,最怕写文章,他逼你每周交一篇工作总结给他。现在,你能和人轻松交流了,你写的文章得到领导肯定了,你能够独当一面了,这一切全是主管逼出来的,扪心自问,你怎能不感激不欣赏主管呢? 其实是老板给了你在社会上"吃饭的家伙"和本领。

还是学会赏识别人吧!赏识你的老板,你会工作得更加顺心;欣赏你的同事、下属会工作得更加努力;欣赏你的同行,你他们之间会合作得更加融洽;欣赏你的另一半,你们会更加甜蜜;欣赏你的娃,说不准他(她)将来也会成就一番事业。

让我们用赏识、欣赏的眼光,认真的端详他人,和睦地与人相处吧,这时的幸福既是别人的,更是你自己的!

6 父母专制,让孩子不知道为谁学习

下面这段话,是一个初中女生的心声:

妈妈就像个老太婆,整天絮絮叨叨的,不让看闲书,不让看电视,不让去网吧,尤其不能容忍的是不让我踢足球! 妈妈说,女孩子踢什么球,多野呀! 我真不明白,为什么女孩子就不能踢,如果每个人都说女孩子不该踢球,那今日中国女足的辉煌从何而来呢? 真烦死了,我都这么大了,她还天天管着。妈妈越不让干我偏干,越让干我偏不干。

父母过于专制,是让许多学生非常苦恼的事情。许多学生就是因此对父母产生了逆反心理,故意不努力学习。对孩子严加管束是必要的,但是有些父母只是按照自己的期望,按照成人化的标准去管束。中小学生毕竟是孩子,生性好动,兴趣广泛,每天被束缚在一张课桌、一把椅子上,那是对他们天性的毁灭、心灵的摧残。其结果往往是和这个女生一样:妈妈越不让干我偏干,越让干我偏不干。

现在的学生,生活实在不轻松。过重的课业负担,沉重的心理压力,使得学生们的意志力、承受力等素质急剧退化,而他们在苦恼时又大多不愿找人诉说。一份调查显示,大多数学生心中有烦恼时只想找一个清静的地方待着,只有很少一部分人会找父母谈心。一个人总把烦恼藏在心里,往往会形成忧郁的性格,在学习时无法达到兴奋状态,久而久之,会使学习成绩受到极大的影响。

我们再来听听另一位同学的烦恼:

我的家境还可以,妈妈把所有的希望全都寄托在我身上。她上中学的时候特别优秀,不但学习名列前茅,而且歌唱比赛还拿过全县第一,但终因别人的门子硬和她的"成分高"而没考上她理想中的音乐学院。她总是循循善诱地对我讲她的过去,鼓励我争口气,不管干什么事,要干

就要拿第一。妈妈是我最崇拜的人。她没有实现自己的理想，便把她的理想寄托在我身上。可是，她不知道，我的成绩一直没有她想象的那么好，我一直只是个中等生，不管我怎么努力，从来都没进过前十名。我每次考试都很紧张，总希望自己能够超常发挥，考出好成绩让妈妈高兴，可是越这样想越紧张。现在要开家长会了，她要知道我连中等都排不上了，她还不失望至极！我该怎样面对妈妈呀！

这反映出另一些家长的心态：他们总是期望孩子将来能补偿自己的理想缺憾，因而过度地拔高对孩子的期望值。案例中的这个同学本来成绩很一般，妈妈却给她定位在"拿第一"上。这种定位实际上是把她永远放到了无法实现家长期望的失望中，让她永远接受和沉淀着"失败"的种种心理体验，逐渐失去学习的自信。

传统的专制家庭，强调家长的权威，孩子必须服从父母的权威，没有商量的余地，只有孩子听父母的，父母从不听孩子的。这种家长一般用武力来保证他的想法得到实施。"去做作业，不然就揍你！"许多家长并不只是吓唬吓唬而已，往往真就揍了。所以学生们在小的时候非常害怕这种家长。

面对专制的父母，首先大家要清楚自己学习的目的是什么。每个人都要有自己的理想，我们今天努力学习，就是为了长大以后实现理想。这个理想不应该是别人强加给你的。父母与我们之间往往代沟很深，许多父母思想保守，不能与时俱进。他们往往认为我们年纪小、阅历浅，想用他们的经验让我们少走弯路。而他们常常忽略了一点：他们想给我们的幸福，未必是我们想要的。但他们的初衷都是好的，都是为了我们有个好前途，有一个幸福的人生。所以，我们更要坚持自己的理想，努力学习，只要看到了你的成功，看到你拥有美好的生活，父母将来也就不计较你今天听不听话了。

给孩子提个醒：父母过于专制，有时候是因为你的性格不够独立，没有主见，父母对你不放心，出于"为你好"的心理，才要替你拿主意。所以，我们要有意识地培养自己的独立性、自主性，事事都要有自己的见解，并主动对父母表达，和父母讨论，让父母看到你不是个软弱的人，你有能力处理自己的事情。这样，他们也许就不再处处管着你了。

7 父母溺爱让孩子失去动力

家长对孩子过于溺爱，无视对孩子的独立性的培养，是导致许多孩子不爱学习的一个重要原因。

许多家长，年轻时吃过不少苦，所以不希望孩子再继续吃苦，一定要让孩子过幸福的日子，竭力为孩子创造一切。他们以为，只要为孩子铺平了道路，孩子的一生就会一帆风顺。殊不知，父母对孩子的这种盲目的爱，其实会为孩子的健康成长埋下隐患。许多人就是因为从小受到父母的溺爱而落得令人痛心的结局的。

刘芸小时候，父母对她百般宠爱，过分照顾，她的一切愿望父母都要千方百计去满足。等到上学后，在学习上稍遇到一点困难，她就受不住，回家哭丧着脸，乱发脾气。但父母对她的一切行为都迁就、顺从，她的家庭作业不会做，父母就代笔，她在学校受到一点委屈，父母就出面交涉，她考试不及格要留级，父母就找关系说情。渐渐地，刘芸不仅情感上脆弱，而且学习缺乏毅力。上小学留一级,初中没考上,母亲通过"后门"把她转到一所乡镇中学,勉强混了个毕业证书。最后又是父母托关系,安排她进公交公司当了一名售票员。

高天是遗腹子,母亲在他身上寄予了全部希望,继父待他如亲生,爷爷奶奶更是百般溺爱,致使高天从小十分任性,什么事都得顺着他,否则,就赌气不吃饭。一天,姐姐下班回家,将茶话会上分得的4粒糖果分给了弟弟,没有给他。他便大发脾气,踢了姐姐一脚,独自进了房间。等到姐姐开门去看他时,只见一条红领巾套在他的脖子上。一条生命就此终止。

小罗是一个独生子,父母是工人,没有什么文化,但家庭生活比较富裕。他从小要什么父母就给什么,说什么父母都依着。父亲爱喝酒,几乎每天吃饭时都少不了酒。小罗有时也试着尝两口,父亲也不加干涉,反而夸儿子"真行"。慢慢地,小罗七八岁时就学会了喝酒、花钱,父亲有时甚至大方到让他从自己的口袋里掏钱的地步。于是,小小年纪,他就学会了进饭馆、逛商店。父母不但不阻止,竟说什么:"老子挣了钱,不让儿子花让谁花呢?"由于他出手大方,那些行为不良的同学就围着他转。他又学会了吸烟、赌博。染上了坏习气后,他学习成绩迅速下滑。开始时,因为老师的督促,家长还批评几句,后来见管不住孩子,也就索性不管了,反而说什么"将来当个工人,没文化一样开机器",致使儿子常常逃学,考试交白卷,后来发展到偷盗、抢劫,最终被关进了监狱。

从上面案例可以看出,家长的溺爱,对孩子的危害是多么大!虽然溺爱来自家长,但只要孩子自己肯努力,家长也是可以走出这个误区的。

我曾是一个被父母溺爱的孩子,在家里,父母总是以我为中心。正因如此,我根本不知道自己吃的穿的用的一切是多么来之不易。吃饭时,夹到不好吃的菜就扔掉,米饭不爱吃就倒掉,而且从来都不认为这是错的,父母也从未责怪过。我家经济条件不错,几乎是要什么有什么,多得用不完,很多东西我都是用一次就扔掉了。直到有一次,学校组织我们去种植园参观,我才明白一切都是来之不易的。

在种植园里,老师要求每人栽十棵小菜苗。我连锄头都没碰过,现在要我去种菜,这简直比登天还难。为了不出笑话,只好装模作样地刨着,弄得鞋子里满是土。费了九牛二虎之力,总算把菜苗种下去了。但是老师点评说,十棵只有一两棵成活率较大,其余的被我弄断了主根,有的栽得太深,有的没栽牢,有的连土都没刨松。仅十棵菜苗,就问题百出。我惭愧极了,心里直怪自己平时不劳动,也怨爸妈老宠着我,什么都不让我做,结果让我丢了这么大的丑。劳动结束了,该做饭吃了。老师要我到种植园采菜。结果,因为不认识菜,我把鸡冠花当蘑菇、兰花当韭菜采了回来,成为同学们的笑柄。当时,我恨不得找个地缝钻进去。

虽然,出了不少丑,但通过这次活动,我还是获益良多。它让我体会到了劳动的艰辛,从那时开始,我再也不浪费粮食了。自己的生活能力之差也给我敲响了警钟,如果我连这些小事都干不好,长大以后离开了父母,我该怎么生存呢?我开始有意识地学做事情,学着削铅笔、整理房间、洗衣服、扫地,再也不做什么小皇帝了。

孩子自己认识到父母溺爱的危害的同时,也要和父母沟通。孩子要告诉他们,溺爱到头来只会害了我,让他们以正确的方式爱孩子。告诉他们自己很坚强、很独立,很多事情我可以自己做,我不想在长大以后,成为一个没有独立生活能力的人。

在此提示孩子们：父母的溺爱会使自己恃宠而骄，变得目中无人。随着年龄的增长，自己还会出现更多性格上的缺点，将来步入社会，可能会四处碰壁。能及早认识到这一点，想要克制，并改变自己的缺点也并不难，毕竟人的习惯、性格、脾气都是慢慢养成的，改起来也一样。

要走出爱孩子的四大误区。

有一句话这样评价中国的家长：他们太爱孩子了，但又太不会爱孩子了。

中国式的家长，大多知道溺爱孩子有害，但却分不清什么是溺爱，更不了解，自己家里有没有溺爱。"溺"词典上解释为"淹没"的意思。人被水淹没了叫"溺毙"，如果父母的爱流横溢，那也会"淹没"孩子，这就是溺爱。溺爱是一种后患无穷的爱，它没有使孩子输在起跑线，却输在了终点线！

新加坡《联合早报》文章说：中国有65%以上的家庭存在"老养小"的现象，三成的成年人基本靠父母供养。难怪不少人都在高喊：谨防"养儿啃老"颠覆中国人多年来的"养儿防老"现象。文章总结说："一直无业，二老啃光，三餐饱食，四肢无力，五官端正，六亲不认，七分任性，八方逍遥，九（久）坐不动，十分无用。"

没有不幸的人，只有不幸的教育。没有不好的孩子，只有不幸的孩子。不幸的孩子是因为他们受到了不幸的教育。我遇到过许多家长，他们对孩子付出一片爱心却收效甚微：孩子不听话，不理解父母，偶尔还是小昏君，并且出现了"啃老"苗头。可是当我们透过这种表象就会发现，导致这个问题的并不是子女，而是父母。是父母在伟大的爱子光环中走进了误区，才不小心送给孩子最可怕的礼物。如何走出这个误区，是中国新一代父母养儿育女面对的新课题、新挑战。

误区之一：素质教育＝艺术教育。

症状：国内近年来流行"素质教育"，可惜的是，没有主心骨的家长把音乐、美术、武术、舞蹈、书法、外语错当成素质教育的主要内容。他们完全忽视了，孩子的为人处世，价值坐标的建立，孩子的品格，孩子对知识与职业关系的理解，孩子的人生理想以及付诸实践的能力，才是"素质教育"的明确内涵，是一个孩子走向社会舞台最必要的素质。这种素质，名牌学校、高级辅导班都没有精力和义务去培养，只有那双推动摇篮的父母之手才能给孩子这份价值连城的礼物。

缺陷：好分数＝好学校，好学校＝好文凭，好文凭＝好工作，但是，好工作≠事业成功。在孩子小的时候，好成绩确实能说明他是个好学生，可当孩子长大成人，需要离开学校走入全球化竞争中，问题就出来了。未来后工业化社会需要人才具备财商、管理能力等多种生存技能，光会读书没有这些技能的孩子就会很吃亏，包括很多名校硕士、博士毕业生，出了校门还懵懵懂懂，不知道怎么谋生处事，甚至前途堪忧，更别说成家立业了。结果，养儿"啃"老颠覆了中国人多年来的"养儿防老"。

误区之二：习惯性满足各种要求。

症状：主要表现为长辈们对孩子的物质娇宠和情感娇宠。父母是孩子的提款机。你喜欢什么，给你什么；爱吃什么，给你吃什么；爱穿什么，给你穿什么。要钱给钱，要物给物。给得越多，表明父母爱得越深。这直接导致幼儿和青少年消费日益攀高。一个四岁的幼儿园的小孩，身着米奇的外套、巴布豆的T恤、丽婴房的裤子和阿迪达斯的休闲鞋,整套装备下来要上千元。父母成了"孩奴",孩子成了"啃老族"。

缺陷:"钱是从爸爸兜里掏出来的"、"钱是银行给的",如此想法不是孩子的悲哀,而是中国父母教育的悲哀。不知道钱是怎么来的,不知道劳动的价值,养成好逸恶劳的习惯,这将对孩子未来的生活产生严重影响,甚至影响他们今后的婚姻生活。

很多中国家长觉得教育孩子不看重钱是一种美德,这没错!不过,教育孩子不看重钱的根本目的是减少他们在金钱上的虚荣心和攀比风,而不是让他们不在乎钱、大手大脚、坐享其成,当下的"啃老族"就是鲜活的例子。

而且,即时满足、超前满足、超量满足容易养成孩子我行我素、任性、情绪不稳定、安全感差、抗挫折能力差、缺乏感恩的个性。

误区之三:知爱而不知教。

症状:爱子对家长来说发自人伦天性。动物尚且舐犊情深,人类爱子的例子更是俯拾即是。但是,爱子不是家教的终点,爱而不知教,更耽误孩子。现代中国父母,把"爱而知教"的家训演绎得怎么样呢?应该说,我们更重视了教育,但却没有领略"爱而知教"的内涵。"爱而知教"是素质教育,是慎始教育,而不仅仅是音乐、美术、书法、跆拳道、智能、英语、奥数教育。

在我们的现实生活中也常常可以看见这样的镜头:爷爷奶奶或爸爸妈妈端着饭碗追着已经半大的孩子喂饭,被迫的孩子往往手里还拿着什么玩具,吃一口,玩几下,跑一圈,再吃一口,直到饭凉了,还有一大半没吃。而家长会感觉特别心疼,因为宝贝没吃饱。

缺陷:对孩子的行为缺乏明确规范的家庭,家中的长辈都争着对孩子施爱,唯恐孩子不快乐、受委屈,但是却忽略了给孩子从小"慎于始"教育的家庭,往往就是这样的家庭,令他们百思不得其解的是,他们用情感和全部的心血培养起来的孩子,有一天突然让他们觉得那么陌生,那么放肆,那么不理解父母。你越是给孩子无原则的宽容和无原则的耐心,他越会巧妙地借用你的爱心,最后擒拿了你。

误区之四:过度抚养、关怀强迫、过度热心。

症状:妈妈们过度介入孩子的生活,在孩子上空盘旋、转悠,不肯撤退,而孩子的想法经常成了泡影。"关怀强迫"的妈妈们反对其他人对孩子的生活和教育提供任何意见,她们觉得她们和孩子最近,所以最了解孩子、最关心孩子的人,无疑也是她这个母亲。从酸奶的牌子、衣服的挑选、零食的口味到食谱的搭配,从学习音乐、绘画、运动量的安排,到玩具、小伙伴、游戏的内容、活动的限制,甚至连孩子的人生目标、道路选择都要一手包办。

另外,他们经常会因孩子的失败而过度地忧伤、哭泣,较多负面的想法,较少愉悦与生活满意度。他们还不敢减速,甚至愈管愈多,生怕一减速,就摧毁了自己与孩子的人生。

缺陷:这个误区是对孩子的一种心灵侵犯,也是对孩子成长需求的一种忽略,会降低孩子自身的免疫力、自理能力和适应能力。孩子越不适应,家长越去过度保护,这样长期恶性循环,孩子就会缺乏独立性、坚韧性、耐苦性和艰难意识。等孩子稍大后,毛病就日趋明显,做家长的还时不时地指责道:"你看看你,这么大了,还是不懂事,还要我操心,唉,真把我给急死了!"然后,还要去尽力而为地过度保护孩子。在爱的名义下,家长们付出了辛苦的代价,却收获了对孩子的唠叨与担忧。

过度抚养是一种把握不好情绪的母爱,它导致的结果往往危害无穷。许多研究结果都表明,过度抚养教育风格会造成孩子心理的畸形,自私、反叛、低能,自理能力弱,易于形成依赖性,自主精神和自立能力都差,也缺乏劳动自觉性,交往能力差,既缺少合作精神又缺少竞争能力,甚至在学习和生活中遇到不顺心的事或者遇到困难的时候,自己不知所措,不会自己想办法解决,而是向父母求援或是自叹自怜。

以上误区,不是每个家庭全部都有的,但是一般家庭或多或少都涉足了这些误区,即使是轻度表现也是值得警惕的。

乍看起来,满足、关怀、热心、爱,都仿佛有伟大的牺牲奉献的味道,因为从症状上看,陷入了爱的误区的父母正是通过牺牲自己来满足孩子的需要的。但实际上,父母们爱的误区让孩子的未来毁于一旦,也让自己的牺牲付诸东流。

8 缺乏信任

别把自己的意志强加给孩子。报纸报道过,这样的一个例子。说的是某省一个高三男生因为不堪忍受母亲让其参加高考的压力,竟然在争执中把母亲打昏。他们原本有一个很幸福的家庭,男生小玮从小养尊处优,父母都很爱他。母亲从小到大都一直把他照顾得无微不至,生活中更是要什么给他买什么,简直对他百依百顺,对他唯一的要求就是考上大学。

小玮高一时还得过"优秀学生"奖,高二时获得"学生进步"奖,但到了高三,由于各方面压力比较大,学习成绩开始有所下降。后来,他在高考前的几次模拟考试中,成绩连专科线都没过,于是他问父母:"如果考不上怎么办?"父亲倒是很体谅儿子说:"考不上没事儿!"但是母亲却要求他必须要考上。面对父母对自己的厚爱和期望,他感觉压力特别大,在这种重压之下,他甚至经常在半夜醒来痛哭,可是母亲丝毫没有让步。他曾试图离家出走,正在车站犹豫不决的时候,父亲打电话让他回家。

回到家后,他告诉母亲说不想参加高考了,母亲不同意,仍像往常一样对他进行了一番思想教育,小玮被母亲唠叨得无法承受,下定决心离家出走。父亲见此状况就开导了母子二人一番,怕儿子离家出走,还特意留下爱人在家中照顾儿子。

小玮见母亲在身边,自己无法"脱身",于是产生了打昏母亲,然后拿钱离家出走的想法。过了一段时间,小玮找准机会打昏了母亲,后来母亲经抢救无效死亡。

青春期的孩子有自己独立的想法,别把意志强加给他们。上面的这个例子看起来的确触目惊心,一个青春年少的学生为了逃避高考,竟然向自己的母亲下了毒手,这是教育的失败还是人性的沦落? 或许二者兼而有之? 孩子自然有孩子的错,在这里我们不妨从家庭教育的角度来分析这个问题。青春期的孩子已经有了自己独立的思想和价值体系,无论在学习上还是在生活中,他们都不希望父母过多地干预,尤其是在他们不愿做的事情上,一定不要强迫他们,否则,会引起他们的强烈反抗,让他们做出一些极端的事情来。

在上面的这个例子中,小玮本来是一个好学生,但由于各种原因他进入高三后成绩不断下滑,以至于没有希望考上大学,这件事情他也十分苦恼。一方面是父母的殷切期望,一方面是令人头疼脑大的高考,他实在不知道下面的路该怎么走,于是他选择了逃避。然而不幸的是,母亲连逃避的机会都没有给他,而是步步紧逼,直至把孩子逼上了绝路,也搭上了自己的性命。

这件事情表面上看是怪孩子残暴、无知,可是根源却在母亲身上。心理学上有一个投射效应,也就是说以己度人,认为自己具有某种特性,他人也应当具有某种特性,把自己的感情、意志等投射到他人身上,并强加于人。其实,这是一种认知的障碍,这样的人往往不懂得换位思考,不懂得充分地尊重别人的想法。例子中,小玮的母亲正是这样的一个人,她本人是一个很要强的人,也希望儿子各方面都能够优秀,而且希望儿子遵照自己的意志行事,容不得他半点儿反抗,正是这种投射心理毁掉了自己,也毁掉了儿子。

方法一:尊重孩子的意愿,不要强迫孩子。

不把自己的意志强加给孩子,最基本的前提就是要学会尊重孩子,不要把孩子看成是自己的私有财产,想让他怎么样就得怎么样,无论对错与否,无论他愿意还是不愿意。很多家长在强行把自己的意志加给孩子时,最常见的理由就是:我是在为你好,你就得听我的。其实,孩子是一个独立的个体,他有他的思想,有他的性格、习惯和爱好,只要不是大是大非的问题,家长就不要强迫孩子。下面我们来看看富兰克林的母亲是怎么培养出一位伟大的总统的。

富兰克林出生在一个民主的家庭,他的妈妈从他小时候就注重给他提供自由成长的空间,非常尊重富兰克林的意愿和想法。尤其是在一些非原则性的问题上,妈妈只是给富兰克林提些建议,最终还是由他自己来决定。这不仅使母子关系十分和谐,而且也使富兰克林从小就非常有主见。

幼年的富兰克林金发碧眼,长相英俊,非常招人喜爱,妈妈也很喜欢用各种服饰来打扮他。但是有时候妈妈为富兰克林选择的衣服,他却不喜欢。有一次,妈妈想让富兰克林穿深蓝色套装,他却大胆地说出了自己的不满。还有一次,妈妈想说服富兰克林穿苏格兰短裙,他又拒绝了妈妈的美意。最后,妈妈只得同意富兰克林穿水手服。

后来,富兰克林渐渐长大了,他想把自己的鬈发剪掉,尽管妈妈有些不舍,最后她还是答应了富兰克林的请求。富兰克林剪掉了头发,妈妈就保留了儿子的几缕鬈发,并把它们珍藏了起来。

在这个故事中,我们了解了什么是真正伟大的母爱,它首先要包含尊重和包容。富兰克林的母亲尽管发现儿子有很多想法与自己不一致,但她并没有过多地干涉和阻止儿子,也没有让孩子按照自己的意愿和喜好做事,而是给了孩子充分的理解和尊重,这对富兰克林的人格成长意义重大。

方法二:给孩子表达的机会,多听听孩子的想法。

青春期的孩子对待自己的事情最清楚该怎么做。虽然家长认为孩子年龄小、资历浅,在很多重要的事情上把握不住自己,但是孩子们确实比父母更了解自己。因此,在很多重要问题上家长不妨多听听孩子的想法。这有两个好处:第一,我们可以确切地了解孩子的内心世界,了解孩子的真实想法;第二,无论最后的结果怎样,我们都可以有的放矢地给孩子提一些合理的建议。

方法三:不要强迫孩子学才艺或替孩子选志愿。

现代社会竞争激烈，有很多家长为了不让孩子"输在起跑线上"，争先恐后地给孩子报什么才艺班、特长班，从孩子上幼儿园就开始了。家长的这种心态可以理解，希望孩子多才多艺，希望孩子拥有一技之长，希望孩子今后能够出人头地……然而，在这里，家长忽略了一个基本的事实：孩子到底喜欢不喜欢这些才艺班、特长班？他们对所学的这些内容到底感不感兴趣？如果孩子不感兴趣，那么家长就是在强人所难了。尤其是身处青春期的孩子，他们已经有自己独立的想法，也已经了解自己的兴趣所在，但是有些家长还是在这方面束缚着孩子，比如在选择专业方面、在选择学校方面等等。有些父母就是太喜欢把自己的意愿和想法强加在孩子身上，才最终导致了悲剧。

某初三学生小杰离家出走了，公安机关经过努力，总算把他带回了家。原来在填报中招志愿时，他与妈妈的想法产生了很大分歧。他想上中专，学习动漫专业，可是妈妈硬要他报考高中，将来考大学。一时间，母子二人围绕一张中招志愿表发生了激烈的"战争"，直至小杰离家出走，此事才告一段落。

另外，在东部沿海省份有这样一个例子。一位高三学生第一年高考成绩不理想，复读一年后上了重点线，他想在自己省内选择一家学校，因为环境相对比较熟悉。可是妈妈觉得孩子不上重点学校可惜了。为保证他能被重点院校录取，硬是让他报考了西部一所重点高校，并且在志愿表上填写了"服从调剂"，结果这位学生被那所重点高校冷门专业录取了。从妈妈帮他填报完志愿到踏上西去的火车，他心中的希望一点点地在破灭。到了学校后，由于不适应当地的地理环境和气候条件，他经常生病，对所学专业也没什么兴趣，于是渐渐地开始旷课、逃学、和同学吵架。后来，家长几次来探望和开导均无效，最后，这位学生患上了抑郁症，不得不辍学回家。

通过以上的两个例子，我们应当明白，孩子是一个独立的、有思想的人，不是我们任意操控的机器。我们在让孩子学习才艺或为孩子选择志愿时，一定要尊重他们的兴趣爱好，与他们协商解决。

9 动辄打骂

心痛甚于肌肤之痛，武力之下必有不利。"不骂长不大！"这是一句老话。粗浅的理解，就是家庭中教育子女的方法，一般都是采取粗野地举动，小孩子调皮一点，不懂事一次半次的，其家长、长辈等就会一通乱骂，绝对不会什么循循善诱。等孩儿们长大了，其中有几个可能成才了。

这时的"骂"人者，突然想来抢"教育家"的功劳来了，编造出"不骂长不大"的理论，强词夺理地强调是他的教育结果，成才者是他骂出来的。

其实"不骂长不大"这句话还是值得认真品味的，孩子的成长过程可以是一个比喻。咱们的每一位人的成长成熟成功，或者是某一个公司工厂的壮大，再或者某一项事业的蓬勃发展，其实都是在他人的"骂"声中长大的。其实，没人骂你了，就是没人关心你了，对于公司企业如果大家都不骂你，证明你已经不值得大家关注了，其实你已经死定了！

聪明的家伙，都是喜欢别人来骂的。在"骂"声中总结自己和自己队伍的一言一行，不断改进不断修行成仁,在"骂"声中提高知名度,在"骂"声中扩大影响,提升话语权。做得过火的也有案例,据说有一位叫什么"芙什么姐姐"的女士,利用网络技术,广揽天下之骂者于自己一身,编织着自己成功的"不骂长不大"的"辉煌"历史;当然也有就是"骂"也长不大的主,比如中国男足,本来是全国人民一起骂,其结果是越骂越回去,不但长不大而且还退回到幼儿园水准了,如今好像只剩下极其少数的几位"专业、半专业"的,不好意思告诉亲朋好友的娱乐派人士,去充当职业"骂手",哄男足玩了。

其实,当我们步入社会之后,特别是你想成就一些事业,是需要被人"骂"的,骂你是为你着急,恨铁不成钢,是为你的进步着想。我们的成长过程中,是需要"贵人"相助的,这贵人都是能人,是能人都是有一些脾气的,都是"性情中人"。如果你前世有缘,碰到了肯骂你的贵人,你肯定就发大了。反之,如果别人都懒得骂你了,你就死定了,不信你就多看几个四五十岁下岗的案例,男女都行。

10 请当家长的阅读——阅读需要诱惑

在教育中,想要孩子接受什么,就去诱惑他;想要他排斥什么,就去强迫他——这是非常有效的一招。凡达不到目的,做得事与愿违的家长,一定是把方法用反了。

圆圆刚上小学二年级时,我感觉她的识字量及阅读水平已具备了再上一个台阶的可能,就建议她读长篇小说。圆圆听到这个建议的第一反应是不可思议。

她经常看到我读小说,那么厚的一本,那么多字,基本上没插图。她本能地觉得长篇小说很难读,也没意思,只能是大人读。而她在这之前读的书都是以图为主的儿童读物。

我理解她的为难,就没再说什么。

考虑我书架上那些小说当时没有太适合她的,我去买了金庸的《倚天屠龙记》。以前我从没读过金庸的小说,只看过由他的小说改编的电视剧。从电视剧中猜测小说也是有魅力的,应该能为儿童所喜爱。我没对圆圆说这是为了让她读,才买的,像平时拿回任何一本给我自己看的小说一样,干完活就自己去读了。

那本书确实是比较好看,有很多悬念,我每天读完了顺口赞叹一句说这本书很好看,然后有意无意地把一些情节讲给圆圆听,讲到引人入胜时就说我正读到这里,后面还不知道呢,等读完了再给你讲。

这样几次,搔得圆圆心里痒痒,看她着急,我就顺水推舟说要么你自己看去吧,妈妈没时间一下子看那么多。圆圆还是顾虑她能不能读得了小说,我就说,你试试,有不认识的字没关系,把大概意思看懂就行,哪些字影响理解,就问妈妈。她听我这样说,就开始试着读起来。

阅读是个并不难进入的过程,重要的是让孩子无所顾忌地拿起一本书,开始读了。等她读得超过我读的部分,我就经常假装没时间看,又表现出急于知道某个人后来怎样了,让她把看到的情节讲给我听,并和她一起聊这里面有趣的人和事。这让圆圆越读越有兴趣了,到读完这部书,她开始对自己的阅读能力有了信心。

读完这本书后,我和圆圆一起看了一下该书的前言,知道金庸一共写了十四部武侠小说,取每部第一个字连成一副对联:"飞雪连天射白鹿,笑书神侠倚碧鸳"。这样美的文字也给了圆圆好奇,她说还想看金庸的小说。我就说这么多书要是买的话挺费钱,不如租来看吧。于是带她去租书。

这以后,她越读越多,越读越快,阅读兴趣和能力很快呈现出良好稳定的状态。一口气读完了金庸全部的武侠小说。从此发现了读长篇小说的乐趣,再往后读长篇小说就成了一件非常简单的事。

我当时的一位同事,说她儿子不喜欢任何阅读,连故事书都不读,似乎对读字有一种恐惧,作文写得很差。当妈的为此很发愁。她知道圆圆读了很多书,就特别希望她儿子和圆圆认识,受些影响,也能喜欢读书。

有一天我领圆圆到她家玩,她儿子比圆圆高一个年级,当时读小学五年级,看我们来了很高兴。

我们刚坐下,同事就对她儿子说,你看圆圆比你小两岁,人家已读了好多书,你以后也要多读些书,不能整天光是玩儿。

这种对比让小男孩显出难为情。

我赶快让两个孩子到另外一个屋玩,然后提醒同事不该对着外人这样说孩子,这样说会让孩子对阅读更没信心,而且觉得很丢面子。孩子其实是很要面子的,如果你想让他做什么事,应该恰当地对着外人流露出对他这方面的赞赏。

我还提醒她说,如果你想让孩子喜欢课外阅读,就千万不要直接要求他"读书去",也不要总拿他爱不爱读书这事当话题来聊,更不要用阅读的事来教训他。

接下来我把自己如何"诱惑"圆圆读小说的过程对她讲了,想她应该能从中体会出一些东西来。

我们走的时候,男孩也出来送。他妈妈也许是出于客气,又对儿子说,你看圆圆已经把金庸的小说都看完了,回头我也给你租几本来看。男孩子有些迟疑地点点头。

我隐隐觉得她这样说还是不太妥当。她其实仍然在用一个孩子的强,对比另一个孩子弱,而且她的话说得实在太明白,目的性太强了,没给"诱惑"留下一点余地。后来,这位同事唉声叹气地对我说,她租了金庸的书,但她儿子就是不读,一本书三天看了三页,然后就再不肯往下看了。

我不得不坦率地对她说,你找了个榜样,却没找到激励孩子的突破口,只是用别的孩子的好,对比出了他的不足,所以没从心里打动孩子。儿童阅读靠的是对读本的兴趣,一个小孩子,怎么可能为了不比别人落后和家长的要求而去读呢!

她问我怎么办,我考虑金庸已给孩子带来压力,就说,你暂时不要再提读小说的事,他对文字那么恐惧,只能先从最简单的东西开始读起。这样吧,你先订份晚报,上面天天有一些有趣的社会新闻,这谁都爱看,是最消遣的东西。你每天看到哪条新闻有趣,就推荐给孩子读,不要多,每天一两条就够了。先引诱他读报纸,如果他能经常浏览报纸,慢慢就会觉得阅读不那么可怕了,然后再想办法让他读小说。

过了几天,这位同事见我的面还是摇头,说她儿子连报纸也不肯看。我奇怪这个孩子为什么对文字这么刀枪不入。细细地了解过程后,发现家长的做法总是不得要领。这种情况下,孩子要是愿意去读才怪呢。

原来,这位同事那几天每天下班买份晚报,回家后就把报纸递给孩子。她也试图使用"诱惑"办法,就总对孩子说,读报纸有好处,这张报纸很好看,你至少要读一到两篇文章;想读哪篇就读哪篇。她为了检查孩子读没读,每天要在孩子睡觉前让孩子把读过的内容讲给她听。孩子只读了几天,又开始为了读报纸和她顶牛。

这位妈妈虽然每次把该做的好像都做了,却总是达不到目的,她说她对儿子的阅读简直绝望了。

我不得不再一次坦率地对她说,你的行动中有一点"诱惑",但实质上还是在"指令"。你规定他至少要读一两篇,还去检查孩子读没读,这样读报纸就变成了"任务"。你要把自己放到孩子的位置上好好想想,感受一下什么才叫诱惑;如果你总是站在家长的角度上想问题,就很容易一次次地把诱惑变成指令,一次次地失去效果。

并不是所有的家长都这么一根筋,很多人一旦理解了阅读的重要,就能同时理解诱惑的重要,并会创造一些诱惑的手段。但其中不少人的手段也往往失效,因为这些手段所制造的诱惑敌不过另一个诱惑:电视机。

如果一个孩子从小建立起了阅读的兴趣,他一般不会让电视夺走自己的阅读时间;但如果孩子一直以来很少接触书籍,在电视机前长大,你想要让他半路开始阅读,那是比较难的,需要动用更多的手段。

家长绝不可以采用强行关电视的方法来让孩子读书。即使关了电视,也不可能让孩子心甘情愿地拿起书;即使拿起了书,他也不可能用心去读。有些家长问我这种情况怎么办,我给他们支了一个"歪"招,一些人用了效果很好。

我建议他们把电视机的某根线断开,或把一个什么配件取下,使电视不能正常播放。家长假装说电视机坏了,然后找出各种借口拖延修电视的时间。少则一两个月,多则半年一年。在这段时间里,父母开始读一些书,然后适时地给孩子推荐一本有趣的书,让他在百无聊赖中发现阅读的乐趣。等到孩子真正一本接一本地开始读书了,再去"修"电视。

为了防止电视"修好"后,孩子又回到没完没了看电视的状态,家长可以利用这个契机提出看电视机的规定,并且要以身作则。

在看电视的规定上,我认为不规定时间,只规定看哪几个节目较好,这样比较好掌控。规则一旦定出来,就要执行,父母首先不做破坏者,也要少看电视,抽时间看些书,这对孩子是无言的教育。这里面的核心也是不动声色地诱惑,不要有冲突。

也许有些家长觉得这招有些"傻",操作起来太麻烦,不如直接关电视方便。更有许多父母,他们不希望孩子看电视,对自己看电视可是一点不想限制。

不止一位做妈妈的听我这样建议,都拼命摇头,说自己晚上没事干,不看电视干什么呢;或是丈夫不会同意这样,因为丈夫工作很累,每天回家要放松。这种时候,我觉得自己黔驴技穷了。

家长要是任性而为,有什么办法不培养一个率性而为的孩子呢?你不想诱惑孩子去读书,那只好让电视诱惑孩子一天又一天地在它面前消磨时间了。

人最难抗拒的就是"诱惑",最讨厌的是"强迫",大人和孩子都一样。在教育中,想要孩子接受什么,就去诱惑他;想要他拒绝什么,就去强迫他——这是非常有效的一招。凡达不到目的,做得事与愿违的家长,一定是把方法用反了。

在此,特别提示:如果你想让孩子喜欢课外阅读,就千万不要直接要求他"读书去",也不要总拿他爱不爱读书这事当话题来聊,更不要用阅读的事来教训他。

家长绝不可以采用强行关电视的方法来让孩子读书。

建议操作办法:

家庭环境熏陶法。

解释:家庭环境熏陶法就是在家庭生活中,长年累月、潜移默化地熏陶孩子,使孩子养成良好的习惯,形成良好的情感,是一种以隐形教育为主的间接教育法。良好的家庭环境涵盖家庭意识、家庭行为、家庭物质三大方面的内容:①家庭意识:就是家庭各成员的道德观念、理想观念、价值取向、审美情趣等。通俗地说,就是一个家庭的家风。②家庭行为:包括家庭各成员间的活动及行为。不仅是父母教育孩子的行为,还包括家庭成员进行的其他活动,如文艺、体育、学习、娱乐、卫生保健、家务劳动等;也包括家庭中自己规定的行为原则,如家法、家规等。③家庭物质:它主要反映家庭生活环境、消费趋向、经济状况等。包括经济收入、支出、衣食住行等。

也有的社会学家将家庭环境分为实物环境、语言环境、心理环境和人际环境。实物环境是指家庭中实物的摆设;语言环境是指家庭成员间用语是否文明有礼,民主平等,具有协商性;人际环境是指家庭成员间的相互交往关系,比如是否做到尊老爱幼,各尽其责等;心理环境是指父母与子女之间的态度及情感交流的状态。

原则:颜之推说:"潜移默化,自然似之。"不知不觉的、悄悄的、一点一滴渗透的教育是最厉害的教育。"与善人居,如入芝兰之室,久而自芳也;与恶人居,如入鲍鱼之肆,久而自臭也。"良好的家庭环境应该具有这样一些特点,有高尚的精神情趣;有浓厚的学习气氛;有团结、和谐、平等的家庭关系;有良好的家长教养态度;有严格的生活制度;有勤俭朴素的生活作风和干净、整洁的家庭环境等等。

操作方法:①物质环境熏陶:物质环境并不要求家里陈设豪华,而是指在现有条件下,使居室整洁、卫生、美观、井井有条,这对提高家人的精神面貌也有利。过分注重物质环境,缺乏良好的精神环境,对孩子的成长有弊无益。②精神环境熏陶:家庭的生活方式和文化氛围是构成家风的重要方面。家风作为一种综合的教育力量,是思想作用、生活习惯、情感、态度、精神、情趣以及其他心理因素等多种成分的综合体。正如法国教育家卢梭所说,生活本身就是一种教育。

家校合作法。

解释:养成教育要取得良好效果,学校、家庭必须达成共振。否则不但会出现"5+2 —0"

的情况，甚至会引发负效应。家长如果能与学校主动沟通合作，是最好不过的。

原则：注重协调，并形成教育合力。

操作方法：你当父母的该怎样主动和学校沟通呢？①主动联系：家长往往认为老师很忙，如果总是和老师联系，老师会因为工作繁忙而没有时间接待，或者感觉被打扰。其实，老师的主要任务就是教育孩子，如果父母主动与老师联系，老师会感到非常高兴的。因为通过沟通，会更方便老师了解孩子的全面情况。一个班主任整天要面对几十个孩子，任务很重，不要说是家访，就是给每个孩子的父母打电话，也要耗费好多时间。父母与老师沟通，重要的是把孩子在生活、学习、发展中出现的问题反馈老师，及时与老师交流，或者了解孩子在学校里的情况，及时与老师配合，或者获得老师的有效配合。②经常联系：父母千万不要忽视针对孩子的点滴进步与老师交流，更不要等问题成堆了再去和老师联系。平时，孩子的发展是一种平稳的量变过程，但是质变就孕育其中。要想发现微小的变化，抓住闪光点，在萌芽状态时实施教育以取得事半功倍的效果，就必须与老师经常联系。如果可能，父母最好能够与老师定期保持联系。这样，每一次联系就会变得越来越简单，时间短而且有效。由于是经常联系，不必每次都介绍前面的情况，要突出主题，只交流新情况，并研究新措施。经常联系还可以使双方增进了解，促进友谊。很多父母在和老师的交往过程中，成为了很好的朋友。③适时、适度联系：家长与老师沟通的频率，可以根据孩子的情况来定，但也要尊重老师的意见。一般一周或两周联系一次就可以了。如果联系过密，会给老师增加负担。而联系过疏，则不容易了解孩子的情况。家长与老师的联系方式，一般可以通过电话进行。何时打电话，要根据老师的工作和生活规律来定。如果是课间10分钟打进去电话，老师急着准备上课，匆忙说两句，效果肯定不好。最好打通电话后先询问："我现在准备和您交谈几分钟，您看方便吗？"家长也可以与老师商量一个固定的时间。与老师交流的时候，家长要有所准备，尽量避免东拉西扯地聊天，最好直奔主题。家长不要光顾着自己说，还要注意听老师的意见，不仅要询问孩子在学校的情况，还要提出自己的想法，同时也要征求老师的建议。④对交流内容要进行教育性的加工，化消极为积极。双方交流的内容，家长切记不要简单地、直接地传达给孩子。有些内容只是教育者了解就可以。必须让孩子知道的，也不要给孩子一种"告状"的感觉。比如，老师提到孩子最近上课走神，家长就应该对这个信息进行加工，对孩子讲："老师真关心你，他发现你最近上课有时走神儿，可为你着急了。老师觉得你从来都是专心听讲的，是不是没休息好？"⑤如果出现了误解，解决的原则是——有利于孩子健康成长。教师也不是神仙，难免出现失误，例如老师误解了孩子，或者解决问题的方法不当。这时父母首先要做到诚恳地承认并重视孩子自身确实存在的缺点，而不是急于强调孩子的优点；二要在理解老师的基础上去看问题；三要摆出事实，语言委婉但观点鲜明地提出自己的看法；四要给老师改正失误的余地。

在沟通之后，家长还要注意和老师密切配合，对孩子进行教育。在配合方面，在此提出两方面的注意事项。

　　①教育标准的统一。如果家长与老师的教育标准不统一,老师教一套,家长说另一套,就会在孩子的心理上造成混乱,从而影响孩子健全人格的形成和发展。家长与老师协同一致,共同为孩子建立良好的行为规范,并将其深入到孩子的心灵深处,就会潜移默化地影响孩子的一辈子。②教育方法的一致。这就要求家长和老师对学生的教育方法统一,要做到因人而异、因材施教、对症下药。家长不仅应及时了解学校教育的要求、内容和孩子在学校的表现,而且要与老师沟通交流,共同商讨对孩子教育的措施和方法,做到密切配合。

● 第四章　共矫正寻适合学习习惯

每年金秋时节,刚刚走出幼儿园的小朋友们即背起书包走进课堂,开始他们人生中最重要的阶段。对于孩子从幼儿园到小学的全新跨越,家长怎么做才是正确的?教育专家指出,对于新小学生,家长要做好寓教于乐的引导,过好"学习准备期",让孩子知道上课并不枯燥,引导他们体验上学的乐趣,培养孩子的良好学习习惯。

家长要帮助孩子找出"学习欠佳"的原因。主要任务是帮助孩子冷静地思考和分析,最好能找一些在小升初、中考、高考时取得好成绩和有经验的同学,帮助孩子改变学习方法,变被动学习为主动学习。盲目地下功夫会造成心理焦虑。

家庭教育作为孩子上学前的学习准备辅导,要针对孩子的特点。家长要从心理、能力、行为三方面入手,帮助孩子了解未来的校园生活,培养孩子的独立意识和自我管理能力,使孩子在学到知识的同时提高综合素质。

学校在学生的选择上,更倾向于选择拥有良好的心理素质和基础能力,能快速适应校园生活的学生。要想成绩好,良好的学习习惯是关键。

在孩子刚上一年级的时候,一女士对孩子的学习并没在意,总认为一年级学的东西浅,孩子能跟上。但是,家长会上,老师的话提醒了她——孩子正处在幼儿园到小学生的转变时期,尚在启蒙阶段的他们正是培养良好学习方式、方法的时候,现在打下牢固的基础会受益终生。家庭教育的"学习准备期",着重在课前准备、提前预习、课后复习、认真完成作业、发现并改正错误这五方面培养孩子,着力激发孩子的学习兴趣。如今,这位女士的孩子已经五年级了,成绩在年级里名列前茅,正是得益于入学前的良好学习方式、方法的养成。

严有尺度,教有方法。面对社会上众多的补习班,家长不能挑花了眼。如果孩子上了一所资质平平的学校,那么不但所学非所用,而且还耽误时间。面对这种情况,教育专家指出,选择一所好的学校关键看学校的综合实力。综合实力指的是学校的规模大小、师资力量、口碑声誉等综合的软硬实力。学习准备期的教育如今受到越来越多的人的关注,对家长来说,学习准备期关乎孩子未来的成长,也是做家长的一份责任,只有家长引导孩子的双向配合,形成良性循环,才能使教育收到显著成效。

1 不良学习习惯之厌学、马虎、无目标

厌学:很多人,不论学习成绩好的,还是不好的,其学习都带有浓厚的"苦学"色彩,大家都怕学、厌学。为什么大家无法体会和享受到学习中的快乐呢?因为学习成绩不好吗?那为什么学习成绩好的人也如此呢?有专家经过调查发现,"厌学"和"乐学"的人最大的区别在于对待学

习的心态。

"厌学"的孩子，多数把学习当成一件父母、老师要求做的苦差事来看待，把知识仅当作通过考试和获得高分的"道具"，因此学习时往往很不投入、很不情愿，不注意总结经验和扩展，完全被教学计划拖着走，非常被动，学习效率常常比较低，效果自然也比较差。所以"厌学"的人在中小学阶段，在各种学习要求和压力下被迫努力，取得的学习成绩还不错，可是一旦没有了这些要求，常常会放弃学习，不再努力，变得颓废堕落。

而"乐学"的孩子，并不把学习成绩看得很重，他们主动去寻找有意义的书籍、报刊、杂志等，从生活的方方面面收集信息，充实自己；他们一旦开始学习，就非常投入，很少分心；对发现的问题喜欢追根究底，弄清来龙去脉；对学到的知识经常举一反三地运用，与实际生活联系起来；他们把学习当成自己的事，无需老师和家长的提醒便能合理规划和安排自己的学习和生活。可以说，对"乐学"的人而言，学习是理解生活、理解社会、理解自然的方法，通过学习可以解决遇到的各种各样的疑难和问题，并从中获得成就感。

其实，这种"厌学"的孩子，就是对待学习的心态是消极、被动；而"乐学"的孩子，其对待学习的心态是积极、主动的。学习获得的知识使孩子获得成就感，而成就感又促进他获得更多的知识，获取更多的成就。"厌学"是恶性循环；"乐学"则能使孩子进入学习的良性循环。

调整成为积极的心态，肯定是治愈厌学的首要法宝。

一些事实证明，很多孩子的厌学往往与老师的态度密切相关。被老师放弃的孩子更容易厌学。而同样一群孩子，老师换成积极的态度，他们或许会有截然不同的表现。过来的家长，你可以回忆一下你的课堂经历。如果化学老师认为你不是好学生，你的化学成绩，就不容易上去；而同时物理老师不但喜欢你，认为你爱学习，你的物理成绩和理解能力马上就成为"正能量"，乐学的良性循环就出现了。

这一切发生的根本原因，还是在心态的积极，还是消极。可见，克服老师的态度的影响，使孩子自己保持积极的心态，对学习是多么的重要。而且，克服自卑心理，也是根治厌学的重要方面。有些学生，因为考试成绩不好而受到来自家长、老师的冷眼，甚至是讥讽嘲笑等。其实，成绩不好，并不一定因为学习能力有缺陷，更多的是他们对学习的认识还有不足。如果他受的冷眼多了，讥讽嘲笑多了，慢慢积累就会使他感到很自卑，反而表现得更像是学习能力不足。只要得到公正的对待，唤醒他们的勇气，他们依然可以获得突破，取得好成绩。

马虎：就是做事情粗心大意，常常丢三落四，并因此把自己有能力做好的事情弄得一塌糊涂，把能做正确的题目反而做错。

要帮助孩子克服马虎的坏习惯，首先找马虎的原因。马虎的原因多多，一般来说，孩子马虎的原因有这样几个：

第一，态度问题。"态度决定一切"，态度不认真，对学习缺乏责任心，敷衍了事，因而理解知识时囫囵吞枣、做作业时敷衍塞责，马马虎虎凑合着做完。

第二，性格问题。急脾气，干什么事都心急，急急忙忙难免出错。

第三，熟练程度的问题。因为对所做的功课不熟练，顾此失彼而出错。专家指出，对习题特别生疏不易马虎，因为还不会，所以特别小心仔细。只有半生不熟才容易出现马虎的现象，看着题目一点都不难，可实际上自己不是掌握得特别好，思想麻痹，出了错。

第四，习惯问题。马虎已经成为习惯，干什么事都毛手毛脚，马马虎虎。

第五，考试焦虑问题。有些人考试时心理负担过重，过分紧张，平时做题没问题，一考试就错，这是考试焦虑造成的。

针对不同情况，要分别采取不同的措施。简介纠正要点：

第一，认识马虎的危害性。给讲讲实际生活工作中的"马虎"职工，或残疾或身亡的安全事故惨案故事。

第二，学会自检。检查方法有正向检查法、反向检查法和重做法。这些肯定课堂上经常介绍，孩子们看看笔记就可以了。

第三，整理错题集。由于马虎，经常出错，但对错误又不认真分析，很难吸取教训。很多人改错题时，并不是找错在哪里，是什么原因错的，而是把错题从头到尾再做一遍，蒙对了完事，这样改错题实效不大。应该是，把所有的作业、练习、考试中的错题原封不动地抄在《错题集》上，留下"错误档案"，认真检查错在什么地方，并用红色笔在错误下面画上曲线；找出错误原因并写出来，写得要具体，是概念不清还是用错公式，是没弄懂题还是计算马虎。马虎错的也不要只写"马虎"俩字，要写清楚怎么马虎的，是把"+"号抄成"−"号了，还是把"3"抄成"5"了，越具体越好。最后，改正错误，写出正确答案。

第四，草稿纸不要太乱太潦草。做数学题、写作文或答题往往需要用草稿纸。大多数人对草稿纸往往不太认真，急急忙忙，写得乱七八糟。可不少人错题往往就出在草稿上。

第五，认真审题，注意"埋伏"。不少人学习成绩不好，其实并不是不会，而是粗心。教师出题往往会重点考查学生容易错的，容易混淆的，也就是说的在题里面，打了"埋伏"，这个"埋伏"对于粗心的孩子来说就是大敌。

第六，学会剖析习题。有的人做题时求快，并未很好地分析题目，就急急忙忙解题，忙中出错。有些题只要认真分析就会发现潜在条件，题是向结论过渡的关键。平时说的分析法、综合法，把已知条件和问题一步一步联系起来，中间关键的一步如果分析清楚了，问题往往就会迎刃而解。

无目标：没有目标的努力，是没有实际价值的。目标的根本意义是确定奋斗的方向。实际中，目标的意义具体化为自我评价或评价。

有效的目标不是最有价值的那个，而是最有可能实现的那个。

贝尔纳法国作家，一生创作了大量的小说和剧本。有一次，法国一家报纸进行了一次有奖智力竞赛，其中有这样一个题目，问：如果法国最大的博物馆卢浮宫失火了，情况紧急，只允许抢救出一幅画，请问你会去抢哪幅？结果，在收到的成千上万个答案中，贝尔纳以最佳答案获得该题的奖金。

他的回答是："我抢救离出口最近的那幅画！"

量变的积累一定会出现质变，这是客观规律，也是人的发展处于螺旋式上升的态势。这种态势要求把人的远大目标和"小""近""实"的阶段性目标结合起来。同样，"小大人"有了目标，就有了动力、责任和勇气。如果没有追求的目标，就会变得无聊、孤独甚至不知所措。

一个人(孩子)没有远期目标(如当一名大学教授,或优秀的汽车维修专家等),就会变得没有气势;孩子没有中期目标(如在北京的"211"大学读硕士,或跟美国人做买卖等),就会变得没有精神;再没有短期目标(期末总成绩全班前三名内,或比自己原成绩提升20分等),就会变得不勤。"我们最大的敌人,不是别人,正是我们自己。"

特别是处于黑暗中的人,更需要目标的指引。如果你放弃奋斗,将一事无成;如果半途而废,也将一事无成;如果自始至终都努力了,那么即使没有达到预期的目标,也能心安理得。一般情况下,努力了总会有回报,只要不放弃,成功就不会离你太远。看着目标走,可以少走很多弯路。

2　不良学习习惯之无计划、磨蹭、不专心

无计划:计划是指对自己要做的事情和要达到的目标有具体的时间规定,有准备、有措施、有安排、有步骤。

做到有计划,首先要成为时间的主人。鲁迅先生说:"时间,每天得到的都是24小时,可是一天的时间给勤奋的人带来智慧和力量,给懒散的人只留下一片悔恨。"从大处看,一个人要有目标,这个,上面唠叨过了。从小处看,计划可以使孩子对自己的各种事情安排得比较合理、避免冲突、劳逸结合、张弛有度。

学生的主要任务是学习,而要学习得得心应手,就需要良好的计划。计划包括每天的时间安排、考试复习安排和双休日、寒暑假安排等。计划要简明、什么时间干什么、达到什么目标要清晰明了。

为什么要提出按计划"完成"的习惯呢? 三个原因:一是"完成"就是最小目标的计划结果,不断"完成"可以激发学习潜能,而潜能只有在从容不迫的情况下才能不期而至。二是练就不断"完成",就逐渐形成习惯,而后就可以不断增强自信心。孩子一旦有了扎扎实实的自信心,就什么困难都不在话下,因为自信心是人格的核心。三是计划学习和生活,使之有秩序,就能为学习提供有利条件。简言之,设定目标,按照计划,有条不紊,就可以将一个人的心态调整到最佳状态。

当然,十来岁的孩子,可能自我监督能力还有些缺陷,但父母的外来的监督是可以起到协助和提醒作用的。请大家再背诵一遍著名的《明日歌》。

明日复明日,明日何其多,我生待明日,万事成蹉跎。世人若被明日累,春来秋去老将至,朝看水东流,暮看日西落。百年明日能几何? 请君听我《明日歌》。

时间不会留恋什么,只会一去不复返,分分秒秒不起眼,而且一旦过去了,就再也不会回来。

磨蹭:就是做事情总是不够麻利,不及时,动作迟缓,节奏比较慢。

其原因:主观上的原因是,学习目的不明确,学习兴趣不浓,时间观念不清,还有习惯问题、性格问题等。而客观上的原因,一是传统观念的影响。"大锅饭"年代的懒散人群,对时间的概念非常模糊,社会上在相当范围内还习惯于慢节奏的生活和工作方式,这是主要影响。二是缺乏应有的训练,有的人磨蹭时,迷糊的家长一味迁就,"孩子还小,别催他。"于是从小放纵多,要求少。三是学习负担过重。有些同学学习不好,家长还给加码,做完作业也不能玩一玩,时间长了,

就觉得,做快了还给留,还不如边做边玩,把时间拉长一些,磨蹭即由此产生。

对"磨蹭"的纠正要点:一是制定严格的作息制度。制定一张作息时间表,是管理时间的好办法。二是节约时间好好玩,可以把对作业的定时管理变为定量管理,每天作业做完,其余时间就去专心玩,这叫"节约时间归自己",形成专心地学,痛快地玩。三是发挥小闹钟的作用,借助闹钟也可以督促孩子自己按时写作业,可以将闹钟上到完成作业时间的前10分钟,闹钟响提醒注意写作业的速度,同时闹钟的嘀嗒声,也容易产生紧迫感。四是把作业当考试,完不成就"强行"收卷。最后,就是一定要认识时间的价值,认识时间是世界上最宝贵的财富,它最长又最短,最多又最少,最快又最慢,最容易丢失却无法复得,它买不着,借不到,留不住,回不来,你要磨蹭,它就会悄悄溜掉,只有珍惜它,抓紧它,才会"延长"它。

不专心是指做事情的时候三心二意。有的人做着作业,还在想着自己星期六还要去和同学打球,或者牵挂着自己喜欢的动画片马上要开演了等等。

其原因:

一是心理原因。有些人由于心理压力过重,自尊心受到伤害,自己心理不平衡,很难把精力专注于学习中。如受到讽刺,挖苦,受到不应有的干扰,与家长发生矛盾等等。

二是身体原因。有些人学习不能专心是身体不适,如蛀牙、皮肤瘙痒、肠胃不爽、感冒咳嗽或疲劳、困乏、饥饿等,这些干扰了学习时的注意力。

三是学习内容不适当。所学内容过深或过浅,感到索然无味,同时又存在着另一个比较新异的注意对象,这些也很容易分散注意力。

四是外界刺激干扰。如家中发生争吵以及电视机声音过大等噪音,这些与学习不相干的因素很容易在大脑皮层建立新的兴奋点,干扰注意力。

五是学习负担过重,厌倦学习。如今不少人被"笨教师"的不科学作业压得负担过重,整天像机器人一般,学呀,学啊,学得没完没了,加之某些"笨"家长望子成龙心切,"教育过度",让孩子参加这个学习班、那个辅导班,孩子因此产生烦恼情绪也容易分心。

对不专心的纠正:先请家长给孩子读名人故事,了解专心的意义,要想获得成功,必须要有做事专心的习惯;再想办法提高责任心,使注意力具有指向性,没有责任感,一天一天地混日子,学习时就会心猿意马,思想开小差;三是教导孩子给他自己定规矩,约法三章,同时,调整好学习速度,只有不快不慢的学习内容和节奏,才最能使学生集中注意力。

3 新时代怎样读书

近年来,电子书作为一种新兴、另类的"书",凭借海量、免费、便携等优势,给传统的图书产业带来了巨大冲击。在关于几种阅读模式孰优孰劣的激烈争论下,我们应该看到,当前的几种阅读模式虽产生时代不同,但也是各有千秋,分别有各自的适合人群。并且,不同的阅读方式也出现了相互交融、相互促进的趋势,更加人性化、灵活化了。不少业内人士称,传统阅读和电子阅读并非对立关系,而是相互促进的,二者共存,受益最大的还是读者,将来肯定会有更贴心、更便捷的阅读模式出现。

传统阅读,买书借书有很多不便。

在电子书刚刚出现之时，曾引发了不少人关于纸质书是否将被取代的争论。诚然，和数字化的电子书相比，纸质书笨重、不易携带、信息量有限，且一些好书价格不菲，时常令囊中羞涩者望而却步。但纸质书作为长期以来唯一书的形式，除了其固有的优点外，已经令读书人养成了固定的阅读习惯。许多老读者说，书本捧在手里的感觉，是用鼠标点击电脑无法取代的。此外，纸质书自身也形成了文化圈，它和版本学、文献学、历史学等学科息息相关，某些版本的书籍还有很高的收藏价值。文学爱好者小李表示，一些带批注的名著，如杜预注《左传》，金圣叹批《水浒传》，脂砚斋批《石头记》，仍然是纸质书的效果最好。"名家批点往往夹在段落间照应原文，这是常见的电子书排版达不到的，即使能做到，工作量也很大。"

随着出版行业的发展，书也越来越多，买书不如借书划算。毕竟，我们不可能把所有喜欢的书都买下来，钱是一个问题，家里的空间及书的保养都是问题。但到图书馆借书，有的珍贵版本的书只能在图书馆里看，不能借出来。放在图书馆里的时间，和花在路上的时间让很多人心疼、头疼。

作为图书服务部门，图书馆一直是不少书友心目中的圣地。海量图书，费用低廉，环境良好，可以外借。很多图书馆也开始采用信息技术，提供网上订书、借书服务。有位图书馆工作人员介绍，现代图书馆的概念是十分广泛的，除了能在馆中见到的实体书，图书馆也为读者提供海量的电子资源，以及多种多样的讲座、培训，大大拓展了传统图书馆的功能。

电子阅读，便捷有余质感不足。

我们日常接触到的电子阅读，最早可追溯到互联网文化发展初期，网站上所刊登的各式文字作品。这种网页式的"电子书"，在当时还难以称得上便捷，不过还是因为信息量大、免费等特性吸引了人们关注。近年来，信息技术的迅猛发展为电子阅读提供了优良的生长土壤。尤其是PDA、智能手机、平板电脑甚至专业电子书设备等终端的发展，使得电子阅读完全实现了随走随读，让"行万里路，读万卷书"成为可能。和早期单一的网页相比，电子书也出现了多种格式，界面更加美观大方，便于阅读。市面上还不断出现 Onyx?Boox、Kindle、汉王电子书等国内外专业电子书设备，一个笔记本大小的设备就可储存上万本书。

作家出书经常被盗版困扰，电子书的出现也一度在作家圈内掀起波澜。不过，有些作家已经与电子书化干戈为玉帛，他们推出新书时与电信运营商达成协议，用户可付费下载新书阅读。据了解，这类"正版电子书"价格低廉，花几块钱电话费就可在电脑、手机上读到新书，这或可为读者面临新书时提供新选择。

电子书的特性，符合了不少年轻人求新、求快的新文化观，但中老年读者还不易接受。此外，电子书需依托电子终端，长时间阅读可能对健康造成影响。中国农业大学副教授范志红称，长时间阅读电子书也会导致失眠。尤其是对那些习惯晚上躲在被窝里用手机、ipad等电子设备阅读的人来说，眼睛与设备距离过近且光线强烈，不但可能影响睡眠时间，还会降低睡眠质量。

电子书缺乏"阅读质感"也一直是为人所诟病的缺陷。毕竟，指尖在触控屏上滑动的触感远不如翻书页的感觉。现在已经有设备、软件关注电子书的"页码"设置，用泛黄的背景和翻页动画特效营造出阅读旧书的氛围，但阅读感毕竟与纸质书相去甚远。或许在不久的将来，科技的发展能够让电子书设备也能达到纸质书的"质感",那可能再次掀起一场阅读革命。

4 学习的速度

这里说的学习的速度,并不是指读某一本书的速度,也不是指学一门技术的速度,而是指整个人生在学习问题上需要把握的速度。

我们知道,学习是伴随终生的,活到老要学到老,从小学到大学只是个知识奠基,工作了往往才是真正的专门知识和其他许多知识学习的开始。尽管我们都知道学习的重要性,但我还是要讲学习的速度,没有一定速度的学习也是不及格的。

学习的速度以什么来衡量呢? 彼得·圣吉有一句话:"学习的速度小于变化的速度等于死亡。"这话可能有点夸张,但观点十分鲜明,即学习的速度必须在社会变化的速度之上,至少应该等于社会变化的速度,如果小于社会变化的速度,就要落伍,就要被淘汰,比如,搞专业技术的就难再有创新,搞行政管理的就会限于陈旧的管理方法,搞教育的就不会有新知识传授给学生。同样,作为军人就不会有最前沿的作战理念、作战技术和对现代武器装备的掌握。

保持一定的学习速度,是由社会发展的现实决定的。人们要不断实现自身的价值,就必须让知识的增长和变化的社会需求赛跑。跑过社会需求者,就能实现自身价值,反之,就很难。

过去我们很少强调学习速度问题,是因为社会发展的速度不像现在那么快,对学习的速度要求不高,过去一个人读完大学所学的知识可以管很多年,有的人甚至有"一学管终生"的想法。现在不一样了,科学技术日新月异,社会发展突飞猛进,新知识、新技术每天大量涌现,特别是电子技术等,全面更新的速度只有几个月。在电子技术的推动和广泛应用下,其他与之相关的技术也会随之更新换代。在这样一个大背景下,我们的学习速度如果跟不上变化的速度,那么就无法与时代同行,无法适应时代发展需要。

就像提升一切运动机械的速度需要动力一样,提升学习速度也是需要动力的,这种动力从哪里来? 我觉得,主要来自以下几个方面:

一是强烈的政治责任感。学习与政治对于军队干部来说有着密切的关系,军队是履行政治任务的武装集团,军人履行使命的能力如何,直接关系到政治任务的完成。而履行使命的能力与知识学习是紧密相联的,我们只有保持强烈的政治责任感,才会有强烈的学习紧迫感。因此,我们不能仅仅把学习当成个人补充知识的需要、长点本领的需要,更应当看作是有效履行使命的需要。从这样的高度来认识学习,把学习作为讲政治一个方面的内容,那么,学习意识就一定会增强,学习的速度就一定会提升。

二是"本领恐慌"的紧迫感。本领是立身之本、履职之基,真正的本领并不是懂得一点专业,能履行基本职责,而是高出一般人的那一部分能力。按照当今社会变化的速度来要求,恐怕没有一个人敢说自己不存在"本领恐慌",因为时代发展很快,技术更新速度很快,稍有懈怠就跟不上发展的步伐,就适应不了知识的更新。知识是众人智慧的结合体,一个人智商再高,也很难超越众人的智慧。因此,只有时刻有一种"本领恐慌"感,坚持自我加压,毫不懈怠,把学习的速度提起来,才能保持与社会发展同步。

三是把学习当成一种习惯。习惯是一种力量。一个人技能的提高,专业的娴熟,不是靠几日几月突击而成的,而往往是长期坚持的结果。我们知道宋朝卖油翁的故事,卖油翁从钱孔往葫芦里倒油,全勺油倒尽而钱孔未湿,这就是他天天卖油练就娴熟技术的结果。一个人把学习当作一种习惯也一样,有空即学,每日都学,自然就积少成多,熟能生巧,就不会落后于社会和科学技术的发展。古人说:"三日不学,面目可憎。"这就是将学习当成习惯的体会,即三天不学习,自己都觉得无法面对世人。提升学习速度,我们也要有"三日不学,面目可憎"的忧患意识,让学习变成一种自发的行为。

写作文的技巧。当一个人干一件事时,如果没有"大技"只有"小技",他是既干不好也干不出兴趣的。

有一次我到一个朋友家,她发愁正在读初二的儿子不会写作文,问我怎样才能让孩子学会写作文。我说先看看孩子的作文本。小男孩很不情愿的样子,能看出来他是羞于把自己的作文示人。直到男孩和小伙伴们去踢球了,他妈妈才悄悄把他的作文本拿来。

第一篇作文题目是《记一件有趣的事》。小男孩酷爱足球,他开篇就说他认为踢足球是最有趣的事,然后描写他踢球时的愉快,球场上一些精彩的细节,还穿插着写了两个他崇拜的球星。看起来他对这些球星的情况了如指掌,写得津津有味,如数家珍。

男孩的这篇作文写得比较长,语言流畅,情真意切,还有一些生动的比喻。看得出他在写作中投入了自己的感情。虽然整个文章内容与标题框定的外延略有出入,总的来说属上乘之作。我从头看到尾正要叫好时,赫然看到老师给的成绩居然是"零"分,并批示要求他重写。

我万分惊讶,不相信作文还可以打零分,况且是这样的一篇佳作。

赶快又往后翻,看到男孩又写了一篇相同题目的。他妈妈在旁边告诉我,这就是在老师要求下重写的作文。

这次,"一件有趣的事"变成了这样:踢球时有个同学碰伤了腿,他就停止踢球,把这个同学护送到医务室包扎伤口,又把同学送回家中,感觉做了件好事,认为这是件有趣的事。这篇文章的字数写得比较少,叙事粗糙,有种无病呻吟的做作。老师给出的成绩是 72 分。

朋友告诉我,这一篇内容是儿子编出来的,因为孩子实在想不出该写什么。但凡他能想到的"有趣"的事,除了足球,都是和同学们搞恶作剧一类的事情,他觉得老师更不能让他写那些事,只好编了件"趣事"。

我心中隐隐作痛,仿佛看到有人用锤子蛮横地砸碎一颗浑圆晶莹的珍珠,然后拿起一块石子告诉孩子,这是珍珠。

既然我不能去建议学校让这样的老师下岗,只能希望男孩运气足够好,以后遇到一个好的语文老师,那对他的意义将是非同小可的。

有一次,我在北师大听该校教授、我国著名的教育法专家劳凯声先生的课。他讲到一件事:小时候母亲带他到杭州,他第一次看到火车,觉得非常惊奇,回来兴冲冲地写篇作文,其中有句子说"火车像蛇一样爬行"——多么形象,那是一个孩子眼中真实的感受——却被老师批评说比喻不当。这很挫伤他,好长时间不再喜欢写作文。直到另一位老师出现,情况才出现转变。这位老师偶然间看到他的一首诗,大加赞赏,还在全班同学前念了,并推荐给一个刊物发表。这件事给了他自信,重新激起了他对语文课和写作文的兴趣。

学者的童年也有这样的脆弱,可见所有孩子都需要正确教育的呵护。假如劳先生遇到的后一位老师也和前一位一样,那么当前我国教育界也许就少了一位学术领军人物。

这个男孩能有劳先生的运气吗?

有句话说,世上最可怕的两件事是"庸医司性命,俗子议文章"。前者能要人的命,后者能扼杀人的激情和创造力。

现在害怕写作文和不会写作文的孩子非常多,老师和家长总在为此发愁,除了埋怨和批评孩子,有多少人能从作文教学本身来反思一下,从教师或家长的身上寻找问题的根源呢?

有个上小学三年级的女孩,她父母工作很忙,家里请了保姆。有一次老师布置作文题《我帮妈妈干家务》,要求孩子们回家后先帮妈妈干一些家务,然后把干家务的体验写出来。

女孩很认真地按老师说的去做,回家后先擦地、再洗碗,然后在作文中写道:通过干家务,觉得做家务活很累且没意思。平时妈妈让我好好学习,怕我不好好学习将来找不到好工作,我一直对妈妈的话不在意。现在通过干家务,觉得应该好好学习了,担心长大后找不到工作,就得去给别人当保姆。

这个刚开始学习写作文的小女孩,她说的话虽然谈不上"高尚",却是真心话。可这篇作文受到老师的批评,说思想内容有问题,不应该这样瞧不上保姆,要求重写。

小女孩不知如何重写,就问妈妈,妈妈说:你应该写自己通过做家务体会到妈妈每天干家务多么辛苦,自己要好好学习,报答妈妈。小女孩说:可是你从来不干家务,我们家的活全是阿姨在干,你每天回家就是吃饭、看电视,一点也不辛苦啊。妈妈说:你可以假设咱家没有保姆,家务活全是妈妈干。写作文就要有想象,可以虚构。

教师和妈妈的话表面上看来都没错,但她们没珍惜"真实"的价值,曲解了写作中的"想象"和"虚构",这实际上是在教孩子说假话。虽然主观用意都是想让孩子写出好作文,却不知道她们对孩子的指点,正是破坏着写作文中需要用到的一个最大的"技巧"——"说真话"。

之所以说"说真话"是写作的最大技巧,在于说真话可以让人产生写作兴趣,发现写作内容,即想写,并有东西可写——没有这两点,写作就是件不可想象的事。

写作激情来源于表达的愿望,写真话才清楚自己想表达什么,才有可表达的内容,才能带来表达的满足感。没有人愿意为说假话去写作。无论日常生活还是写作,说假话总比说真话更费力气,难度更大,并且虚假的东西仅仅带来需求上的满足,不能带来美的愉悦。

5 什么叫本事

老百姓经常在赞誉某人时用"有本事"来形容。什么是本事?咱想答案应该是,第一起码是可以给自己混口饭吃,第二就是有一种本领可以较长时间有饭吃,第三就是可以升华到对别人对家人甚至对人类有一点点贡献的水准了。

一个机关、一个企业、一个集体和一个个人,都无须为自己的弱小而哀叹,重要的是要有一两种本事,并把本事练到极致。这样,才能找到自己的生存空间甚至创造奇迹。下面借用动物说这些高级动物,咱们说说——豹。

豹在大草原上虽说是较强的食肉动物,但和其他食肉动物相比,它只能排列在"小儿科"。

狮子体型庞大，又好群体作战，可以轻易地抢夺豹的猎物；鬣狗和野狗虽与豹体形相仿，但同样集团军作战，连狮子们对它们有时都要礼让三分，就别说豹了。

话说回来了，豹也必须生存啊，豹们于是就开始发挥自己的优势，咱虽无狮子的凶狠、也无鬣狗的耐力，可它有极强的冲刺能力，可以说是动物界的短跑冠军，相当于现如今的刘翔。豹捕食的成功率与狮子相当，远远高于鬣狗和野狗。豹捕猎时，花豹一向独来独往、行踪诡秘，猎豹也最多两两出动。

但是，豹的这种优势，不足以让它们在危机四伏的大草原无忧无虑地舒适无忧地生存与生活，因为豹的猎物既较易得到，也容易丢失。豹几乎没有能力保护自己到手的食物，一旦狮子、鬣狗、野狗闻风而至，豹就只有弃食而去，否则就有生命危险了。

就是说，豹的善于冲刺的优势，并不能给自己带来太多的实惠与利益，它还需磨炼出另一种超乎寻常的本领，才能与狮子、鬣狗们抗衡。但是，天生的弱小体型和不够大的力气是很难改变的，只能另找出路。

在不断的失利和摸索过程中，豹终于觅得一个良策——爬树。不是一般的自己爬上去，而是要叼着比自己体重还大的猎物爬，绝对并非一件易事，但为了生存，还必须要将这种本领练到极致。狮子也会爬树，但它们体积大，没有豹灵活，关键是没有豹那么勤奋，很难爬到树顶。

怎么样！无论是花豹还是猎豹，在长期的实践和磨炼中，基本都学会了背负沉重猎物快速爬树而且一直爬到树梢、树顶的本领。这种本事在大草原的食肉动物中是独一无二的，足以让看似弱小的豹在辽阔的草原上坚强地生活下去。这就是本领，这就是本事。你说对不？

学本事的体会——看学开汽车里的辩证学习法。如今的中国，汽车进入家庭的增长量已经在"牛市"曲线上了。这会儿谁再想着因有"驾驶执照"就想混口饭吃，恐怕只有长途客、货运输，或者公共汽车司机的"空缺"去竞争了。新车多多，开车新手更是多多。观察体会新车手成长历程基本是四个阶段，估计现在上网的男女同胞90%以上，也都是"上车飞奔"的高手，您"忆苦思甜"回忆一下学开车从起步到成熟的进步四阶段，看跟我说的贴不贴边。

一是刚摸车，新上路，叫"别碰着别人"阶段。该阶段大约在开车0到3000公里的路途上，但是，还必须主动找人多的地方练，胆小不去闹市区，老在晚上10点以后，要不就是廊坊、沧州不进直辖市核心，恐怕该阶段要延长到5000公里了。

二是开车练得有点功力了，叫"别挡着别人"阶段。该阶段做到了发现自己因慢碍后边车的事了，知道提速或靠边了，眼睛的"视界"由只顾前方到兼顾后方了，进步不小。该阶段是3000到5000公里，感觉时间应该在3个月左右，比较快就过去了。

三是开车时前后都能照顾了，就进入"别被别人挡着"阶段了，此阶段刮、碰、蹭发生最多，找保险最勤。表现是自认为心里有数，但是眼上没尺，开车又看不起全新手，忘了自己的成长过程，大胆心粗开快车。该档期5000到1万公里。值得注意的是，个别心理素质差的人，在达到一万公里左右，是要出大事故的，提请新驾友们，千千万万要注意！

四是开车技术出师了，有了小教训，见了大世面。两三万公里的驾驶经验，知道害怕了，进入最高阶段"别被别人碰着"阶段。可以随时发现危险隐患，熟练驾驶规避风险，保险公司基本不见。

通过"别碰着别人"、"别挡着别人"、"别被别人挡着"和"别被别人碰着"四段位的晋升，一位安全、娴熟的车手就在社会上诞生了，只有他才能为"和谐社会"多做贡献。

6 如何消除孩子考试时的紧张情绪

"整个学期全荒废，临近考试全心碎，一周时间全没睡，考试之前全在背，走进考场全崩溃，拿到卷子全流泪，背的东西全不考，考的东西全不会。"无意中在窗边，听到楼下的小朋友念着这样的歌谣，蓦然惊醒："呀！又到了一个期末，又到了一个考试的季节！"

一个叫牧牧的大人，把他小时候妈妈爸爸缓解他考试紧张情绪的方法全盘托出，希望能够启发正在迷惘的老爸老妈。

妈第一招：陪伴孩子让她有安全感。我是一个考试前不把所有复习完成就不进入考场的人，也许这也是一种心理障碍吧。其实有的时候连夜的复习效果未必很好，然而我通过不了自己这一关，所以有的时候24小时不眠不休还是要温书。妈这个时候就会睡在我的房间，虽然没说什么，但是无形的安全感，让我真的是无限安稳，复习速度也更快了。

爸第二招：以乐观幽默的口吻淡化她的失败。怎么说呢，我是一个认为成绩必须进入前5名的人。偶尔意外考个第六就会哭上半天，这点真的不好。爸每当遇到我精神崩溃大哭的时候，总会有不同的安慰之词。举个例子，他会微笑着说："闺女，这点事算什么呀，你这是给别人机会呢；你不是说给别人机会，自己才会幸福吗？你就是勇敢的海燕！"我立即停止哭泣。

爸第三招：把一个月说成三十天。还有一个月就要考试了，紧张，紧张，还是紧张，紧张得不行了。爸每当听到我这样念叨的时候就会说："别急，闺女，一和三十是有很大的区别的，一个月有三十天呢，还有很长的时间呀。你平时学得已经很好了，正常发挥就好了。"现在想想真的是很不错的说法。

妈第四招：吉祥物稳定情绪。这个不必多解释了吧，妈妈一定会在考试前给我一个吉祥物，这样就会给我更好的心理暗示和心理安慰呀。

爸第五招：可以在孩子面前说错话。每当考试前，家庭气氛一定很紧张吧？大多家庭的回答是：Yes。所以爸就会经常故意说错话，缓解我的压力，让欢声笑语给我减压。

其实这样的招数面对不同性格的孩子会略有不同，但是希望考出好成绩是每一个孩子的心愿。麻烦当家长的，老爸老妈们再用点心，您辛苦了！

7 习惯决定命运

优等生成功的两个关键内因，是良好的学习习惯与学习个性。学习习惯的培养是学习个性形成的前提。培养良好的学习习惯是家庭教育的根本任务之一。

爱因斯坦曾说过这样一句俏皮话："如果人们已经忘记了他们在学校里所学的一切，剩下的就是教育。"这里的教育其实就是习惯。习惯是一种多么顽强的力量，它可以主宰人的一生。因此，从小就应该建立各种好习惯，世界著名心理学家威廉·詹姆士有段名言：播下一个行动，收获一种习惯；播下一种习惯，收获一种性格；播下一种性格，收获一种命运。

著名教育家叶圣陶讲：习惯不嫌其多，只有两种习惯养成不得，一种是不养成什么习惯的习惯，又一种是妨害他人的习惯。有一本叫《教育的秘诀是真爱》的书，对培养习惯有一些具体的要求，综合起来，可以叫"自我培养习惯"，主要有如下原则与方法：

（1）几代人相互学习，共同成长。

如今的这一代青少年是历史上最优秀的一代人，是值得信任并且大有作为的一代人。看看飞速崛起的信息产业，大展宏图的主将不正是年轻一代吗？正如专家所说，从历史高度看，当代中小学生的思想品德和个性面貌总的来说是在进步。

比如，青少年是时代精神最紧密的追随者；现在的青少年独立性、自主性明显增强了；青少年也是当前市场经济社会道德价值体系的探索者和创建者；人格和人性的复归在现代青少年身上表现得非常明显。

还有就是，现代青少年，个性中的创新性也显然比过去的青少年好；现在的青少年其实并不是没有理想、抱负，只不过他们的理想不像过去那样"远大"、"空洞"；现在的青少年比过去更加外向，更富于激情，等等。总之，培养良好习惯需要几代人相互学习、共同成长来完成。

（2）培养习惯，警惕非人格化。

习惯的养成是需要技能的，但是要想从根本上培养起良好的习惯，单靠技能是远远不够的。譬如，有人提出，微笑服务时，服务者要露出八颗牙齿。大家可以对着镜子试一下，露出八颗牙齿时的笑容确实是灿烂的。应当说，这一要求是有依据的，但是，稍有社会经验的人也非常明白，露出八颗牙齿的笑容未必发自真心。假笑、干笑、傻笑、狂笑等，都可以露出八颗牙齿，这难道是人们所需要的吗？

因此，习惯培养应当人格化而不能单纯的技能化。说具体一些，就是在习惯培养过程中，应当以健康人格为核心目标，注意观念与情感的培养，对每一个好习惯都知其然知其所以然，从而晓之、信之、习（实习）之。

（3）尊重规律，讲究方法。

一是关键在头三天，决定在一个月。按照美国科学家的研究，一个习惯的养成需要21天。中国有一位习惯研究学者周先生分析，这21天是个平均数，养成的习惯不一样，每一个人的认真程度不一样，刻苦程度不一样，所用的时间肯定也不一样。既然这21天是个平均数，那我们用一个月的概念更好记，而且更保险，所以"培养习惯重在一个月，关键在头三天"。

同时，周先生还总结出习惯培养的七个秘诀，即：① 真正懂得重要性；② 找出可行性分析；③ 统筹安排，逐一击破；④ 关键前三天，重在一个月；⑤ 每天前进一点；⑥ 借东风；⑦ 坚持不懈，直到成功。世界上的事情，怕就怕认真，怕就怕坚持。如果你凡事认真，坚持去做，就没有任何事情是难的。

二是习惯培养的步骤。培养我们的良好习惯到底有哪些基本的环节和方法呢？

可以概括出六大步骤：① 认识习惯的重要；② 与同学及相关人员一起讨论制定适当的行为规范；③ 进行形象感人的榜样教育；④ 持之以恒地练习；⑤ 及时而科学地评估引导；⑥ 逐步培养良好的集体风气。希望家长和孩子有足够的思想准备，培养一个好习惯或改正一个不良习惯是艰难的，也是必需的。

三是培养好习惯用加法，矫正坏习惯用减法。培养好习惯需要用加法，持续21天就会开始养成;矫正坏习惯则需要用递减法,逐步减少不良行为的次数。我相信,每一个父母和教师只要有爱心和恒心,就可以有所发现、有所创造,完全有希望培养出孩子的良好习惯和健康人格。

（4）没有训练就没有习惯。

由正确认识向正确行为转化需要训练,由正确行为向良好习惯转化更需要训练,由不良习惯向正确行为转化尤其需要训练,没有训练就没有习惯。严格要求,反复训练,不断强化,是实现转化的关键。

一是训练必须持之以恒。训练要持之以恒强调"反复"二字,不反复训练形不成习惯。养成教育是一个长期工程,养成一个好习惯不是一天两天,一个月两个月的事,需要长期抓,持之以恒;矫正一个不良习惯更不是三天两日的事,冰冻三尺非一日之寒。"习惯成自然"是需要时间的。

二是训练必须严而又严。训练还要强调"严格"二字。训练就要有个狠"劲",不见实效不收兵。练习的过程是个痛苦的过程,就得咬着牙坚持下去。只有经过痛苦的磨炼,才能养成好习惯。在这一点上,我们应向原女排教练袁伟民同志学习,他在训练女排时就有个"狠"劲。平时,他非常关心、爱护女排队员,待她们和蔼、亲切,对她们的生活关怀备至。可一上了训练场,他的要求是非常严格的。女队员累得浑身出汗如水洗一般,他又扔过去一个球,"继续练!"女队员累得趴在地上起不来了,他又扔过去一个球,"还得练!"他知道,不这样练是打不出世界冠军的,没有这种"狠"劲,表面上是疼爱她们,可最终是害了她们。

三是训练必须要求具体。良好的行为习惯只有通过反复地分解操作练习,才能形成自然的、一贯的、稳定的动力定型。有些操作过程较复杂的行为要求,可采用分解操作示范。如洗衣服这项行为训练内容,如果我们认为要求高、过程复杂,就可以把它分解成五个步骤:一浸、二抹、三搓、四漂洗、五晾晒。这样就很容易掌握要领,且印象深刻。

再举一个培养孩子理财的案例:

帮助孩子养成记账的习惯,弄清楚钱去了哪里。只有父母有记账的好习惯,孩子才会效仿。当你的财务理不出头绪时,如果不想把这个遗传给孩子,就从现在开始和孩子一起记账。

对于零花钱的使用,孩子往往是糊涂的。如果你问他口袋里有多少钱,他们会一脸茫然地摇摇头说:"我不知道。"在他们的观念里,不在乎口袋里有多少钱,不在乎商品的价格,只要自己喜欢,就"及时出手"。往往还没有等到领取下一次零花钱,就吵着开始要"补贴"了。父母总是好奇地问道:"给你那么多钱,你都花哪儿去了呢?"孩子还是摇摇头。

一些明智的父母,并没有因此而收回孩子支配零花钱的权利,相反是送给孩子一个笔记本,告诉孩子仍然由他们自己支配自己的零花钱,但是一定要对每天的花费进行记账。父母之所以这样做,是想了解孩子的花费状况,看看孩子是否能够正确地使用零用钱,从而采取相应的措施。

上小学四年级的杨帆,今年过年是个"丰收年",腰包塞得鼓鼓的,父母一合计,总共收了12000块钱压岁钱。父母还没有来得及考虑这笔钱怎么使用,就被杨帆挥霍光了。

过年第二天,杨帆就叫着自己的两个好朋友在肯德基见面,并且请朋友饱餐一顿,由于要的东西太多,最终没有吃完就走了,吃的还没剩下的多。而后,三个孩子去逛街,杨帆看中了一款新上市的纽曼的 MP5,眼皮没眨一下就买了。经过一家米奇专卖店,看中了一个新款的大红书包,300 多块钱,杨帆径直走向收款台。随后,他们又去这儿逛逛、那儿逛逛,一个上午,10000多块钱只剩下了 3000 来块钱了。

妈妈很是生气,问杨帆钱都花哪儿去了,杨帆也答不上来,他自己也不知道钱到底花哪儿去了。爸爸递给杨帆一个记账本,告诉杨帆以后只要是花钱就要记在这个账本上,父母会定期进行"财务审核"。

在杨帆的账本上,爸爸妈妈发现了杨帆的钱大多都花费在吃喝玩乐上了,用于学习上的钱可谓寥寥无几。于是,针对这一问题,父母开始引导杨帆正确地使用零花钱。

父母送孩子一个记账本,在这个记账本上,可以看出孩子如何花费自己的零花钱,以及零花钱的去向。从而父母可以采取有针对性的措施,积极引导孩子正确使用零花钱,让孩子从根本上明白什么钱该花,什么钱不该花。一些成功家长的经验和方法有以下几种:

方法一:让孩子签订零花钱合同。作为父母首要要明白,不是给孩子的零花钱越多就越疼爱孩子,家长要学会控制孩子花钱如流水的习惯。父母不妨制订"零用钱合同"来控制孩子的盲目消费,合同中规定零用钱的发放日期、数额等有关内容。零用钱的发放时间可以慢慢延长,在孩子掌握以"周"为单位的理财能力后,家长就可以把发放时间拉长为"月"。虽然合同只是一张纸,但是通过这一张纸,孩子会明白:钱,省着花才够用。

方法二:教糊涂的孩子有计划地花钱。现在的孩子有这样的毛病:父母给多少钱就花多少钱,没有一点儿节制,花完了就再向父母要。如果家长只是一味迎合,就会纵容孩子的一些不良习惯,因此家长要教会孩子有计划地花钱,适时控制孩子的欲望。父母可以帮助孩子制订一份消费计划,让孩子明白哪些东西是必须要买的,哪些东西是不需要买的。当孩子提出无理购物需求时,可以用缓兵之计,不及时回应,但也不要完全否定,利用这段时间的冷却,随时向孩子灌输"可买可不买的东西不要买"的购物原则,让孩子学会有计划地花钱。

方法三:孩子想怎样记账就怎样记账。父母按照年龄,按月或者按周给孩子发放一定数额的零花钱,让孩子自己去支配,规定孩子对于各笔花销必须要记账。但是对于记账的形式,孩子想怎样记就怎样记。比如,孩子可以用图画的形式代表他购买的商品,并用彩色铅笔艺术字记录价格。这样,一个周期下来,孩子的记账本有可能会成为一幅非常漂亮的广告面,家长可以把它挂在墙上,以此作为鼓励。

方法四:"财务审核"要及时。家长对于孩子的记账本要及时地进行审核。父母只有看到记录下来的信息才能帮助孩子明白哪些钱可以花,哪些钱是不该花的。不记账起不到丝毫作用,不审核更起不到任何作用。因此父母再忙,也要抽出一定的时间对孩子的账本进行"财务审核"。孩子的钱花哪去了,孩子到底会不会花钱,在记账本上,父母要让孩子学会有计划、有目的地去记账。同时,家长也应当积极施展自己的"财务审核"大权,只有这样,才能教会孩子学会花钱。

8 六大学习习惯,终身受用

不论家长还是孩子,其一生都是学习的一生。作者就这个题目,出过一本叫《学管》的书,讲的就是不同岁数,学习的内容不同,或叫做"活到老,学到老"的课程表。

在生活、工作和学习中,有些学习是显在的、主动的,有些则是隐在的、被动的,是潜移默化的。两类学习在不同的领域起着不同的作用。学习并非越显在、越主动就越好。正确及时地发现具有重大意义的隐在的、被动的学习,将之提升为更有效、更高效的显在的、主动的学习,将大大提升学习的效果和价值。

所以说,培养孩子的学习习惯,特别是有目的、有计划的(如高考)显在学习的习惯,对每个人一生的发展和提升,对在事业、家庭、社会交往等各方获得成功都具有极大的益处。

(1)学以致用的习惯。

常常听到有孩子抱怨学校里学的东西没有用,果真如此吗? 在现阶段的学校教学中,由于种种原因,老师并不能经常引导学生把刚刚学到的知识与生活实践联系起来,并很少给孩子们出一些生活类的题目,把一段时期学习的某个专题,甚至多种学科的多个专题的知识结合起来,进行综合运用。

但知识来源于整个人类的生产生活实践,是人们在实际问题的过程中不断发展和完善起来的。之所以会产生"知识无用"论,一方面是由于教师对知识的运用引导得不够,更重要的一方面是由于孩子自己在探索知识的可用性上还没有下功夫。当然,这里不能指责现在的学生不努力。

"学以致用"的精髓在于动手。对于技术性的工作,最优秀的往往不是学历高的人,而是有操作倾向、操作能力和操作经验的人,比如开轿车等。在"学以致用"的过程中,孩子是能够充分发挥自己的潜力的。如今很多孩子,还特别是一些男孩,对自己没有信心,认为自己这也不行,那也不行,肯定什么也做不好。这里的问题就是,你试着去做过吗? 你做的时候是浅尝辄止,还是不断地尝试呢? 有些问题貌似很复杂,其实真正去做的时候却会发现并不太难。对于真正复杂的问题,又不可能一蹴而就,浅尝辄止只能加重自己的失败意识,使自己更加没有信心。所以,多做,就会发现自己能做的事情很多;少做,就会发现能做的事情很少。

听过这样一个故事。我国某教育代表团访问美国,当地一个小学校长送给代表团的成员每人一本画册。打开一看,全是这个城市最著名的建筑物,有古老的教堂,有历史悠久的图书馆,有别具一格的艺术博物馆,也有最新的客户实验楼群……每幅图下,都用文字说明这座建筑物坐落位置、修建的时间、建筑设计人的姓名以及该建筑物的设计风格。这位校长告诉大家,这是一幅很好的导游图,有了它,你们就知道我们城市的历史、主要建筑和城市规模。代表团的成员在感激的同时,不禁问道:"你们学校有城市建设、规划和导游的任务?"

校长说:"没有哇,这是我们学生的作品,是他们的作品,是他们的作业。"

我们的代表团的成员这才细细地看这本画册,许多建筑物的确明显是孩子的手法,很稚气,是不够老练,不够专业。

中国代表团的同行兴趣更大了:"图画下的文字是谁帮助完成的?"

"也是他们自己。"校长答道。

"孩子们是如何知道某个建筑物的历史和设计过程的?"

校长接着说:"他们可以去图书馆、建筑博物馆和建筑设计院访问。"

代表团的成员感慨万千,原来孩子们有这么大的创造潜力,同样是10岁左右的小学生,我们的孩子对自己的城市社区知道多少? 对自己生活其中的环境了解多少? 我们的学生去图书馆、博物馆和设计院的机会有多少? 这也说明:只要有自由的时间和机会,人的创造力的确是惊人的,哪怕只是"不起眼"的孩子。

养成"学以致用"的习惯,首先要经常观察和思考。观察和思考是一切智慧的源泉。现象和规律都是客观地存在着,就像苹果园里的苹果年年都会往下掉,被砸中的人也不计其数,却只有牛顿因此发现了万有引力定律,这就是观察与思考的效果。

其次,要学会"做"。"做"是这一习惯的核心,家长和孩子要动手去做实验,验证自己提出的想法和观点。

除了实验,"玩"也是"做"的重要方式之一。人喜欢的"玩"有两种方式,一种是纯粹为了轻松,什么也不想做,属于"娱乐休息"的玩。还有一种是探索性的玩,凡事想弄个究竟,想玩出花样。同样是玩游戏,有的人能从玩中学会自己编游戏程序,而有的人则沉溺于其中,荒废青春年华。所以从本质上来说,玩也不是完全一样的,区别在于在玩的过程中,大脑是被游戏牵着走,还是在为游戏设计规则、进行改进和提升。

知识是动手操作的生长点。任何动手操作的成功,都离不开知识。在探索性的动手过程中,可能我们刚刚开始并不很清楚里面的规律和蕴含的知识,但是操作的过程只有符合了规律才能成功。所以,对于动手操作来说,最终总结出其中蕴含的规律性的知识非常重要。只有这样,操作才能更高效地推广利用。

家长协助孩子评估他的"学以致用"的习惯,可参考这些问题进行:

●对于平时学到的知识,孩子能把它们记住,较好地运用于解答具体题目吗?

●孩子经常把学到的知识与日常生活中的现象联系起来吗?

●孩子尝试过设计家用的局部电路吗?

●孩子运用学习的知识进行过小发明创造吗?

●生活中有些不太方便的事情,孩子试着想办法使之变得方便吗?

●在玩的过程中,孩子会突发奇想,产生一个很有趣地想法,并立即付诸行动吗?

(2)主动学习的习惯。

主动学习,意指把学习当作一种发自内心的、反映个体需要的活动。它的对立面是被动学习,即把学习当作一项外来的、不得不接受的活动。

主动学习的习惯,本质上是"视学习"为自己的迫切需要和愿望,坚持不懈地进行自主学习、自我评价、自我监督,必要的时候适当地自我调节,使学习效率更高、效果更好。

具体看,有这些表现:

首先是把学习当成自己的事情,绝对是为自己学!既不是为爹妈也不是为老师、甚至不是为"高考"。为自己学好了,爹妈高兴、老师放心,高考顺便就"送"你年轻人一个较高的成绩单。

主动学习体现在处理好学习的每个细节,尽量不需要别人的提醒,做好自我管理。当然,不是每个人都是天生的"爱"学习的"虫子",所以培养主动学习的习惯有时也需要爹妈的唠叨和好老师的帮助。

其次是对学习有如饥似渴的需要,有随时随地只要有一点点时间,就用于学习的劲头。鲁迅老爷爷讲,他只是把别人喝咖啡的时间用在了读书上。他还唠叨说,时间就像海绵里的水,只要愿意挤总会有的。事实上,一个人如果养成了主动学习的习惯,他就从来不会去抱怨时间不够用,因为随时随地,只要有空闲,他首先想到的事情总会是学习,这样就能把零散的时间都利用起来。

三是对自己的学习及时有效地进行评价。小孩在学习过程中,不仅学习水平在不断变化,其兴趣和爱好也在不断地变化。对这些一并进行评价和审视,不仅有利于保障学习的速度和质量,而且能保证学习方向的正确。

四是主动调节孩子自己的学习行为,以适应不同的环境和需要。咱们身边的环境并不由咱自己决定,当一个人总在抱怨周围的环境是多么的不公的时候,他的注意力十有八九已经脱离了学习本身,他的能量也将浪费在抱怨中。适应不同的环境,不仅是主动学习的表现,而且是锻炼多种能力和丰富人格力量的机会。

插一个故事:1969年诺贝尔化学奖获得者之一,有机化学家巴顿出生于英国一个富足之家,从小又是集众多宠爱于一身的独子,等于我们的独生子。上小学后,由于老师不可能像家里的长辈那样对他百般呵护,因此他十分不适应,与同学的关系紧张,经常发生矛盾,学习成绩自然也很糟糕。父亲认为这种状况不利于巴顿的成长,于是在他10岁的时候,把他送到了一所寄宿制学校学习。

该校实施军事化封闭管理,学生们都过军营式的生活。早晨起床铃一响,所有的学生都要以最快的速度起床、穿衣、叠被、刷牙、洗脸,然后还要出操,即便是冬天,学生们也只能用凉水洗漱。学校的伙食勉强能算得上“粗茶淡饭”,与家里优裕的生活相比,巴顿可谓从“天堂”进入了“地狱”。巴顿受不了学校条件的艰苦,所以每逢周一上学的时候,总要大哭大闹,希望父亲给他换个学校。母亲和姑姑对他父亲的做法也很不理解,但他父亲始终坚持自己的想法,认为磨难和锻炼对巴顿这样从小娇生惯养的独生子女来说,是十分有益的“营养剂”,只有这样,孩子才能学会独立生活。

巴顿长大后回忆起这段生活,不无感慨地说:“这样的生活使我学会了忍耐和自我锻炼,培养了我坚强的身心和健全的人格。”

故事讲完了,接着说主动学习的习惯。

五是遇到困难坚持不懈。多数人的学习不会一帆风顺。遇到困难能够坚持下去是主动学习的重要体现。

六是要正确对待别人的帮助。常常有人抱怨自己的学习成绩不好,是因为父母帮助不够,或者父母没给自己请到好“家教”等等。其实,你细心看看,越是学习好的学生,越是有思想的人,对别人直接帮助的需求就越少,越能更多地自己埋头钻研。别人的帮助,对他们来说主要是提供不同的信息,扩展自己的视野。

(3)信息处理的习惯。

在知识社会里,信息浩如烟海,会游泳者生,不会游泳者亡。这里的“游泳”就是信息处理。

可以肯定地说,新世纪最重要的学习能力就是学会处理信息。你不可能也不需要记住所有的知识,但你可以知道去哪里找你需要的知识,并且能够迅捷地找到;你不可能也没必要了解所有的信息,但你必须知道最重要的信息是什么,并且明确自己该怎样行动。

要学会有效地利用计算机和网络,同时要在了解的基础上避免对计算机和网络的不良运用。要学会处理信息,不使用计算机和互联网几乎是做不到的。计算机可以游戏、绘图、统计、阅读电子读物、看电影或动画片、听音乐等等。再连接上互联网,又有最少五大类的功能为你和你们家服务。一是帮助我们学习使用信息资源的技能;二是为我们建立一个环地球的低价的交流平台;三是增加孩子接触外边世界的途径;四是使我们学会表达自己;五是加强了与家长、亲属、朋友、同学的交流。

那么,如何培养信息处理的习惯呢? 反思,是培养该习惯的重中之重。

如何进行反思? 首先要多思考,做错了题或写错了字,要孩子自己主动思考,而不是急于去向老师、家长和同学问正确答案。因为,学习是一个"悟"的过程,而"悟"是别人替代不了的。做完作业,首先要自己检查,自己反思总结。

其次要多复习。读书学习,有一个把一本书变薄再变厚的过程,即读完了厚厚的书或学完长长的课,经过反思会悟出最紧要和关键的东西,这就是把书由厚变薄。抓住最紧要的东西,加强联想、引申、升华,薄薄的东西便逐步加厚,又成为一本厚书。但是,这已经不是原来的书了,而是孩子个人独创的书了。

再次要多动笔。俗说:好记性不如烂笔头。由于写作比讲话往往更加深刻、理性、严谨,多动笔便成为反思的基本方法了。如写日记、做读书笔记等。孩子成长过程是自我意识发展的过程,是个人与社会互动的过程。必定伴随着酸甜苦辣咸,而这些都需要自己去一一品味。因此,日记成了最知心而忠实的朋友。或说,日记是你反思成长的最佳伴侣。

再较细分段,10—12岁最需要培养的学习习惯是:上课认真听讲和绝对独立完成作业;13—16岁应该养成另两个新习惯,即认真预习和复习。这四个习惯的核心就是学会反思。

(4)不断探索的习惯。

不断探索就是在未知领域里,凭借自己的兴趣爱好、凭借自己的发现和寻找进行学习,多方寻求答案,解决疑问。

培养不断探索的习惯,首先要对周围某些事物、现象,对听到和看到的观点、看法有浓厚的兴趣。如果周围的任何事物和现象都引不起你的丝毫兴趣,不能令你有所感触,不能让你心动,那就不可能产生真正的探索行动。

不断探索的习惯之评估,有这样一些问题需要解答:

● 孩子能够列举出自己感兴趣的问题吗? 列举得越多越好。

● 孩子提出过创新性的想法吗? 想法中,有哪些得到了别人的赞赏,哪些不以为然?

● 孩子和别人争论过对一些热点社会现象的看法吗? 他的争论有没有鲜明的特色?

● 你们家或孩子身边,有引领孩子发展潜力和发挥优势能力的人吗?

(5)学如何管的习惯。

学如何管的习惯,主要指科学管理知识,学会思考。孔子之所以成为千古圣贤,得益于"一日三省吾身"。中国如今的改革开放的巨变,得益于对历史与现实的反思。具体到我们做父母和孩子的,每一个人的真正进步,无不得益于对过去的反思。

对于10—20岁的孩子,这个"管"字其实还有一个主动和被动的关系。本作者的一本《学管》的书,就重点阐述了此阶段孩子的重点任务和责任,就是"管"字。

为什么是"管"字,而不是传统的"学"字?因为,学是相对是被动地接收知识信息;反之,一个有志气的"小大人",自己决心要管好"字"了,要管好 ABCD(英文课)、管好横撇竖捺(语文课)、管好 1234(数学课)了。管好这 at\of;的地得;+、-、×、÷,都不要给"我"放错地方,不要排乱顺序。老师自然就给好成绩,高考自然就是高分,孩子的责任心自然就提高了。

请家长协助孩子管好知识的运用,而我们的"小大人"也不是被家长管、被老师管,而是在家长的协助下,在老师的辅导中,成功管好自己的学习,管好自己的各科成绩。

(6)自我更新的习惯。

自我更新就是不固守已经掌握的知识和形成的能力,从发展和提升的视角,对孩子自己的知识、认识和能力不断地进行完善。

在初中高中的任何一学科的任意主题的综述部分,我们都能看到这样的现象,所有的科学发展,最初几乎都显得非常稚嫩,甚至很多观点简直幼稚得可笑。但正是从这种幼稚开始,一个严密的科学体系逐渐建立了起来。对于具体的人来说,最初产生的认识和能力在更高水平的人看来往往是稚嫩的,但是所有高水平的人也是从稚嫩开始发展的。懂得认识存在发展的空间,即存在"幼稚"的一面,是进行自我更新的前提。

所以,知识越渊博的人,往往更谦虚——因为他们清楚自己不知道的更多;而一知半解的人反而显得很骄傲,似乎无所不知,因为此类人不知道的比知道的要多得多。

培养自我更新的习惯的要点:首先,要让孩子自己心态放开。有的人习惯说"不",对新信息总是拒之千里之外。诚然,社会上有不少新信息、新事物非常轻浮,需要拒绝,但若以此为由,将自己尚且了解不多的东西轻易拒绝,实际上这是在封闭孩子和你们的家庭。心态开放,就要对一切新信息和新事物持有开放的心态。对它们当中先进和有价值的信息,要充分深入地认识和理解、运用。记住这样一句话:美占有的地方就没有丑。

其次,培养对新事物、新现象的敏感力。能够敏感地发现新事物的不同之处,这对于孩子的自我更新非常重要。

第三,要善于进行反思。自己有自己的一套方法反思自己的行为得失,自己的思想水平和境界层次,对于个人的自我更新的意义重大。在反思的过程中,对自己的成见要持客观的批评态度,而对于别人的评论和意见不屑一顾。

第四,一个人缺少知识不怕,怕的是既孤陋寡闻,又不懂装懂,听不进别人的忠告,做了蠢事还自以为是。扩大自己的视野,这是自我更新的重要源泉。有些人被见识所限,常常以为自己觉得了不起的事情,别人也都会认为了不起,其实他们自以为了不起的事,可能是尽人皆知的微不足道的小事。

第五,虚心,这也是自我更新需要的重要素质。

第六,重视别人的意见,主动纳言,这对自我更新意义非凡。

自我更新的习惯之评估,有这样一些问题需要解答:

● 对别人的批评意见,孩子经常为自己找理由辩解吗?

● 孩子是否经常跟父母、老师、兄长等探讨一些问题,从他们那里获得一些新鲜趣闻?

● 孩子喜欢羡慕和夸奖自己的朋友,还是喜欢胜自己一筹的朋友,为什么?

建议操作办法:

反复训练法。

不能只是说教型。只有反复训练才能形成自然的、一贯的、稳定的动力定型,这是人的生理机制决定的。

解释:严格要求,反复训练,是形成良好习惯的最基本的方法。这也是关鸿羽教授最为重视的方法,他认为古今中外的教育家都强调训练的重要性,是因为训练可以使机体和环境之间形成稳固的条件反射。实践证明,真正的教育不在于说教,而在于训练。如果只停留在口头,习惯培养就一定没有真正的生命力。只有反复训练才能形成自然的、一贯的、稳定的动力定型,这是人的生理机制决定的。

原则:①以兴趣调动训练的积极性。"苦练"与"趣练"相结合,如通过游戏、活动、竞赛、绘画等途径,不断变换形式来进行训练。②训练必须严而又严。好的习惯往往需要较长的时间来巩固,不可能一蹴而就。严格的训练要避免情绪化。确定标准之后,就要严格遵守,不能放松。③训练必须持之以恒。习惯培养是一个持之以恒的过程。如果不坚持,今天训练,明天放假,行为就难以变成自动化的习惯。行为训练要抓反复,反复抓。培养习惯是个长期工程。夸美纽斯说过:"一切存在美的东西其本性都是在娇弱的时候容易屈服,容易形成,但是到了长硬以后就不容易改变了。"一定要克服懒惰情绪和畏难情绪。

操作方法:①目标明确,要求具体。比如使用文明礼貌用语时,说"谢谢"二字,看起来很简单,要注意的细节其实很多。详细地分析:首先,说"谢谢"时必须诚心诚意,发自内心,要让人听起来不做作,不生硬,不是为应付人家,而是真心实意地感谢人家,只有真心才能使"谢谢"富有感情。第二,说"谢谢"时要认真、自然,要让人听清楚,不要含含糊糊,不好意思,更不要轻描淡写地凑合,好像不太情愿、应付差事。第三,说"谢谢"时要注意对方的反应。如果对方很高兴,就是达到目的了,如果对方对你的致谢莫名其妙,你就要说清谢人家的原因,以使对方感到你的真情实意。第四,说"谢谢"时要用整个身心说,除了嘴里说以外,头部要轻轻地点一下,眼睛要注视着对方,而且要伴以适度的微笑。第五,在别人帮助自己解除了困难之后,应表示谢意。表示的方式可以说:"谢谢!""多亏您帮助!"也可以握手致谢,还可以赠物致谢。②层次分明。各个年龄段掌握良好习惯的要求不同。如养成"文明乘车"的习惯时,最好是先训练上车主动买票,乘车时不向窗外扔杂物、不允许把头伸出车厢外等较为基础的要求,然后再进一步要求主动为乘客让座、为乘客传票等更多的方面。③及时检查。检查和评价必须坚持经常性。

刺激控制法(或称:环境改变法)。

是"自控"与"他控"相结合产物。

解释:环境是一种刺激,不同的刺激能使孩子产生不同的行为。控制住了这个刺激,也就控制住了孩子的行为。"孟母三迁",实际上就是看到了环境对孩子行为的影响而实施的一种刺激控制。

这种从源头上控制习惯形成因素的培养方法,就叫做刺激控制法,也可以叫做环境改变法。

原则:对孩子来说,最好是"自控"和"他控"相结合。因为他已经有一定的自我控制能力,"自控"能更多地调动起孩子自身的力量。而"他控"则能使孩子在需要帮助的时候得到必要的支援。

操作方法:此法有6种具体方法。①呈现期望行为的刺激线索。期望行为没有出现的原因之一可能是这个行为的刺激线索没有在环境中出现。当考虑用刺激控制法来增加期望的适宜行为时,要仔细分析有哪些对这种行为产生刺激作用的线索或者条件可以利用。通过呈现这种行为的线索,孩子出现期望行为的概率就会大大增加。②为期望行为安排效果建立。建立一种效果就是使一种刺激对行为的产生具有强化作用。这样,当一种效果建立呈现的时候,因这种刺激而产生的行为就会受到强化。使期望行为更易发生的方法之一就是为行为的结果安排效果建立。③减少期望行为的反应难度。反应难度小的行为比反应难度大的行为更容易发生,可以利用行为发生这一规律,为期望行为降低反应难度。④消除非期望行为的刺激线索。举个例子,孩子特别喜欢看电视而不愿意写作业,因为家里有电视这个刺激线索,让孩子做到不看电视是有很大难度的。如果换个环境,带着孩子到图书馆或者自习室去写作业,孩子缺少了电视这个条件,要做到不看电视就不像之前那样困难了。⑤消除非期望行为的效果建立。如果非期望行为的结果得不到强化物,人们就不大会从事这一行为,因此,消除非期望行为的效果建立,可以减少它发生的概率。⑥增加非期望行为的反应难度。避难就易是人类行为的普遍法则。如果非期望行为的反应难度加大,孩子就不大愿意费力去做。

● 第五章　学做人存良知精神银行

现代著名教育家陶行知说过："千教万教，教人求真；千学万学，学做真人。"教育的宗旨就是培养一个真正的人。一个真正的人，首先应当是一个讲诚信的人。目前，社会竞争激烈，"优胜劣汰，适者生存"是公认的法则。有些人为了更好地立足于社会，竟以牺牲别人的利益为代价。社会上尔虞我诈、相互欺瞒的现象屡见不鲜。诚信危机不仅是社会的悲哀，更是人类的大不幸。社会不是孤立的，随着科技的发展和分工的细化，人与人之间的关系反而更加紧密，很多事情都只有协作才能完成。如果人与人不能相互信任，凡事犹豫、猜疑，那么如何能更好地协作呢？诚信是立身之本。人与人之间应当坦诚相待，以真心交换真心，相互遵守承诺和约定，不欺诈、不瞒骗。

要充分利用生活中的教育资源。生活中处处是教育，可是不少家长没有注意或不知道，单纯地认为，只有学校才是课堂，为此，失去了很多教育孩子的重要机会和宝贵资源。有这样的一个比喻，漫山遍野开满了鲜花，可是在牛羊眼里都是饲料。生活就像一本无字大书，在你我每个人面前打开着，就看你怎样去阅读和观赏了。

为了教孩子学好"做人"，就可以从社会资源中随时寻取好"教材"、好"例题"；优秀的"实验室"和"小测验试题"等等。例如：让孩子感受真实的贫困生活；让孩子认识真实的自己；观看、目睹一些危险场景，懂得安全防范道理，等等。

要做到诚信并不难。孔子说："少若成天性，习惯如自然。"教育者首先应当为孩子树立一个良好的榜样。前苏联教育家克鲁普斯卡娅认为：父母是天然的教师，他们对儿童，特别是幼儿的影响最大。父母和教师要谨言慎行，遵守承诺，真诚对待身边的每一个人，实事求是地做事做人。孩子的自觉性不强，有时难免不讲诚信，这时，教育者应对孩子的行为进行及时的矫正。最好是让孩子自己承担不讲诚信带来的负面后果。

人们常说，伟大的人格造就伟大的事业。只有那些品行高尚的人，才会产生磁石般的凝聚力吸引周围的人，才能在当今激烈竞争的社会中立于不败之地，获得辉煌的成就。

1 灵魂与性格

灵魂是一个人的信念、原则、立场、价值、梦想、欲望。它为一个人一生要做什么事情确定了一个方向。而人格，则反映的是一个人整个的心理面貌，通常指的是一个人的个性特征。这些话，叫诸位感觉太抽象，其实它存在于每一个人身上，平常说：某人待人热情、坦率、谦虚等，就是在评价他的人格，人格咱是说成人的。对孩子因为是一个苗壮成长的"幼苗"，所以是为了培养其成人后拥有优秀的人格。此时，咱就从性格说，帮孩子认清优秀的性格，改掉不良的性格。

20岁后,孩子如成为豁达、开朗的人,他肯定是一位拥有美好心灵(灵魂)和优秀人格的"合格"人才。

从性格看,如今独生子的"病种"多多:据专家们的分类,主要有"霸主"、"懒虫"、"馋猫"、"犟驴"、"磨蹭鬼"和"马虎蛋"这些品种。当然,也有爱攀比、虚荣心强、花钱心里没数等大小毛病。咱看看他们的具体表象:

霸王:孩子在家里说一不二,特别霸道,听不进去父母和长辈的话。比如,一家人吃饭,有没有什么菜,不是由家长而是由孩子定,否则,就不吃也不许别人吃,甚至大发脾气。

懒虫:不但在家里不干任何活,或者说根本就没有做一点儿家务劳动的意识。十来岁了还让父母给穿衣、初中生起床不自己叠被、入大学不会自己洗衣物等。父母要想让孩子做一点点家务,如同登天。

馋猫:小孩特别馋,喜欢吃零食,几乎见不得"好"食品饮料,不给吃就乱发脾气,直到实现目标,父母让吃他才罢了。其实,此类孩子的嗜好,很多都是"垃圾"食品,其结果是孩子形成挑食、偏食和厌食的毛病。

犟驴:表现为特别任性、执拗,一意孤行,想怎样就怎样,听不进去别人的劝告。还表现为孩子说话爱跟父母抢嘴。

还有磨蹭、马虎等,我们在前头的章节中已经分析了。在此,就给此类表现的孩子们,留一些"面子"吧。

解决办法之一:爱上一种体育运动,可能对改正"毛病"有用。

一位后进变优秀学生的学子给弟弟写信,介绍他在学校的情况时,写到:

在北大的体育馆中,我常常可以看到一些学生在里面挥汗如雨,只要他们提起球拍或者一碰到篮球,一切都变得简单,只要那清脆的哨声响起,时间便倏忽流过。我们常常看到的是淋漓的笑容和默契的配合,运动的节拍和旋律此时成了北大学子的另一种交流。这些北大学子英姿飒爽都得益于他们在少年时期就爱上了体育运动。

有人说过,运动是哭泣着的孩子最好的糖果,体育馆是发泄心中不满情绪的最佳场所。所以,在你的少年时期,爱上一种体育运动是非常必要的,不仅可以让你强身健体,还能排除你心中的精神垃圾,最重要的是运动还是交流的一种最好工具,它能让你和朋友在痛快淋漓中交流,让你们在默契配合中相互信任。你成年以后的伙伴说不定大多数都是在运动场上结识的。篮球场是每个学校必需的体育设施,每个学校的篮球场都是一片别样的风景,在你繁忙的学习之余,进行一场别开生面的篮球赛,对你的脑力和体力都是一种很好的放松。

想要爱上运动,必须从你的少年时期就开始寻找一种适合你个性的体育运动方式。如果你个性张扬,喜欢运动强度大一点的,那么就选择足球和篮球吧。但是你的父母和你必须对安全问题有足够的重视。如果你耐力强劲,那么就选择长跑、游泳等韧性耐力度大一点的运动。也可以尝试几种不同运动方式,直到你找到一种适合的运动。

你可能整个童年时期都打棒球,并且依然很热爱这项运动;但如果你喜欢游泳,就要尊重自己的选择,同时也可以尝试下你喜欢的这项运动。有机会与条件的话,可以跟随你的父亲看几场职业比赛。通常,当你看到高水平职业运动员的表演感受运动的激动人心之处时,你会对亲自尝试这项运动有大的兴趣。如果你的父母也能加入到你的运动之中的话,就是再好不过的事情了,这样不仅能密切你和父母的亲子关系,还让你得到父母的关注,增强自己的自信心。在你步入北大的一刻,你一定会为你少年时期爱上运动的这个行为骄傲,因运动不仅成了你疏通血脉的良药,也成为了你获得友谊与信任的捷径。

你的童年不应该只是电脑、零食。这一切,都不如你和父母一同站在轮廓清晰的球场之上,仰起头看着球高高飞过头顶。爱上体育运动你会逐渐发现,这是你利息最高的一笔财富。

作者本人在大学期间,也是校运动队的一员,如今的体会是:体育项目可治性格缺陷。北京奥运、伦敦奥运,一路上走来,中国健儿金牌频频收入囊中。特别是在我们的首都举办奥运,还使奥运的体育项目在中国大地上得以高速推广,使喜欢体育的人更加精深,使观望体育的人喜欢体育,使远离体育的人关心体育了。

我们说一说,参加体育活动还有一个好处,就是可以治疗性格缺陷,也有叫心理疾病的,如遇事紧张的人,见事胆怯的主,生活孤僻的家伙,还有多疑的、虚荣的、急躁的等等,咱这里根据专家建议,对应奥运项目活动筋骨,参与必要的体育活动就可以减轻我们的性格缺陷,改善心理和精神状态。

急躁类。有的人处事不够冷静沉着,易冲动急躁。此类人要选择游泳、长距离散步、练习健身气功、打打太极拳和下象棋等项目。这些项目的活动多属静态、单独的运动,不会带来情绪的大幅波动,有助于调节神经功能,增强自我控制能力。

虚荣类。有的人虚荣心强,遇事好逞强。此类人要选择一些难度较大或动作较复杂的运动项目,如跳水、马拉松跑等,或找一些实力水平超过自己的对手下棋、打乒乓球或羽毛球等,以不断地提醒自己,万万不能骄傲。

多疑类。有的人多疑,对他人缺乏信任,处理事情不果断。这类人可选择乒乓球、网球、羽毛球、跳高、跳远、击剑等项目。这些项目要求运动者头脑冷静、思维敏捷、判断准确、当机立断,长期从事这些活动将有助于人走出多疑的思维模式。

孤僻类。也是性格内向的人,表现为孤僻、不合群、不善于与人交往,缺少竞争力。这些人应选择足球、篮球、排球及接力跑、拔河等团队运动项目。坚持参与这些集体项目的锻炼,能增强自身活力和与人合作的精神,逐步改变性格。

胆怯类。有人天性胆小,动辄害羞脸红,性格腼腆。这类人应多参加游泳、滑冰、拳击、单双杠、跳马等项目。此类项目要求人们不断地克服胆怯心理,以勇敢、无畏的精神去战胜困难,超越障碍。经过一个时期的锻炼,胆子会变大,为人处事也就显得从容自然了。

紧张类。这类人心理素质缺少锻炼,应多参加竞争激烈的运动项目,如足球、篮球、排球等项目。这些项目比赛场上形势多变,紧张激烈,只有冷静沉着地应对,才能取得优势。若能经常在这种激烈的竞争环境中接受小考验,遇事就不会过于紧张,更不会惊慌失措,从而给工作和学习带来优势。

2 诚实与守信

遵守诺言,说话算数,实事求是,杜绝谎言和欺骗,待人接物真诚,守规则,守时等都是中华民族的传统美德。

孔子说过:"人而无信,不知其可也。"荀子也说过:"君子养心莫善于诚。"诚信是人的立身之本,是做人的最起码要求。要形成健全的人格,没有什么比诚信更重要的了。

那什么是诚信呢? 诚信,从字面上来理解就是"诚实"、"守信",具体说来包含以下五层含义。

(1)遵守诺言,说话算数。这是一个人最基本的素质之一,没有它的人格是不健全的。如果一个人不遵守对别人许下的诺言,他就会渐渐地失去自己的信誉,别人就不会再把他说的话放在心上,自然也就不会真心愿意跟他交朋友。

(2)实事求是。也就是一切从实际情况出发,既不夸大,也不缩小,客观地处理问题。

(3)杜绝谎言和欺骗。说一句谎话得用一百句去圆。但在事实面前,谎言和欺骗是那么不堪一击。没有人是天生的谎言家,生命伊始,每个人都有一颗诚实的心,在成长的道路上,我们要努力保护好它。

(4)待人接物真诚。真诚,就是真实诚恳,没有半点虚假。具体来说,就是对别人说的每一句话、做的每一件事都是源于内心,是有诚意的。忌讳说一套做一套,表面上看上去挺热忱,其实心里不乐意。只有自己付出真心,才有可能换取别人的真心。

(5)守时。是指遵守时间约定,多指与他人的约定。守时已经成为现代人的一个良好习惯,也是衡量人品质的因素之一。不守时,无论对自己,还是对他人,都是一种对生命的浪费。不守时的人,往往会失去自己的信誉,得不到众人的欢迎与支持。

古今中外,成大事者都把诚信放在首要位置。宋代杨时就说过:"惟笃实可以当大事。"百事可乐公司总裁卡尔·威勒欧普也说:"不论我们的目标多么伟大,或者有多少伟大的事业等着我们去做,我们一定要遵守自己的承诺并且去做好它,不论经商和做人,其成功秘诀中最不能缺乏的两个字就是诚信。"诚信是为人处事之本。每一个有一些志向的人,首先应当追求的是诚信。

说一个爬行上班的小学校长。1998 年 11 月 9 日,美国犹他州土尔市的一位小学校长,42 岁的路克,在雪地里爬行了 1.6 公里,历时 3 小时去上班,受到过路人和全校师生的热烈欢迎。原来,这学期初,为激励全校师生的读书热情,路克曾公开打赌:如果你们在 11 月 9 日前读书 15 万页,我将在 9 日那天爬行上班。

于是,全校师生猛劲读书,连校办的幼儿园里稍大一点的孩子也参加了这一活动,终于在 11 月 9 日前读完了 15 万页。有的学生打电话给校长:"你爬不爬?说话算不算数?"也有人劝他:"你已达到激励学生读书的目的,不要爬了。"可是路克却坚定地说:"一诺千金,我一定爬着上班。"与平常一样,路克于早晨 7 点离开家门,所不同的是他没有驾车,而是四肢着地地爬行上班。为了安全和不影响交通,他没有在公路上爬,而在路边的草地上爬。过往汽车向他鸣笛致敬,有的学生索性和校长一起爬,新闻单位也前来跟踪采访。

经过 3 小时的爬行,路克磨破了 5 副手套,护膝也磨破了,但他终于到了学校,全校师生夹道欢迎自己心爱的校长。当路克从地上站起来时,孩子们蜂拥而上,抱他,吻他……

勇于兑现自己的承诺,必定会受到尊敬。这位校长的人格魅力在于"一诺千金"。

再说一个,好就好在信守承诺的公司的故事。美国有家凯特皮公司,曾在广告中公然声称,凡是买了我们产品的人,不管在世界的哪个地方,只要您需要更换零配件,我们保证在48小时内邮寄到,如果做不到,我们的产品就白送给您!他们不仅这么说了,而且也是这么做的,从未食言。

话说有一年冬天,天气极冷,雪大路阻,他们显然已经无法开车把零件及时送到一位山区顾客的手中,怎么办?信誉高于一切,既然许诺了就要负责到底,他们决定,立刻花四千美元租用直升机。当直升机把零件送到那位顾客的手中时,他大为感动,自此逢人就讲他的"奇遇"。于是一传十,十传百,这个凯特皮公司果然赢得一片赞美之声,从此生意越做越好。这就是,给人一个承诺不难,难的是信守这个承诺。

还有父子间的"承诺是金"的一件事。说开学的前一天,在寄宿学校读书的福斯克看见父亲哈特在花园里指挥建筑工人哈姆拆亭子,就兴致勃勃地对父亲说:"爸爸,我可以迟两天上学吗?我想看看这亭子是怎样被拆掉的。""不行!"哈特严厉地拒绝了他,"你要知道上学和拆亭子哪个更重要。"福斯克伤心地哭了。

哈特想了想说:"这样吧,这个亭子暂时先不拆,等你下个假期回来后再拆,行吗?"福斯克这才满意地笑了。第二天福斯克上学去了。但哈特却指挥工人哈姆把亭子拆掉了。

第二个假期到了。福斯克刚到家就朝那座亭子跑去,但亭子早已变成美丽的长廊。"爸爸,您为什么说话不算数,不是说好等我回来再拆那个亭子吗?"哈特的脸顿时红了,儿子仍记得自己曾许下的诺言。他把哈姆找来,让他把去年的那个亭子建上,并在福斯克的面前把它拆掉。哈姆说:"先生,这个工程至少需要五百英镑的开支啊!"哈特决然地说:"就是花五千英镑也得干,一个人的诺言应该比黄金更珍贵,更有价值!"

福斯克对这件事的印象非常深刻,后来他成为一名著名的政治家,每当人们谈起他时,都赞叹:"那是一个言而有信的人!""言必信,行必果。"说话一定要算数,答应别人的事一定要做到。这是做人最基本的准则,也是一个人获得尊重的前提。

3 爱心

帮助别人是一种快乐。俗话说:"投之以桃,报之以李。"在日常生活中的许多偶然的事情,都将决定你未来的命运。生活虽然从来不会说什么,但却会用时间诠释这样一个道理:帮助别人,就是帮助你自己,帮助别人能够达到双赢。这就是爱心的力量。

在一场异常激烈战斗中,一位班长发现一架敌机正飞速地向阵地俯冲下来,正当他准备卧倒时,突然发现离他四五米远有一个小战士还在直愣愣地站着。他顾不上多想,就一下子扑了过去,将小战士紧紧地压在身下。一声巨响过后,班长站起身来,拍拍落在身上的泥土,回头一看,他惊呆了自己最开始所处的那个位置被炸成了一个大坑。

故事中的小战士是幸运的,但更加幸运的却是班长,因为他在帮助别人的同时也帮助了自己,甚至挽救了自己的性命。在我们人生的大道上,肯定会遇到许许多多的困难。但我们是不是都知道,在前进的道路上,搬开别人脚下的绊脚石,有时恰恰是为自己铺路呢?

古人云:"勿以善小而不为。"即使只是把路中的石块移走,看似小事一桩,但也许就会避免一场车祸的发生;在朋友心情低落,甚至想走上绝路时,你的一番鼓励安慰,也许就会让一个生命获得重生;当别人身处困境时,你伸出的援助之手,也许就会给他带来力量,让他看到希望的光芒。有时候你对别人一点小小的给予,却可能连着大大的回报。

有这样一个故事:一位穷苦学生为了凑足学费,不得不挨家挨户地推销商品。由于他一心一意想凑足学费,只好硬着头皮以乞讨食物度日,以便尽可能少花一分钱。

年轻人敲了一户人家的门,开门的是个小女孩,他一看便失去了勇气,心想:天下哪有大男生跟小女孩讨东西吃的?于是,他只要了一杯开水解渴。小女孩看出他非常饥饿,就拿了一杯开水与几块面包给他。他把食物接过来,狼吞虎咽地吃着。一旁的她看到他这种吃法,不禁偷偷地笑了。吃完后,他很感激地说:"谢谢你,我应该给你多少钱?"她满脸开心地笑着说:"不必啦,这些食物我们家有很多。"

年轻人觉得自己很幸运,在陌生的地方还能受到他人如此温馨的照料,真让人感动。

多年以后,小女孩长大了,一次感染了罕见的疾病,许多医生都束手无策。女孩的家人听说有一个医生医术高明,找他看看或许有治愈的机会,便赶紧带她去接受治疗。在医生的全力医治和长期的护理下,女孩终于恢复了往日的健康。

出院那天,护士把医疗费用账单交给了她。女孩几乎没有勇气打开来看,她知道可能要一辈子辛苦工作,才还得起这笔医疗赞。最后,她还是打开了,却看到签名栏写了这样一句话:"一杯开水与几块面包,足够偿还所有的医疗费。"

女孩眼里含着泪水,原来她的主治医生就是当年那个穷学生。

一次小小的给予,却帮助女孩渡过了人生的一大难关。如果我们能够时刻尽自己所能去帮助身边需要帮助的人,那么在我们遇到难关的时候,同样也会有人帮助我们。反之,如果在别人需要帮助的时候我们未能伸出援手,那么等到我们需要帮助的时候,就很可能也得不到想要的帮助。

第二次世界大战期间发生过一件被广为传诵的故事:一天,大雪纷飞,滴水成冰,盟军最高统帅艾森豪威尔将军正乘车回总部参加紧急军事会议。忽然,他看到一对法国老夫妇坐在马路旁边,冻得瑟瑟发抖。他立即命令身边的翻译官下车了解详情,可一位参谋急忙阻止说:"我们得按时赶到总部开会,这种事还是交给当地的警方处理吧!"艾森豪威尔却坚持说:"等到警方赶到的时候,这对老夫妇可能早已冻死啦!"

原来,这对老夫妇准备去巴黎投奔自己儿子,但因为车子抛锚,前不着村,后不着店,正不知如何是好。于是艾森豪威尔立即把这对老夫妇请上车,特地绕道将这对老夫妇送到家后,才风驰电掣地赶去参加紧急军事会议。

会议结束了,总部的一位参谋走过来,向艾森豪威尔将军表示祝贺:"将军,您真幸运!"原来,那天几个德国纳粹狙击手早已虎视眈眈地埋伏在艾森豪威尔原本必经的路上,如果不是因为助人而改变了行车路线,他恐怕很难躲过那场劫难。

故事听起来有些宿命的色彩,但又不能简单地把这种得失取予归因于冥冥的力量,因为它实在是社会互动的必然。可见,帮助别人就等于帮助自己,我们的善意、爱心终究会得到丰厚的回报。

施与比接受更幸福,因为那代表你有这个能力帮助别人,无论何时何地只要你肯付出,就能得到回报。只有在别人需要帮助的时候,你能不假思索地伸出援助之手,在你陷入困境时才能得到别人的帮助。帮助别人就是帮助自己,生活中当你为别人付出的时候,本身就会体验到快乐,因为付出也是一种快乐。为别人付出你的爱心,就会种下一片希望,就会有硕果累累的一天,就能品尝到丰收的喜悦。

再来看一个类似的故事:有一位邮递员在送邮件时,经常会看到一位瘦小的老夫人从她那美丽的大房子中走出,借助一辆四轮助行车,挣扎着走上房前的小路,去信箱取她的邮件。她每向前走一步都非常吃力。他估计老夫人从她房子前门走到信箱再返回去,至少要花20分钟,因为她每走几步都要停下来歇一歇。

一个周末,这位邮递员光顾了当地的一家五金商店,买了一只铜制的信箱。然后,他驱车来到老夫人的家,敲响了房门,并站在门口耐心地等待。当老夫人终于把门打开时,邮递员礼貌地问她是否允许自己把这个信箱钉在她的门上,以省去她每天走到原来那只信箱取信的辛苦。获得她的同意之后,他就把那只信箱钉在了她的房门上。

在接下来的几个月里,当邮递员发送老夫人的邮件时,他便径直走到她的前门,把邮件塞进那只信箱。但从此以后,他再没有跟老夫人打过照面。

有一天,当邮递员走上老夫人家房前的小路时,发现一个男人正站在台阶上等他。那个男人介绍说,他是老夫人的代理律师。他告诉邮递员.老夫人已经去世了,并且问他今后能否将老人所有邮件转送到律师事务所。随后,他递给邮递员一个信封,里面是老夫人留下的一封信——老夫人把她的房子、家具等所有物品,都留给了这位邮递员先生。在信中,老夫人写道:"邮递员先生,你对我的友善甚至超过了我的家人所给予我的。我已经有20年没有收到他们的消息了,他们不肯为了我而暂时放开他们手中的工作,而你却做到了这一点。愿上帝保佑你的余生幸福安康。"

以上诸多故事,都在向我们诠释一个道理:帮助别人是一种双赢的智慧,帮助别人就是帮助自己。双赢的基础是施与,当人们尽心去帮助周围需要帮助的人时,给他们带来的是方便,留给自己的是欣慰。虽然助人的人并不希望得到任何回报,但最后他所获得的却可能会远远超出他所付出的。

千万不要以获得回报为目的去帮助别人,因为帮助别人就是帮助自己,与人方便就是与己方便。如果在帮助别人时就在计算着日后别人会怎样报答你,这样的帮助就会显得功利而没有必要。万一帮人并没有能够及时地如你所愿地获得对你的感恩戴德,那你心中是否会若有所失,觉得自己辛辛苦苦到头来却一无所获,甚至会心怀怨恨,对别人耿耿于怀呢? 这样不仅自己委屈万分,心有所累,而且还会不经意间失去朋友。

帮助别人不是交易,是一种自我行为,与自己的价值判断和道德认同有关,你认同,你做了,符合你的原则就够了,不要因为曾经为别人做了一些事情而自觉是施人以恩,不要让原本的真心真意穿上虚情假意的外衣。人与人之间的相处不要因为为谁多做了一些事情就可以高高在上,就可以有权索求。一切美好的事情,报酬都在眼前。

别人因你的帮助而获得期望的结果,满心欢喜,其实对你也是一种快乐的体验。别人记不记得你的好,会不会感激你并不重要,重要的是你有一份随手可得的幸福和怡然,为什么偏要让它承载不必要的需求,附加无谓的等待呢? 你一天的爱心可能带来别人一生的感谢。帮助别

人是一项投资,成就别人是一项最成功的投资。

危难时刻,拉人一把。无论对方是什么样的性格,有哪些喜好和特点,都真诚地面对他,在他有困难的时候热情地帮助他,雪中送炭就是吸引对方的最有力的方式。对于这些潜力股,应该用热情和真心去跟他们交往。如果在刚开始接触时,你主动地表现出自己的热情,就能让对方放下戒备心,拉近彼此心理上的距离。

有一次马旭独自一人外出旅行。晚上闲来无事,就到旅店的咖啡厅里小坐。咖啡厅里三三两两的,人不多,既使聊天声音也都很小。突然她看到一位穿着不凡的先生独自坐在咖啡厅的边角处,闷闷地坐着。

"你好,先生!这里可以坐吗?"她指着挨着他的座位搭讪。

"当然可以,请坐!很高兴认识您!"他愣了一下,很快起身向她示意。

"我是P公司的营销部门经理,来这里度假的,今晚无事,就过来坐坐。"说着她双手递上了自己的名片,"您可以直接叫我的名字。"她接着说道。估计他比她年长一些。

他很高兴地接过名片,犹豫了一下,拿出了一张名片递给她,"真是不好意思,我现在没有新名片,这个名片很快就没用了。"说时他的眼神中闪过一丝黯淡,"我的公司快倒闭了,本来房子都已经盖好了,结果一场飓风把它们全毁了。"

名片上写着"美国豪爵房地产开发公司董事长布兰克·威尔逊",马旭想,他也许还没从失败的痛苦中解脱出来,于是说:"真是不幸,不过布兰克,我能帮你做些什么呢,幸好我认识一些银行的负责人,也许他们能帮你的忙。"

布兰克的眼睛一亮,突然有了些精神。"我现在急缺周转资金,如果你能帮我,那……"他突然有些激动,不自主地抓住她的手。

经过马旭的仔细了解,真的帮他找到了一个银行的朋友,弄到了一笔贷款,其实数额不大,但却是雪中送炭,帮他渡过了难关。

因为此事,布兰克成了马旭的好友,而且因为马旭销售的产品中有一些是洁具,于是他就主动帮她联系了为他的房子进行装修的公司,也让马旭从中获得了一笔大单。

回想起来,要不是布兰克主动对马旭说出了他的困难,她又怎么好去问呢?如果马旭没有热情相待,又怎么可能赢得这份情意?

而另外一个故事则更具有传奇色彩。

一天夜里,已经很晚了,一对年老的夫妻走进一家旅馆,他想要一个房间。前台侍者回答说:"对不起,我们旅馆已经客满了,一间空房也没有剩下。"看着这对老人疲惫的神情,侍者又说:"但是,让我来想想办法……"他不忍心深夜让这对老人出门另找住宿。

于是好心的侍者将这对老人引领到一个房间,说:"也许它不是最好的,但现在我只能做到这样了。"老人见眼前其实是一间整洁又干净的屋子,就愉快地住了下来。

第二天,当他们来到前台结账时,侍者却对他们说:"不用了,因为我只不过是把自己的屋子借给你们住了一晚——祝你们旅途愉快!"原来如此。侍者自己一夜没睡,他就在前台值了一个通宵的夜班。两位老人十分感动。

没想到有一天,侍者接到了一封信函,聘请他去做另一份工作。原来,几个月前的那个深夜,他接待的是一个有着亿万资产的富翁和他的妻子。富翁为这个侍者买下了一座大酒店,深信他会经营管理好这个大酒店。这就是全球赫赫有名的希尔顿饭店首任经理的传奇故事。

这是一个典型的雪中送炭终有好报的故事,而其核心,是这个年轻人的热情,他真心地帮助一对年老而疲惫的夫妇,而没有计算账单。幸运的是他的真诚感动了这位富翁,所以他获得了巨大的回报。

面对处于困境中的潜力股,想拉近彼此的距离不必多花心思,热情坦诚的态度,就是最好的方式。我们身边有很多种朋友,一种朋友就是在我们繁盛时蜂拥而至,分享荣誉、快乐、华服、美食;有一种朋友不会时常和我们在一起,在我们最灿烂的时候身边没有他,但落寞时不离不弃的脚步一定属于他。就像《朋友》中唱的那样:"朋友,如果你正享受幸福,请你忘记我;如果你正承受不幸,请你告诉我。"

纪伯伦说:"你的朋友是你的有回应的需求,他是你用爱播种,用感谢收获的田地,他是你的饮食,也是你的火炉,当他静默的时候,你仍要倾听他的心。当然,朋友的真正含义并不是物质的索取,而是精神上的皈依,但朋友一定是在困难的时候肝胆相照。在他需要帮助的时候雪中送炭,日后等你需要帮助之时,朋友也会不遗余力地帮助你。"

想要自己获得帮助,首先给予别人帮助。善于靠借力、借热去营建成功的局势,从而能把一件件难以办成的事办成,实现自己人生的规划。

4 绝对应该推行"情商教育"

"青年是一个塑造人格的最佳时期,他们像一张白纸,又像橡皮泥,你怎么给他画、捏,他就会成为什么样的人。"专家介绍说,学校的素质教育及其学生的健康成长更是与情商教育息息相关事宜。学会爱这些情商的事情和态度,从小拥有情商,比智商高还强。

如同骑自行车和游泳一样,人的自信心、独立性、意志力和竞争力都是可以学习而来的。十几年前,情商教育在美国开始流行,1995 年情商之父戈尔曼提出成功因素的另一部分关键是"情商",1998 年在波士顿成立美国儿童社交和情绪学习学习中心。现在,美国把情商教育当成一项义务教育,"情商课是必修课"。

科学的衡量情商高低的指标目前有 9 项,分别是:自信心、独立性、意志力、竞争力、乐观、公德心、诚实、爱心和社会交往,前五项与学业成就紧密联系。在大陆的教育系统,也越来越多的社会学家和教育专家指出情商教育的重要性,但是,教育主管部门好像还没有列入日程。目前,了解到的某些教授开始开发国学与动漫产业相结合的卡通动画,如把唐诗宋词以青年喜欢的形式表现出来等项目。

情商教育的核心其实就是人格的培养,而中国传统文化对青年情操的陶冶、气质的熏陶绝对有积极的作用。

5 宽容

宽容,即允许别人自由行动或判断,且耐心而毫无偏见地容忍与自己的观点或公认的观点不一致的意见,宽大有气量,不计较或不追究。

要说,宽容绝对是一个"奢侈品"。有人说:拥有它的只会是智力非常发达的人——这些人从思想上说是摆脱了不够开明的同伴们的狭隘偏见的人,看到整个人类具有广阔多彩的前景。爱因斯坦讲:宽容意味着尊重别人的无论哪种可能有的信念。宽容是一种美德,是每一个人成就大业必备的素养。宽容是以退为进,是一种积极的应对。要宽容地对待我们身边的人,你就会有"退一步海阔天空"的感觉和"化干戈为玉帛"的喜悦。所以说,宽容了别人,就等于善待了自己。

宽容是成就事业的基石,也是化解矛盾的良药,更是利己利人的法宝。我们在公交车、地铁中经常会看到这样的场面:在拥挤的人群中,忽然一个年轻人不小心踩了另一个人的脚。被踩的那位马上大声地吼道:"你长眼没有啊!"而另一位也不示弱:"叫什么叫?踩你又能怎么样?"两个人一来一往,在车厢里吵得不可开交,此时,多少人见到后纷纷摇头。是啊,如今我们的房子是越来越大了,生活也越来越好了,可是怎么心就越来越浮躁,容不下人了呢?

宽容是一种高尚的境界,一个人如果能够真诚地宽容别人的过错,那么,他的境界就上升了一个层级;一个人学会了宽容,就等于找到了一种提高自我的有效方法。现在的孩子很少有宽容之心,大都以自我为中心,不管发生什么事情,很多人首先想到的是自己,而不是别人。其实,一句"对不起",一句"没关系",就完全可以把复杂的事情变得简单,就可以培养起孩子宽容的精神。

孩子一旦有了宽容的品质,他就能容纳不同的意见,就会尊重他人的生活方式,就会允许别人犯错误并给人改正错误的机会,就会与人和睦相处。特别是,孩子有宽容之心,就能较快地接受新生事物,并适应事物的发展变化,就会表现出较强的社会适应性。

那么,如何使孩子有宽容品质呢?

建议一:家长们自己就要有宽容之心。家长要以身示教。试想,如果你自己心胸狭窄,不懂宽容,无视他人意见,习惯于将自己的意志强加于人(特别是对孩子),为一点小事争执不休、斤斤计较,孩子又怎么能学会宽容呢?孩子活在你家长的影子中,只有家长有一颗宽容之心,宽容的品质才会再现在你孩子身上。

首先,我们要对别人有宽容之心。家长不要在孩子面前议论单位同事的缺点,这样无形中给孩子一种不好的影响。其次,家长必须对孩子有宽容之心。我们的宽容之心不只是对外人,还要学会对自己的孩子宽容。这种宽容是建立在孩子做了错事的基础上,家长以一种宽大的胸怀接纳孩子的过错,从而使孩子的内心受到自责,感到悔恨,促使孩子改正错误。学会宽容并用宽容的心去影响孩子,要比对孩子无休止地唠叨和斥责强得多。但是家长还要注意,宽容孩子,绝不等于放任或纵容孩子,放任、纵容的态度只能得到坑害孩子的结果。三是家庭成员彼此宽容。家庭生活中,各成员之间也应该互相宽容,彼此有爱。只有这样,才能给孩子营造一个温馨、和谐、宽容的氛围,才可能让孩子在这样的家庭环境中得到熏陶。孩子也就会在潜移默化的影响中,逐步形成稳定的宽容忍让的良好品质。

建议二:让孩子学会理解他人。理解就是为了宽容,理解一切也就是为了宽容一切。家长应该让孩子明白,人人都有缺点和不足,只要不是特别过分,就应该理解和宽容。

在孩子与同伴交往的过程中,家长要特别注意引导孩子理解和宽容比自己强的同伴、比自己"差"的同学以及自己的竞争对手。让孩子不嫉妒比自己强的同伴,不嘲弄比自己"差"的同学,也不故意为难自己的竞争对手。

让孩子真正做到理解同伴,这样孩子才能真正做到向比自己强的同伴学习,帮助比自己"差"的同学,学会与竞争对手合作。孩子也只有通过交往,才能体会到宽容的意义,体验宽容带来的快乐。

建议三:教孩子善待他人。让孩子明白,他人是自己的影子,所以说善待他人,也就是善待自己。对他人多一份理解和宽容,其实就是支持和帮助自己,像百姓常讲的那样:赠人玫瑰,手留余香。

有这样的一个故事:一位从越南战场归来的美国士兵从旧金山给他的父母打电话,告诉他们:"爸妈,我就要回家了。但是,我有一个请求,我想带一个朋友跟我一起回家。"父母回答非常痛快,并答应会好好招待的。

儿子又继续说:"不过,有件事我想事先让你们知道,这位朋友在越战中受了重伤,他失去了一只胳膊和一条腿,所以他现在走投无路,我想让他跟我们一起生活。"

"孩子,很遗憾,不过我们可以帮他找个住处。"父亲接着说:"孩子,你要知道,像他这样有残障的人会给我们的生活造成很大的负担和不便。我们有自己的生活,不能让他这样给破坏了。所以,我建议你先回家然后把他忘了,我相信他自己也会找到属于自己的一片天空。"

父亲刚刚说完,儿子就挂上了电话。几天后,这对父母接到了一个来自旧金山警察局的电话,被告知他们的儿子已经坠楼身亡,并说警方相信那只是单纯的自杀案件。这对父母悲痛欲绝地飞往旧金山,并在警方带领下找到停尸间去辨认儿子的遗体。那的确是他们的儿子,但令他们惊讶的是,儿子居然只有一只胳膊和一条腿。

如果这对父母能够有一颗善待他人的心,能够支持儿子、帮助儿子的话,他们绝对是不会失去儿子的。遗憾的是,他们并没有学会善待他人。

建议四:让孩子多多亲近大自然。大自然可以陶冶孩子的情操,可以培养孩子宽容的品质。因为大自然有着无穷无尽的奥秘和神奇,是最生动的教科书,是一本永远也读不完的课外"读物"。学者们都认为,大自然的花草树木、山水虫鱼无不蕴含着美的因素。大自然的博大与雄浑使人心胸开阔、性格开朗、心情愉悦,促进人产生宽容之心。

所以,有条件家长应多带孩子到郊外,让关在钢筋水泥中的孩子投入到大自然的怀抱;条件不太允许的,也应该利用节假日或周末,带孩子到附近的公园里玩一玩,如此也是亲近一下"小自然"了。

6 感恩

感恩是一种处世哲学,也是生活中的大智慧。一个智慧的人,不应该为自己没有的斤斤计较,也不应该一味索取和使自己的私欲膨胀。学会感恩,为自己已有的而感恩,感谢生活给予你的一切。这样你才会有一个积极的人生观,才会有一种健康的心态。感恩是你对一个没有关系或者关系不够亲密的人给予你帮助所产生的一种亏欠心理。

对他人给予的恩惠表示感谢。带着一颗真诚的心去报答,感谢别人。"滴水之恩,当涌泉相报。"这是中国人的标准。外国人说:只要心存感激,就是受恩再多也不算亏欠。感恩是一种生活态度，是一个人的品德。一首《感恩的心》唱道："感恩的心，感谢有你，伴我一生，让我有勇气做我自己；感恩的心，感谢有你，花开花落，我一定会珍惜。"

让孩子懂得，值得感恩的不仅仅是对上苍，其实对父母、亲朋、同学、社会等都应该始终抱有感恩之心。生命、健康、财富以及每天享受着的空气、阳光和水源，都是在被感恩之列。

从报上看过一则消息，消息说有一家跨国机构对中国、美国和日本的孩子进行一项调查：你最尊重的人是谁？请列出你心目中的第1位到第10位，本国的和外国的都可以。调查结果显示，美国和日本的孩子，他们心目中最尊重的人依次是爸爸、妈妈、英雄人物（或是某个歌星）。中国孩子最尊重的人中，父亲被排在最后一名，第10位；母亲更惨，挤出前10名，排在第11名。

专家对这项调查的结果研究后认为，许多家长对孩子的教育很失败，因为他们不但没有教育孩子懂得感恩，拥有一颗感恩的心，反而使孩子的感恩之心在逐渐的淡化。德国古典哲学家费尔巴哈说："同情心，感激心，爱心，使你成为一个人。"

当西方的感恩节声势浩大、隆重祥和之时，我们奉行的却是一种"施恩不图报"的观念。其实，这种观念无形中影响了孩子。孩子不懂得感恩和"施恩不图报"的观念不无关系。人在社会中不是孤立的，而是需要各种帮助的。每个人的一生，必定受到过无数人的帮助，也帮助过不少人。知恩图报，只有"知恩"，才能懂"回报"。

请家长帮忙让孩子学会知恩、感恩、报恩吧！孩子将会一生受用、受益无穷。

一个不懂得感恩的孩子，是不会感激和怀念那些有恩于他却不言回报的人；也不会意识到正是由于他们的存在，我才有了今天的幸福和喜悦；更不会以给予别人更多的帮助和鼓励为最大的快乐，不会对落难或者绝处求生的人伸出援助之手。咱们试试下列的建议，试试让孩子学会感恩。

建议一：让孩子知道父母为家庭付出的辛苦。其实，现在有很多孩子不知道自己父母的工作是什么，也不知道父母的收入是多少。在孩子的心里，他们认为我自己要什么就应该给买什么，这是应该的，父母就有这种让孩子吃好的、穿好的、用好的的义务，百姓的话，叫做"你欠他的"。

还是头好多年了，看见一个叫小梅的，她是出生在一个不富裕的家庭中的初二女生，在商场看见一套价值2000多元的游戏机，就缠着父亲要买。母亲知道后，劝道："你爸爸辛辛苦苦一个月才挣1000多元，游戏机要花掉他两个月的血汗钱啊，等咱家富裕一些再买吧！"这位从小任性的小梅并没有听母亲的劝导，反而是又哭又闹，非常执着。无奈的父亲一咬牙，走向了商场……

这样的例子，恐怕你我随处可见，孩子根本就不知道父母的艰辛。为此，专家建议，父母应该有意识地告诉孩子关于我们家的一些情况，比如工作情况、收入情况和生活收入等。在跟孩子讲的时候，要充分尊重他们，且要讲得具体、有针对性，让孩子真正感受到父母对家庭的付出，感受到父母的辛勤劳作，感受到用体力、智力赚到的钱来之不易……通过这样的方式，让孩子珍惜幸福的家庭生活，也让他知道并明白幸福的家庭是需要你我他全家人共同努力的。但一定要注意，在跟孩子交流的过程中，家长不要一再重复。

建议二:从小事上培养孩子的感恩之心。要让孩子明白感恩并不是指长大了给父母"洗脚"或买大房子,或让父母出国旅游等等,而是在不经意的小事情中处处体现孩子的感恩之心。

比如,孩子在家应承担一些必须完成的家务劳动,哪怕是吃饭时候摆摆碗筷、饭后收拾一下桌椅、给父母倒杯水、给花草施肥浇水等;大人下班后,孩子要主动问候,要接过家长手中的东西;当孩子在外上学时,要让他记得常回家看看,或者多往家里打打电话或用 QQ 或 MSN 等手段联系,汇报一下学习、生活情况,与老师、同学相处的细节情况……孩子正是在这样的细节中,懂得了感恩,也知道了感恩可以从小事做起。

需要注意的是:家长要根据孩子的年龄、能力、学习情况,对孩子的劳动进行合理分配、具体指导、耐心训练和热情鼓励;再就是在这样的生活细节中,家长你能起个带头作用,做一番表率,对孩子的感恩之心的教育,肯定有事半功倍的作用。

建议三:让孩子感激身边人。感恩除了父母,还要让孩子懂得并珍惜他人之恩、自然之恩、社会之恩、祖国之恩……

要让孩子从能感激老师、同学的小事做起,把谢意送给他人,并逐步学会把这份真情、感动传送给社会上每一个需要帮助的人。比如,在学校主动帮助学习不太好的同学复习功课;当有同学一不小心掉了东西时,要第一时间捡起并交给同学;在别人需要帮助的时候,献一份爱心,一片真情;有好心情要与大家一起分享,共同培养感恩之心。

学会感激身边的人,感恩之心可以帮助孩子摆脱困境,化解灾难。让你的孩子常怀感激别人的心,孩子就会逐步原谅那些曾和自己有过纠葛甚至触及心灵之痛处的人。如此一来,你的孩子,将生活学习得多么轻松和快乐啊!

7 乐观

乐观自信、精神愉快,对事物的发展以及对自己充满信心,对生活保持积极的态度。

孩子有多快乐,抗挫折能力就有多强。不因幸运而固步自封,不因厄运而一蹶不振。真正的强者,善于从顺境中找到阴影,从逆境中找到光亮,时时校准自己前进的方向。

一个扎着羊角辫的小女孩,手里拿着棒棒糖,"扑通"一下子摔在地上,只见她冲不远处的妈妈笑了笑,爬起来,一蹦一跳地找妈妈去了;一个留着"蘑菇头"的小女孩,跟在妈妈屁股后面小心翼翼地走着,"扑通"摔倒在地,就开始哭着叫妈妈,直到妈妈把她给扶起来,仍然在抽泣。

快乐是一种情绪,同时快乐也是一种能力。根据调查,越是快乐的孩子,抗挫折能力就越强。如果说父母想要知道孩子抗挫折能力有多强,那么不妨看看孩子有多快乐。快乐的孩子总能够很快地从不良情绪的阴影中走出来,总能够看到事情好的一面,面对挫折,总会想办法迈过这个坎儿。因此,父母要积极引导孩子,培养孩子的快乐意识,让孩子在快乐成长的同时,增强抗挫折能力。

浩浩自立能力很强,学习也很主动,从来不需要父母盯着。浩浩担任班级里的班长,以前成绩一直都很不错,但是最近不知道哪儿出了点问题,几次小考成绩都不是太理想。浩浩非常焦急,情绪非常低落,甚至想要辞去班长这一职务。爸爸知道了这件事情之后,觉得浩浩抗挫折能力太差,性格不稳定,于是和浩浩进行了一次促膝长谈。

浩浩告诉爸爸,只要是老师要求的任务他必须做到,做不到他就会非常着急,如果表现不好,他就会非常失落,没有自信,觉得自己不适合做班长。

爸爸听了,对浩浩说:"那你每次着急、情绪低落是不是也没有解决问题呢? 遇到问题,着急不是办法,失落更不是办法,关键是你要学会去分析问题,发现问题在哪儿,争取下次不再犯类似的错误。失败和挫折在生活中是很正常的事,没有失败,哪儿来的成功? 大家都会遇到失败和挫折,只有那种快乐从容地积极应对的人才是值得我们学习的,这样的人才会离成功越来越近。"

听了爸爸的话,浩浩茅塞顿开,再也不像以前那样闷闷不乐了。现在每天都很快乐,努力学习,努力做到最好,即使考试没有考好,也会以积极的态度寻找问题的根源。

面对生活或者学习上的挫折,着急、失落都无法解决问题,只有积极乐观地应对,发现问题,了解问题,寻找方法,最终才能克服困难,战胜挫折。因此,父母在日常生活中,要帮助孩子养成乐观向上、积极面对挫折的性格,只有这样,孩子才能很快地走出阴影,才能"柳暗花明又一村"。

方法一:引导孩子摆脱困境。孩子总会遇到困难和挫折,这时,父母应鼓励孩子乐观对待,不要总是消极地看问题。不管是什么原因,当孩子不能面对挫折时,父母都应以乐观的情绪感染孩子,如:"就这点小事,怕什么,让我们一起来想办法。"父母应当在孩子很小的时候就注意培养他们积极乐观应对困境乃至逆境的能力,鼓励孩子自己动手动脑克服困难,不断提高抗挫折能力。如果孩子一时还无法摆脱困境,那么先让孩子学会忍耐和随遇而安,或在困境中寻找另外的精神寄托,如参加运动、游戏、聊天等。这样有助于孩子积极乐观地面对困难,增强自信。

方法二:培养孩子的自信心。一般来讲,充满自信的人往往是快乐的,他们往往能够走向成功。当孩子遭遇挫折的时候,就会产生不愉快的情绪,此时,父母不妨用一些鼓励性的语言鼓励自己的孩子,帮助孩子分析问题所在,使孩子自信满满地接受挫折的挑战。

方法三:让孩子学会客观地看待挫折和失败。成功与失败是每个人必须要经历的,人的一生不可能只有成功没有失败,也不可能只有失败没有成功。在挫折、名利面前,父母要教会孩子不要在乎成功与否,只注重曾经参与以及参与过程中的积极探索。家长还要注重发现孩子的闪光点,多表扬孩子,让孩子能正确看待自己的优缺点。

方法四:鼓励孩子多交开朗的朋友。父母要引导孩子多结交一些朋友,尤其是那些性格活泼开朗的孩子。一般而言,不善交际的孩子大多性格抑郁,因为享受不到友情的温暖而孤独痛苦。性格内向、抑郁的孩子更应多交一些性格开朗、乐观的同龄朋友。这样有助于孩子形成乐观的性格,增强抗挫折能力。

8 思考,不看有用的书

家长和孩子同样,不论是学习还是工作、生活,都需要养成善于思考的习惯,对会思索能表现并善于思考的人,大家叫这种人,是一个有"思想"或有想法的人。

对于身处学习阶段的孩子来说,如何才能更加有思想或有思考,经验是不看"有用"的书。不看"有用"的书,不是说不给孩子选好书,而是在选择中要以孩子的兴趣为核心要素,不以"有用"为选择标准。

有一位初一学生的家长,发愁自己的孩子不会写作文,问我怎么能让孩子学会写作文。当我了解到她的孩子很少读课外书这个情况后,我建议她在这方面加强,并给她推荐了两本小说。她给孩子买了这本书,孩子读了,很喜欢,读完了还要买其他小说来看。为此,她给我打了电话,显得非常高兴。但过了一段时间,再见她时提到孩子阅读的事,她却又是一脸愁容,说现在孩子又不喜欢读课外书了,不知该怎么办。

原来,她在孩子读完这两本小说后,就急忙给孩子买了一本中学生作文选。妈妈的理解是,读课外书是为了提高作文水平,光读小说有什么用,看看作文选,学学人家怎么写,才能学会写作文。可孩子不愿意读作文选。家长就给孩子提条件说:你读完作文选才可以再买其他书。孩子当时虽然答应了,但一直不愿读作文选,结果作文选一直在那里扔着,孩子现在也不再提说要买课外书了,刚刚起步的阅读就这样又一次搁浅了。

这位家长的做法真是让人感叹,她不理解小说的营养价值,也没意识到阅读是需要兴趣相伴的。她认为读小说不如读作文选"有用"。这种想法,好比是想给孩子补充维生素,却拿一盒腌制的果脯取代一筐新鲜苹果,大错特错了。

我一直不赞成学生们读作文选,所以也从不让圆圆读。她的课外阅读书籍大部分是小说,此外还有传记、历史、随笔等。只是在高三时,为了把握高考作文写作要点,才读了一本《高考满分作文选》。圆圆高考作文取得了很好的成绩,也许与她研究过那些满分作文有一定的关系;但我在这里想强调的是,如果没有她十几年来持续不断的阅读,和业已形成的良好的文笔,那么高考前读多少本《满分作文选》都没用。

现在,不少家长不关注孩子的课外阅读,只是热衷于给孩子买作文选,订中小学生作文杂志。这是一个极大的认识误区。

我看过一些中小学生作文选和作文杂志,上面登的文章当然都还文理通顺,对于一个孩子来说,能写出那样的文字已经不容易了。但它们写得再好,也不过是些学生的习作,无论从语言、思想还是可读性上,都非常稚气。这些东西只是习作,不是创作,除了老师和编辑,谁愿意看这些东西呢?

况且很多作文大人指导的痕迹太重,说些言不由衷的话,甚至有文革遗风、八股腔调。既不能在语言词汇上丰富孩子的见识,也不能在思想上引导孩子们的进步,反而教会孩子们在写作中说虚情假意的话。拿这些东西来给孩子读,他们怎么可能喜欢呢?

不少中小学生作文选的出台非常有意思。三两个人,弄个书号,租间民房,然后以某个作文大赛组委会的名义向全国各地广发征文信函。凡投稿的基本上都能被选中,然后就告诉你作文已获几等奖,获奖作品将结集出版,每本多少钱,至少需要购买几本等。家长把钱寄过去以后,大部分确能收到登有自己孩子作品的书,只是书很厚,里面的字排得又小又密,从目录来看,获奖的人非常多,找半天才能找到自己孩子的名字。这种作文选的质量可想而知。

如果说上面一种掏钱,买来发表稿件的事,在盛行一段时间后,已显得有些笨拙,那么下面一种新兴的掏钱"买发表"就显得比较高明,更容易忽悠得家长和教师动心了。

我听一位小学老师对我讲了这样一件事:某国家级教育科研所向她所在的小学发出共同

做课题的邀请。所谓"课题"内容，就是小学要征订至少500本该所办的一份杂志。这份杂志专门刊登小学生作文，全年12期，每本6元。教科所给每个合作学校的回报是，每年每所小学可在杂志上发两三篇学生的作文，或一个有关学校的彩色封面。合作校在合作期间可以邀请教科所的专家来学校进行讲座，费用另计。个别教师将来还有机会在教科所的"课题"上署名。杂志不发表非合作校学生的作文，也不对外公开发行（因为没有公开发行刊号）。

这能不能叫"课题"且不说，我们单从学生的角度上看看孩子们收获的是什么：每个学生一年花72元买这本小学生作文选，每校至少得有500名孩子订阅，那么一所学校一年就要给这本杂志贡献至少3.6万元。然后只有2~3名学生有机会在这本并不公开发行的杂志上发表作品——这还不是最不合算的地方，最不合算的是，这样的杂志孩子们不会有兴趣去读它，72元钱购买来的基本上是一堆废纸。

这位老师感叹说，如果每个孩子用这个钱购买两本小说，然后把所有的书汇集到一起，各个班办个图书角，那是多么有价值啊！据那位老师了解，教科所这个"课题"不仅和小学合作，还和中学合作，合作单位还真不少。

我奇怪地问她，现在不是不允许向学生指派课外辅导资料吗？学校怎么可以组织学生订杂志呢？

这位老师说，学校确实不强迫，总是强调"自愿"。但老师们经不住学校负责人的动员，学生们经不住老师的动员，家长经不住孩子的要求；再加上"课题"、"教科所"这些招牌，一所千人以上的学校想纠集起500个订户很容易。

我能理解这位有良知的教师的忧虑。用读作文选或作文杂志取代日常阅读，是一种对阅读的误解，反映了人们对如何培养学生写作技能的浅薄认识。并非操作者都对此认识不清，社会各方都有自己的利益计算，急功近利可以让人变得既冷漠又盲目。可怜的只是孩子们，他们不光浪费了钱，更浪费了学习机会。

这位老师感叹说，不光是成人，孩子们现在也变得功利了。很多孩子不喜欢课外阅读，又想找到一个写作文的捷径，也以为看作文杂志就能提高作文水平，所以对订阅这份"国家级教科所"办的杂志很有热情。事实上经她观察，这些杂志到了孩子们手中，他们只是大略地翻一下，看看有没有本校的东西，至于内容，几乎没有人认真地去读。孩子没有选择能力，这可以理解，"国家级教育科研所"的行为我们也管不着，但家长和教师有责任给孩子介绍一些好书。在阅读书目选择上，至少要己所不欲勿施于人。一本好看的小说和一本作文选摆在面前，问一下自己爱看哪个，答案就出来了。

所以在这里我首先想强调的就是，作为常规阅读材料，作文选没有意义。

还有一种情况，有的家长虽然没买作文选，却只给孩子买散文精选、短篇小说集等。他们认为孩子小，功课紧，适合读篇幅较短的东西。每当我看到家长为孩子挑选诺贝尔奖获奖作者散文精选集之类的书，心里总是怀疑，孩子看吗，尤其是小学阶段的孩子？

考虑到中小学生阅读的延续性和量的积淀，我认为应该重点读长篇小说。首先是长篇小说比较吸引人，能让孩子们读进去；其次是长篇小说一本书讲一个大故事，能吸引孩子一口气读下去几十万字。中小学生对散文，尤其是翻译散文大多不感兴趣；而短篇小说讲得再精彩，读完了也最多只有1万字。孩子们可以一鼓作气地读完一个大故事,但很少有人能一篇接一篇地连续读20个小故事。经常读长篇小说,更容易养成孩子大量阅读的习惯。好的短篇作品可以给孩子推荐一些,但不要成为主力和唯一。

在读什么的问题上既要给孩子一些引导,又要尊重孩子的意愿,一个中心目的就是尽量激发孩子的阅读兴趣,先考虑有趣,再考虑有用。

我女儿最早读的长篇小说是金庸的武侠小说。我之所以当时建议她读金庸的书,是因为金庸的小说悬念重重,情节有趣,能吸引人读下去;而且他的文字非常规范,笔法老练,读来感觉通俗流畅;里面充满爱恨分明的情感,符合儿童的审美心理;有一些爱情描写,但都有着不食人间烟火的纯洁和干净。所以我后来也向很多人建议,让孩子去读金庸吧。

其实,我自己并不是金庸小说的爱好者,假如中学时代看到他的作品,可能会很喜欢,但我看到他的小说时已工作多年,阅读口味已不在这里了。后来读了两部,也只是为了带动女儿的阅读。

女儿一接触这些书,果然就被迷住了,用不到半年的时间一口气把金庸的十四部武侠小说全部读完。我本来以为她读完这些书后应该读一些更好的书,就给她推荐几本名著,但发现她兴趣不大。

有一天,我们在书店里看到卖《还珠格格》成套的书,她当时正热衷于看这个电视剧,眼睛一亮,就忍不住翻起来,发现里面情节和电视剧基本一样,有些兴奋,就买了一套,这样她就可以在电视剧播出之前了解到故事情节了。我记得那个书一套有很多本,她很快就看完了,因为她对这个故事太感兴趣了。到圣诞节,我又买了整套《还珠格格Ⅱ》作为礼物送给她,女儿喜欢极了,又一口气把那么多本看完,而且不止看了一遍。她经常会随手翻开哪一段,饶有兴趣地读上一会儿。

很多人在批琼瑶小说浅薄,批《还珠格格》没有"品味",仿佛让孩子读这样的书就是给孩子指歪道。我是这样想的,有没有品味要看针对谁来说。琼瑶的作品确实不是黄钟大吕之作,但琼瑶的文字也非常规范、老到、干净,对于一个8岁的小女孩来说,她喜欢可爱的小燕子,喜欢里面起伏有致的情节,这个书就是适合她的。至于"经典",我相信只要她有足够的阅读基础,总有一天会对一些经典作品感兴趣。我见过一位家长,她很注意孩子的阅读,从孩子在幼儿园时就开始讲安徒生童话,孩子上小学识字后让孩子读插图本的安徒生童话,孩子上初中后,她又买来了厚厚的一本纯文字的安徒生童话全集和诺贝尔奖获奖作家散文选。结果可想而知,孩子"不好好读课外书了"。

还有一位家长,他考虑到孩子需要读些书,就直接买来《安娜卡列尼娜》《钢铁是怎样炼成的》等,结果是——很直接地把孩子吓住了。

这些家长为孩子提供着"经典",旁人对他们的选择可能也提不出什么批评。孩子们虽然不知道自己需要哪本书,但他们知道不需要哪本书。对于没有兴趣的东西,他们只有一个态度:拒绝。

所以,在给孩子选择阅读书目时,要了解孩子,然后再给出建议。不要完全用成人的眼光来挑选,更不要以"有没有用"来做价值判断,要考虑其接受水平和他的兴趣所在。

我还见过一位家长,她发现自己正在读初中的孩子爱读韩寒、郭敬明等一些少年成名的人的作品,大惊失色。其实,她自己从没读过这些人的作品,不知为什么,就主观地认定这些作品不健康,没意思,总是阻拦孩子去读。结果因此和孩子常发生冲突,凡她推荐的书,孩子一概拒绝,凡她不让看的,孩子就要偷偷去看。

我的建议是,家长自己如果经常读书,心里十分清楚哪本书好,就可以推荐给孩子。如果家长总能给孩子推荐一些让他也感到有兴趣的书,孩子其实是很愿意听取家长的指点的。但如果家长自己很少读书,就不要随便对孩子的阅读指手划脚,选择的主动权应交给孩子。

2000年教育部颁布的语文教学大纲规定出了中学生必读的30部名著,中外各15部。我不清楚近年有没有修改。这30部书都是经典之作,可以作为选择参考。但是否适合全部推荐给中学生,恐怕还需要斟酌,毕竟有些作品离当下孩子们的生活太远,而可读性又不是很强,也许它只是适合孩子们长大了再读。

真正适合孩子的东西他一定不会拒绝,他拒绝的,要么是产品本身不够好,要么是和他的阅读能力不匹配。

在这里提醒家长的是,一定要让孩子到正规的书店买书,不要在地摊或一些不三不四的小店里买,以防买到内容低俗的书刊。凡在正规书店里买到的,并且孩子感兴趣的图书,应该都是适合他看的。

即使对成人来说,持久的阅读兴趣也是来源于书籍的"有趣"而不是"有用"。

不看"有用"的书,不是说不给孩子选好书,而是在选择中要以孩子的兴趣为核心要素,不以"有用"为选择标准。

事实上,"有趣"与"有用"并不对立,有趣的书往往也是有用的书。一本好小说对孩子写作的影响绝不亚于一本作文选,甚至还要超过作文选。陶行知先生就曾建议把《红楼梦》当作语文教材来使用。所以,我在这里说"不读有用的书"是一种矫枉过正的说法,目的是强调关注"有趣"。只有"有趣",才能让孩子进行阅读活动;只有进行了阅读活动,才能实现"有用"。

给一个提示:作为常规阅读材料,作文选没有意义。

在读什么的问题上既要给孩子一些引导,又要尊重孩子的意愿,一个中心就是尽量激发孩子的阅读兴趣,先考虑有趣,再考虑有用。

9 从聪明与精明,到用脑思考

大而言之,一些人总以为自己是绝顶聪明的,是生物界的最高层次,把自己当作自然的主宰,以自己为中心对待大自然,对待地球上有生命的或无生命的物体。结果,这种"夜郎"一次次受到自然的严厉惩罚和教训。只是撞了南墙也不知或干脆是不肯回头罢了,老百姓称之为"精明"。

许多看上去很聪明的人,其实最多是小精明;反过来,许多看上去傻乎乎的人,却常常是有大智慧的人。美国的一位总统,小时候腼腆怕羞,被人看作傻瓜,老受捉弄。人们经常把一枚五分硬币和一枚一角硬币扔在他面前,让他任意捡一个,他总是捡五分硬币,大家便开心哄笑。有个好心人对他的作为很纳闷。他回答说:"如果我捡了那个一角的,还会有人有兴趣给我扔钱吗？"

有人给作者讲过一个故事，至今记忆深刻。

他说，直到今天也忘不了上中学的时候，学校包场看的那场电影。那是一部惊险片，主人公面临险境的时候几个同学忍不住为结果争论不休。有一个人说，别吵，我告诉你们。大家立刻住嘴，屏息等着。他是我们班上成绩最好的，几乎在所有有争论的地方都是权威，受到许多人的崇拜。等了一会，大家急了，催道：怎么不做声了，快说呀！他轻轻地一个字、一个字说：电影看完了我一定告诉你们。从此以后，每次我克制住了自以为聪明的冲动，都是因为想起了这次看电影。反过来，结局就很不妙。

有一个问题及其答案我非常喜欢：知道聪明和精明的区别吗？如果你以为自己幸福，那么你就是聪明；如果你以为自己聪明，对不起，那你不是聪明，只是精明，更不会幸福。在财富时代，一定要用脑子赚钱。谁见过用四肢赚大钱的？一些运动员赚钱不菲，但迈克尔·乔丹说："我不是用四肢打球，而是用脑子打球。"美国通用电气公司前总裁杰克韦尔奇说："有想法就是英雄。"世界上所有富翁都是最会用脑子赚钱的。洛克菲勒放言："如果把我所有财产都抢走，并将我扔到沙漠上，只要有一支驼队经过，我很快就会富起来。"为什么？因为会用脑。

会用脑原来有这么多好处！什么叫"会用脑"？最简单的理解就是聪明。但聪明是不是就一定能赚钱，却未必可靠。我的同事中有一位公认绝顶聪明的人，千变万化、日新月异的这些年，我们经历的所有新鲜事他都要比大家至少快半拍。炒股自然更是先驱。那年牛市，二千点的时候他认定会到四千点；四千点的时候他认定会到六千点。他手上的股票一路飙升，从几万翻到几十万。所有跟他疯狂的人都大有斩获，一致欢呼他是中国之巴菲特。到六千点了，他自然毫不怀疑会到八千点。结果股指一个大调个，一路狂泻。

股市无疑是一个智力较量的场所，到底谁是聪明人，永远是一个问题。巴菲特很少理会短期的波动，只是老老实实做快乐投资，因而稳居证券市场的明星地位。许多热衷预测短期趋势，做波段，试图短期快速致富的股民，常常在实际上觉得巴菲特很傻，明明看到差价都不做，他的发财是傻人有傻福。这当然是一种误解。巴菲特岂能不懂技术分析，他只是认为短期的预测相对于做长线并没有什么优势。一次看对了市场，不见得每次都看对。而那些自以为比巴菲特聪明的人，结果往往是能不亏就不错了。

▨ 建议操作办法：

榜样法。

在同龄群中寻，了解对方的情况。

解释：教育家乌申斯基说："榜样对儿童的心灵是一股有益的阳光。"每一个成长中的人，都需要好朋友。青少年培养好的习惯，榜样是一种不可缺少的力量。尤其是同龄群体的影响力更不容小视。

心理学中把"个体有时会通过特别的心理动机，有选择性地吸收、模仿某些特殊的人或物"称为"仿同"作用，个体仿同是一种吸收或顺从另外一个人或团体的态度、行为的倾向。青少年常常会模仿身边同龄朋友的言行举止，因为他们的生活环境相似。

原则：人们常说"近朱者赤，近墨者黑"，既然是选择榜样，是不是一定要"择优为邻"，找那些各方面表现都很优异的人？

其实未必。孩子身边的伙伴中，哪怕身上有一点值得学习的地方，比如学习特别认真、特别守时、很有礼貌、遵守交通规则等等，都可以成为孩子的好榜样。如果刻意寻找那些最优秀的同龄人，就会由于目标太高，反而不利于孩子的进步。

因此，选择适合孩子的高度目标，应当成为运用榜样法的一个重要原则。

操作方法。父母常常担心孩子交到坏朋友，怎样才能把握好交朋友的"度"，帮孩子找到合适的榜样呢？①了解自己的孩子，根据孩子的情况选择朋友。首先要对孩子的具体情况进行分析，如有什么优点和不足、需要在哪些方面有所提升等。例如，觉得孩子在清洁卫生方面有待改进，就不妨尝试让他交一些卫生习惯很好的朋友等；然后，再根据孩子的兴趣爱好来选择朋友，比如孩子喜欢阅读，就不妨让他与那些同样具有阅读兴趣的伙伴多交往。此外，很重要的一点是，了解对方的情况。条件允许的话可以了解一下对方的家庭背景。家庭环境对于一个人的影响非常大。②父母和孩子要多沟通。一般情况下，父母不会轻易反对孩子的正常交往，但父母总是希望孩子与"好孩子"多交往。如果父母不喜欢孩子的朋友，就应该怎么办呢？结合教育专家的分析，通常父母眼里的"坏"孩子，可以分为这几类：一是学习不好但没什么品质问题；二是学习不好，又有一些不太守纪律的行为；三是学习、纪律都不好，还有一些劣迹；四是劣迹行为严重，甚至有违法行为。对于前两类，不能说是"坏"，只是有缺点或错误。后两类严重一些，但与成年人的"坏"还有区别。此时，父母不应过多干涉孩子们的交往，最好见见孩子的朋友，了解之后再做判断，结合具体情况指导孩子的行为。③为孩子规定一些行为原则。孩子判断是非的能力还有限，而家长又不可能一直陪伴在他们身边。所以，有必要告诉他们和朋友在一起的时候什么事情可以做，什么事情最好不做，什么事情坚决不能做。

突破法：用孩子的长处作为"突破口"是一个很重要的原则。

解释：针灸时，医师如果没有摸准穴位就随便给人扎针，不仅不能得到好的治疗效果，反而可能给病人增加痛苦。习惯养成的过程中，"突破口"如同针灸中的穴位，找准了它，好习惯的养成指日可待。

原则：用孩子的长处作为"突破口"是一个很重要的原则。每个人都是独立的个体，每个孩子的年龄、成长环境、心理特点、性格等千差万别，其感兴趣的"点"也不一样，突破口也就有所区别。

有一位母亲，她的儿子不喜欢阅读，却对足球着迷。为了培养儿子的阅读兴趣，这位母亲想了很多办法也不奏效，童话书、科普书、侦探小说等买了一大堆，儿子就是没兴趣。后来母亲改变了策略，她硬着头皮陪孩子看足球世界杯赛，和儿子侃球星，还特地给儿子买了一本《罗纳尔多传》，儿子看到这书，眼前一亮，开始了阅读。

母亲又精心为儿子准备了足球明星传说,足球文化等书籍,儿子接受了阅读,渐渐又拓展了知识面,打开了眼界。

这位母亲后来采取的办法很高明。孩子的兴趣点就是他的长处所在,足球能让他兴奋,自然而然就成为了"突破口"。

孩子的性格、兴趣都不一样,找长处所在,能帮助其扬长避短,养成有益的习惯。

操作方法:①帮助孩子了解自己。这一点非常重要,如果孩子对自己没有一个全面的认识,很难找到一个很好的"突破口"。让孩子了解自己的重要方法就是明确其优势,扬长避短。②家长要给孩子适当的建议。在对孩子有一个较为全面正确的认识的基础上,给出合理的建议,既然是建议,就要放下架子,用商量的语气跟孩子讨论。③辅之以必要的训练。习惯养成毕竟是具体行为的体现,因此,需要进行必要的训练和强制。家长的作用是监督和提醒。

第六章　会做事修炼思维好品格

计划周密、有条理。具体就是每天生活有规律;做事情有计划。如此,才能"成功",也就是"成事"。我们几岁能成事或成大事——"成功"?

人生不易啊,这不易全因人生多数时候处在压力之下。好在如今物质生活普遍提高,于是人的寿命也随之相应延长,各个年龄的有志人士都有诸多优势。

但是官场,由于通常采取一刀切的政策,因而导致许多人的抱怨。比如,最低官阶的科长,到接近50岁就被视为老朽——其实,他身体壮实得刚刚进入偷情的旺季呢,却要被动地靠边站了。那位说了,俺还没成功哪,就谢幕了! 其实,常见的饭店的菜谱,你去看看吧,那上面既有老豆腐又有嫩豆腐,足见不同的人有不同的口味,所以就根本不存在什么老的好,还是嫩的好这样的问题。人性是多样化的,整齐划一必定是要犯错误的。

什么是成功? 最常见的是和平年代的将军们,你很难找出一个不到50岁的将军来,将军们多半都是易患前列腺疾病的年纪。可是在真正的英雄年代,那却是少年人的天下,比如霍去病,霍去病是扫荡匈奴的汉朝大将,18岁就统领大军驰骋草原漠北,建立了盖世奇功。而秦始皇呢,不到40岁就统一了中国,他的如此伟业,如此成功,竟是在"政治上欠成熟"的年龄段完成的,实在让人叹然复哑然!

上述例子固然不具有成功道路上的普遍性,因为我们的凡俗人生决定了我们不可能成为成功的英雄,我们纵有成功英雄的素质却生在不需要成功英雄的年代。但这并不意味着我们就没有自己的成功。我们不要横比,竖着一比,也还是不乏"流金岁月"的。一个人出生在乞丐世家,可是他不到50岁,竟也顺利的儿大当婚了女大当嫁了,还盖了几套院房子,我看他的成功是丝毫不亚于秦始皇统一天下的。一个愣小子生长于泥腿子世家,居然考上了北大、清华,此等奇迹也完全可以跟霍去病媲美。所以说人生的成功乃是指一生中最辉煌的一段时光,却未必总是在20、30、40岁前后。姜子牙80岁出山,成就了改朝换代的大业,再没有比这更具说服力的例证了。您说几岁能成功?

不过就普遍性而言,中年固然未必一定是成功之年,但成功的年龄段却是多半发生在中年阶段的。由于个人之渺小,个人的盛年是否能够达到极致,实在说来,往往取决于他所生活的时代。时代需要战争成功的英雄,打仗的种子就能发挥极致成为将军元帅;时代需要流氓,小流氓就能顺潮流而动,变成混世魔王;时代需要成功的经济英雄,与钱天生有缘的那类人就有可能越来越有钱,最终成为大富翁。

一个人的所谓成功,实际上要等到他死前的那段时间,才能看出眉目来,因为咱始终认为奇迹是存在的,奇迹也并不总是一定偏爱某个年龄段的人的。无论我们多大的年纪,无论我们业已做出了怎样的功勋,我们都最好还是坚信这一点:我们的成功年龄其实并没有到来,我们的成"大功"在来日,如一盏明灯悬挂在夜路的遥远的前方。追寻光明,这就是活着的意义,这种追寻的过程,正是"成功"的经典含义。

1 梦 想

在人的一生中,职业生涯占了较大比例。职业生涯伴随着人的成长,伴随着人的心理的发展。心理学家认为人的职业发展分为成长、探索、建立、维持和衰退五个阶段。

一是成长阶段(从出生至14岁)。这一阶段主要根据儿童自我概念形成的特点,发展儿童的自我形象,发展他对今后工作意义的认识以及对工作的正确态度。分为梦想期、兴趣期、能力期。梦想期为(4至10岁),以"需要"为主要因素,在梦想中的角色扮演起着重要作用;兴趣期(11至12岁),对某一职业的兴趣是孩子个体抱负和活动的主要决定因素;能力期(13至14岁),以"能力"为主要因素,自己的能力逐渐成为孩子活动的推动力。还有心理学资料的统计结果,认为10岁到20岁这个阶段,孩子的"梦想"平均达25个之多,其原因可能就是上面的梦想、兴趣和能力三期变化的结果,还包括下面的试探期和过渡期等。

二是探索阶段(15至24岁)。这一阶段孩子通过学校生活和社会实践,对自我能力及角色、职业进行了一定的探索。这个阶段可划分为试探期、过渡期和承诺期三个时期。试探期(15至17岁)考虑需要、兴趣、能力和机会,可能会做暂时决定,并在梦想、讨论、学业和工作中尝试;过渡期(18至21岁),开始就业或进行专业训练,更重视现实,并力图实现自我观念,将一般性职业选择变为特定的选择;承诺期(22至24岁),青年进行生涯初步确定并验证其成为长期职业的可能性,如果不合适则重复各时期进行调整。

下面虽然不是我们讨论的话题,但简单介绍一下,家长们可以在启发孩子进行"梦想"中的职业规划时参考。

后面是建立阶段(25至44岁)。这一阶段的任务是根据职业实践,进行自我与职业的统合,促进职业的稳定,即通过调整来稳固并力求上进来。大致分为两个时期:承诺稳定期(25至30岁),个体开始寻找安定的工作,如果工作不满意,则力求调整;建立期(31至44岁),个体致力于工作上的稳固,大部分人处于富有创造性的时期。

维持阶段(45岁至65岁)。这一阶段的任务是维持现有的成就和地位。

衰退阶段(65岁以上)。这一阶段个体心理与生理机能的日益衰老,逐渐离开工作岗位,因此这一阶段的任务是协助个体发展新的角色,寻求新的生活方式替代和满足个人发展的需求。

个体生涯发展的五个阶段中,每一阶段都包含成长、探索、建立、维持和衰退的循环,个体的生涯发展构成了一个完整的循环式发展任务系统。

为此,大人们千万不要责怪孩子的"梦想"是一会儿一变,要引导孩子向对社会有更大的贡献的岗位发展,自然其前途就与"钱"途有机地联系起来了。所以,不要小看孩子,要尊重他的梦想。

一个有追求的孩子,可以把"梦"做得高些。虽然开始时是梦想,但只要不停地做,不轻易放弃,梦想就能成真。

　　每个孩子都揣着一个梦想,并且愿意为之不断地努力。有的孩子梦想比较远大,听起来有些白日做梦;有的孩子梦想比较渺小,听上去似乎不值一提。但是不管怎么样,家长都要尊重孩子的梦想,因为尊重孩子的梦想等于延伸孩子的希望。

　　但是有的家长却不懂得尊重孩子的梦想,总觉得孩子太小、太幼稚,听完孩子的理想甚至是大肆嘲笑,横加打击,根本不把孩子的梦想当作一回事;还有一些家长,认为孩子的梦想纯粹是白日做梦,没有实现的可能;另外一些家长则尊重孩子的梦想,鼓励孩子追寻自己的梦想,帮助孩子克服困难。

　　有一个小男孩,因为考试考了第一名,所以老师奖励给他一张《世界地图》。小男孩非常开心,放学回家后仍然拿出来看。

　　这时候爸爸让孩子在卫生间看看太阳能热水器的水有没有上满,如果没有上满,就在旁边等着水上满后关上闸门再走。男孩于是靠着窗户继续看他的《世界地图》。当目光扫过埃及这个国家时,他不禁萌发了去埃及的愿望,他告诉自己一定要去埃及,他想象着埃及的尼罗河、金字塔等。因为他想得太专注,水上满了他都没有发觉。爸爸看到之后非常生气,问他在干什么,孩子告诉爸爸他在看地图,爸爸很不理解。孩子说他想要去埃及,爸爸明白了孩子的意思,但是喝道:"去什么埃及,我保证你这辈子都去不了埃及,浪费了这么多水,你都想些什么啊?"并顺势打了男孩一巴掌。男孩忍住疼痛,望着爸爸走出去的身影,说道:"我一定要去埃及!"

　　后来这个男孩成了一名成功的商人,他没有忘记这个梦想,于是去了埃及,在埃及拍照后邮寄给自己的爸爸,上面写:"一个人的梦想不需要别人来保证!"

　　孩子的梦想是世界上最有价值的东西之一,对孩子今后的成功非常重要。父母不是圣人,他们无法预知孩子到底是不是一个伟人,到底能不能实现梦想。正如孩子所言,一个人的梦想不需要别人来保证。当孩子告诉你他的梦想的时候,千万不要小看孩子的决定,即使那个决定看起来那么不切合实际,听起来那么像是白日做梦,家长也不能进行嘲笑与讥笑,要学会尊重孩子的梦想,鼓励孩子追寻梦想,那么孩子就会为了实现自己的梦想,最终爆发非同寻常的力量。

　　再有,家长大人千万不要把自己的梦想当作孩子的梦想。

　　天底下所有的父母都希望自己的孩子有一个光明的未来,能够成为一个优秀的人才。于是有些父母开始规划孩子的一生,把自己的观点强加给孩子,想让孩子视这些梦想为自己的梦想。如果父母这样去做,只会让孩子失去方向,被动接受并且感觉苦不堪言,甚至产生逆反心理。家长不要给自己的孩子设计梦想,要聆听孩子最真实的想法,让孩子选择自己的梦想。只有孩子自己选择的梦想,他们才会坚持不懈地去追求,超越一切障碍,克服一切困难。所以,不管孩子的梦想是什么,家长都要鼓励孩子追求自己的梦想。

　　乔丹在很小的时候就有了自己的梦想,那就是要站在 NBA 的舞台上,实现自己的篮球梦。于是他把这个想法告诉了自己的母亲,母亲不但没有嘲笑孩子,反而对他的梦想大加赞赏,并且为他拥有梦想而表示祝贺。乔丹的母亲经常抽出时间和乔丹一起看篮球比赛,同时鼓励乔丹将报纸上有关篮球信息的图片剪下来,贴到自己的房间里,这样乔丹就能和自己的偶像时刻生活在一起了。

家长要重视孩子的梦想，尊重孩子的梦想，帮助孩子实现梦想。孩子心理年龄不够成熟，因此家长要给予一定的指导与鼓励，帮助他们分析追求梦想道路上存在的障碍。如果父母讥笑孩子的梦想，只会让孩子自尊心受挫，甚至是一蹶不振。一个没有梦想的孩子是没有未来的。因此，对孩子的梦想，不管是不是有实现的可能，父母都要予以肯定，鼓励孩子追寻自己的梦想，向着梦想坚持不懈地努力。

结论就是"谁有梦想都了不起"！

2 目标

这是一个较常用的成果。哈佛大学曾对一群智力、学历、环境等客观条件都差不多的年轻人，做过一个长达25年的跟踪调查，调查内容为目标对人生的影响，结果发现：

27%的人，没有目标；

60%的人，目标模糊；

10%的人，有清晰但比较短期的目标；

3%的人，有清晰且长远的目标。

25年后，这些调查对象的生活状况如下：

3%的有清晰且长远目标的人，25年来几乎都不曾更改过自己的人生目标，并向实现目标做着不懈的努力。25年后，他们几乎都成了社会各界顶尖的成功人士，他们中不乏白手创业者、行业领袖、社会精英。

10%的有清晰短期目标者，大都生活在社会的中上层。他们的共同特征是：那些短期目标不断得以实现，生活水平稳步上升，成为各行各业不可或缺的专业人士，如医生、律师、工程师、高级主管等。

60%的目标模糊的人，几乎都生活在社会的中下层，能安稳地工作与生活，但都没有什么特别的成绩。

余下27%的那些没有目标的人，几乎都生活在社会的最底层。生活状况很不如意，经常处于失业状态，靠社会救济，并且时常抱怨他人、社会、世界。

调查者因此得出结论：目标对人生有巨大的导向性作用。成功，在一开始仅仅是一种选择，你选择什么样的目标，就会有什么样的人生。

为什么大多数人没有成功？真正能完成自己计划的人只有3%，大多数人不是将自己的目标舍弃，就是沦为缺乏行动的空想。

把一只蜥蜴截成两段，一半向前跑去，另一半向后跑去。这正如一个人做事情将目标分开一样。成功不会光顾那些分散注意力的人。

我看过一个小男孩立志成功的故事。

小男孩的父亲是位马术师，他从小就必须跟着父亲东奔西跑，一个马厩接着一个马厩，一个农场接着一个农场地去训练马匹。由于经常四处奔波，男孩的求学过程并不顺利。

初中时，有次老师叫全班同学写作文，题目是长大后的志愿。

那晚他洋洋洒洒写了7张纸，描述他的伟大志愿，那就是拥有一座属于自己的牧马农场，并且仔细画了一张 200 亩农场的设计图,上面标有马厩、跑道等的位置,然后在这一大片农场中央,还要建造一栋占地 400 平方英尺的巨宅。

他花了好大心血把报告完成,第二天交给了老师。两天后他拿回了,第一面上打了一个又红又大的 F,旁边还写了一行字:下课后来见我。

脑中充满幻想的他下课后带了报告去找老师:"为什么给我不及格?"老师回答道:"你年纪轻轻,不要老做白日梦。你没钱,没家庭背景,什么都没有。盖座农场可是个花钱的大工程,你要花钱买地、花钱买纯种马匹、花钱照顾它们。"他接着又说,"如果你肯重写一个比较不离谱的志愿,我会给你打你想要的分数。"

这男孩回家后反复思量了好几次,然后征求父亲的意见。父亲只是告诉他:"儿子,这是非常重要的决定,你必须自己拿定主意。"

再三考虑几天后,他决定原稿交回,一个字都不改,他告诉老师:"即使拿个大红字,我也不愿放弃梦想。"

20 多年以后, 这位老师带领他的 30 个学生来到那个曾被他指责的男孩的农场露营一星期。离开之前,他对如今已是农场主的男孩说:"说来有些惭愧。你读初中时,我曾泼过你冷水。这些年来,也对不少学生说过相同的话。幸亏你有这个毅力坚持自己的目标。"

奥格·曼狄诺说:"一颗种子可以孕育出一大片森林。"成功人士比你富一千倍,就能说明他们比你聪明 1000 倍吗? 绝对不是。关键在于他们确立了人生目标。

"福布斯"世界富豪、日籍韩裔富豪孙正义 19 岁的时候曾做过一个 50 年生涯规划:20 多岁时,要向所投身的行业,宣布自己的存在;30 多岁时,要有 1 亿美元的种子资金,足够做一件大事情;40 多岁时,要选一个非常重要的行业,然后把重点都放在这个行业上,并在这个行业中取得第一,公司拥有 10 亿美元以上的资产用于投资,整个集团拥有 1000 家以上子公司;50 岁时,完成自己的事业,公司营业额超过 100 亿美元;60 岁时,把事业传给下一代,自己回归家庭,颐养天年。现在看来,孙正义正在逐步实现着他的计划,从一个弹子房小老板的儿子,到今天闻名世界的大富豪,孙正义只用了短短的十几年。

如果你不知道自己的方向,你就会谨小慎微,裹足不前。不少人终生都像梦游者一样,漫无目的地游荡。他们每天都按熟悉的"老一套"生活,从来不问自己:"我这一生要干什么?"他们对自己的作为不甚了了,因为他们缺少目标。

唐太宗贞观年间,长安城西的一家磨坊里,有一匹马和一头驴子。它们是好朋友,马在外面拉东西,驴子在屋里推磨。贞观三年,这匹马被玄奘大师选中,出发经西域前往印度取经。

17 年后,这匹马驮着佛经回到长安。它重到磨坊会见驴子朋友。老马谈起这次旅途的经历:浩瀚无边的沙漠,高入云霄的山岭,凌峰的冰雪,热海的波澜……那些神话般的境界,使驴子听了极为惊异。驴子惊叹道:"你有多么丰富的见闻啊! 那么遥远的道路,我连想都不敢想。"老马说:"其实,我们跨过的距离大体是相等的,当我向西域前行的时候,你一步也没停止。不同的是,我同玄奘大师有一个遥远的目标,按照始终如一的方向前进,所以我们打开了一个广阔的世界。而你被蒙住了眼睛,一生就围着磨盘打转,所以永远也走不出这个狭隘的天地。"

杰出人士与平庸之辈最根本的差别,并不在于天赋,也不在于机遇,而在于有无人生目标!

就像那匹老马与驴子，当老马始终如一地向西天前进时，驴子只是围着磨盘打转。尽管驴子一生所跨出的步子与老马相差无几，可因为缺乏目标，它的一生始终走不出那个狭隘的天地。

生活的道理同样如此。对于没有目标的人来说，岁月的流逝只意味着年龄的增长，平庸的他们只能日复一日地重复自己。如果你想成为一名百万富翁、千万富翁，想做一名出色的商人，以此作为自己生活的核心目标，那么就让它成为点亮你自己的"北斗星"吧。

人，第一要有志，第二要有识，第三要有恒（心），有志则断不敢甘为下流。

有目标的人是活得有意义的人，能看重人生本身这一过程并把握住过程的人是活得充实而真实的人。

一个人努力的目标越高，他的才力就发展得越快，对于社会就越有效果。

3 责任

一个人责任心的有无或强弱，关系到一个人的发展程度。具体表现：自己的事情自己做；经常反省并为自己的错误承担责任；服务他人和社会。

培养孩子的责任感。首先应有你做父母的言传身教，不能什么事都越俎代庖替孩子做，如果我们不对孩子进行独立生活能力的培养，就很容易使孩子产生不劳而获的思想。

要想在培养孩子的责任感方面取得成果，关键要从孩子小时候开始培养和引导。心理学研究表明，一个人的价值观、人生观等在18岁之前就基本形成了。要让孩子"明事理，知道德"，就要在他们懂事之初就言传身教，根据18岁的这个心理学科学成果，等他们进入大学或成年后再"补课"的话，这个"小大人"的坏脾气、道德修养底下等毛病就已经形成，即使再教育，也收效甚微。你不信，可以看看相当一批咱们的"211"名校的女研究生宿舍的卫生间，大便后不自己冲厕者，怕是比例不小；就是女生们，晚上睡觉前不洗脚的"淑女"也比比皆是啊。所以，要注意从小培养孩子的责任感。

另一方面，实际生活中，很多家长的关爱已演变成为宠爱甚至溺爱，对子女生活的各个方面全部包揽。

这是一个常见的短片"镜头"：一位妈妈陪孩子吃饭，第一碗吃完后，孩子起身去盛饭。这时候，母亲急忙站起来接过碗说："妈妈没有给乖乖盛饭，是妈妈不好，妈妈这就给你盛。"看看，这本来是孩子应该做的事，孩子也想去做，有这个意愿。但遗憾的是，这个大人却承担起了不该承担的"责任"。这绝对是做母亲的错。试想，这样的孩子长大后会对父母、对社会有责任感吗？当然没有。如果家长们真想子女成材，就应该不仅给予物质、精神上的支持，更要让子女认识到自己也是一个相对独立的个体，很多事情、很多东西要靠自己独立去做。如此，孩子才会去创造幸福，学会担责。所以，凡是属于孩子自己的事情，家长一定要放手交给孩子去做，尽量不要插手，如盛饭、打扫自己的房间、洗衣服等。

今日事今日毕，是责任体现。人总是有惰性的，总是喜欢给自己开绿灯，今天做不完的事情总是觉得明天再做不迟。其实这是一种非常不好的习惯，每个成功的人都不会对自己这样放松的。

我曾经也犯过这样的错误,很多事情不到火烧眉毛就不去管它。高中时上课常常迟到,迟到个两三分钟。因为我总是把时间掐得好好的,早上起来,10分钟刷牙洗脸,10分钟吃饭,15分钟骑车到学校。但常常会有突发情况:要么找不到钥匙,要么下了楼发现下雨了再上楼去取伞,要么发现车没气了。于是就来不及了。有时候呢,工作没有及时完成,挤在一起搞得我焦头烂额。或者常常想着要做些什么,没有立刻着手去做,拖着拖着,要么忘了,要么一直没有做成。心里总是记挂着那么件事,就感觉自己好忙,有好多事要做,压力就大了。仔细一理,其实也没多少事。

日事日清是一种生活态度。唐时已有"一寸光阴一寸金,寸金难买寸光阴"的诗句,发人深省。可有多少人思索过:在逝去如飞的日子里,我做了些什么? 又有多少人能把握时间的质量,在同样的岁月中找寻生命的意义呢? 昨日已逝,明日未来,只有牢牢抓住今天,才能用无数个今天赢得丰盈的人生。

试想一想,一个满怀激情的人、一个"今日事今日毕"的人与一个消极应付的人、一个做事"拖、推、疲"的人,谁能完成好自己的任务呢? 答案不言而喻。

日事日清与1984年张瑞敏在青岛电冰箱总厂(海尔的前身)提出的OEC管理法——"日事日毕日清日亮"有着相同的思想。OEC管理法的目的是"日事日毕,日清日亮",即当天的工作要求当天完成,每一天要比前一天提高1%。

"拿下美国B客户非常难!"洗衣机海外产品经理崔淑立接手美国市场时,大家都这么说,因为前任各产品经理在这位客户面前都业绩平平。崔淑立是一个喜欢挑战的人,绝不会轻易地被困难吓倒。这天,她一上班就看到了B客户发来的要求设计洗衣机新外观的邮件。因时差12个小时,此时正是美国的晚上,崔淑立很后悔,如果能即时回复,客户就不用再等到第二天了! 从这天起,她决定以后晚上过了12点再下班. 这就意味着可以在当地上午的时间里处理完了客户的所有信息。

三天过去了,由于崔淑立与客户及时沟通,开发部很快完成了新外观洗衣机的设计图。就在决定把图样发给客户时,崔淑立认为还必须配上整机图,以免影响确认。当她"逼着"自己和同事们完成整机外观图并发给客户时,已经是晚上12点了。大约凌晨1点,崔淑立回到家,立刻打开家中电脑,当她看到客户的回复:"产品非常有吸引力,这就是美国人喜欢的。"她顿时高兴得睡意全无,为自己的"夜半日清"有效果而兴奋不已!

样机推进中,崔淑立常常半夜醒来打开电脑看邮件,可以回复的就及时给客户答复。美国那边的客户完全被崔淑立的精神打动了,推进速度更快了,B客户第一批订单终于敲定了!

其实,市场没变,客户没变,拿大订单的难度没变,变的只是一个有竞争力的人——崔淑立。崔淑立完全有理由说:"有'时差',我没法当天处理客户邮件。"但她只认目标,不说理由! 为什么? 崔淑立说:"因为,我从中感受到的是自我经营的快乐! 有'时差',也要日清!"

在海尔市场链的机制下,员工的境界达到了全新的高度,他们主动工作,一切为了满足用户需求。因此,一个企业,只要机制对了头,就会焕发出蕴藏在员工中的热情。

精力往往在成功之中更新,在拖延之中衰竭。一个人要提高时间的利用率,必须缩小时间计算的单位,用分计算时间的人,比用小时计算时间的人,效率要高得多。做每项学习任务时,都要给自己一个时间截止,何时起,何时毕,能用半小时完成决不拖到一小时。

有个年轻人很想知道怎样才能获得成功,他打听到在自己生活的这个地区里有一个很有智慧的老人。年轻人想出去闯世界,获得成功,在走之前,他就去拜访这位智慧的老人,见到老人之后,他向老人诉说了自己渴望成功的心情,希望老人能给他些建议。老人笑笑说:"孩子,你永远都要记住,今天是你最美好的一天。昨天和明天都是你已经无法再去控制的了,抓住今天才是智者所为,永远不要把今天该做的事情寄托给明天。"年轻人似懂非懂地离开了,在外闯荡的几年,年轻人逐渐明白了老人的意思,他严格地按照老人的建议,做到了日事日清。他最后真的成功了,他回到自己的故乡,再去见那位老人的时候,老人已经去世了,但他还是找到了墓地,在那里给老人鞠了深深的一躬。

日事日清,说起来并不是件难事,但是能做到的人则不多。因为在做事情的过程中总会有许多外部因素的干扰,这就需要我们能够抵得住外在诱惑,真正执著于自己的目标,不给自己的拖延开绿灯,这样才能有更大的成功机会。

当你已经有了自己的目标并且已经决心要实现它的时候,永远都不要自作聪明地设计期限,希望事情的完成期限会按照自己的计划而后延。聪明的人会牢记工作期限,并清晰地明白,今天的事情一定要今天做完。这一看似荒谬的要求,是保持恒久竞争力不可缺少的因素,也是唯一不会过时的东西。在竞争激烈的社会中,要想立于不败之地,都必须奉行日事日清的理念。一个总能做到日事日清的人,永远是成功的。其所具有的不可估量的价值,总有一天会用自己的成功向别人证明。哲人说过:播种一个计划,收获一个习惯;播种一个习惯,收获一个思想;播种一个思想,收获一个行为;播种一个行为,收获一个成功。我们应该把日事日清的习惯牢记心中,让它成为我们的一种思维,成为我们行动的指南,那么我们会慢慢发现自己离成功越来越近了。

成功人士的几个习惯之一就是做事不拖沓,不会告诉自己"5分钟后再做吧",因为5分钟后永远不会到来。为明天做准备的最好方法就是集中你所有智慧,所有的热忱,把今天的学习任务做得尽善尽美,这就是你能应付未来的唯一方法。

承担责任,说到做到。当遇到了已经发生的错误,究竟应该如何面对?是理直气壮以年轻为借口,还是推三阻四地搪塞,或是不以为然地敷衍……还是知耻而后勇,直面失败的奋起,理智而清醒地面对? 每一种态度背后都有不同行为,也会有不同的结局,这对于一个人未来的发展产生至关重要的影响。

其实,每个人在成长的道路上都会犯很多的错误,这的确是成长的代价。世界上绝对没有完美的个人,也绝对不存在不会犯错误的人,其实犯了错误并不可怕,可怕的是错误发生之后所采取的不正确的态度。如果我们一味地搪塞,或者简单地敷衍了事,不敢面对自己所犯下的错误,那么类似的错误就会重复地发生,结果我们将会步入作茧自缚的怪圈。但是,如果已经发生的错误能够引起我们足够的重视,我们引以为戒,并亡羊补牢,那么我们就绝对不会两次跨入同一条河流,也一定能够跨越人生的障碍,实现自己心中的目标。

我们来看下面一则小故事:

任何一个寺院都会有自己的清规戒律，但即便如此，还是会有些小和尚屡屡犯戒。定一法师所在的这个禅院也是如此，他决定有机会对这些小和尚予以教诲。

这一天，刚刚做完日常佛事，僧侣们正要走出禅房时，老方丈定一法师扬手碰落了供台上的一个瓷瓶，摔了个粉碎。众弟子一下愣在那里，不知方丈的这一举动，是有意为之，还是无意所致。

定一法师见这些和尚都在以那种探询式的眼光看着自己，便语气凝重地说道："非常可惜吧？一把泥土，不知经历了多少工序，经过了多长时间的煅烧，才超脱成珍贵的瓷瓶，被我们摆上了神圣的供桌，成为一件高贵圣洁的法器。如果保存好了，它千百年都不会损坏的，甚至可以永远流传下去。可是，扬手之间，它就坠落于地，一文不值了。同样的道理，一个人，尤其是我们敛德修行的僧人，取得了法号，悟出境界，不是件容易事！你若不珍惜、不自律，则堕落起来与瓷瓶无异！"一时间，大家你看看我，我看看你，默默无语。小和尚中有些人忽然有所顿悟，于是合掌跪地，深表忏悔。

其实，故事中所讲的道理是这样的：从一件普通的瓷瓶到打江山，从修身养性到立世扬名，无论是拥有一件珍品，还是成就一番大业，无论是道德品质，还是荣誉名声……无不如老方丈所列举的瓷瓶一样，永存还是损毁，都取决于长久的珍惜或瞬间的扬弃。

那么我们又该如何珍惜我们的人生呢？其实，人生是由一步步的阶梯堆砌而成的，我们迈开人生每一步都是一次选择。我们是珍惜每一次的机遇，紧紧地将机遇握在手中，还是将这些机遇抛弃在一边，屡次犯着重复而幼稚的错误呢？后悔、自责或是惋惜，都不可能换来一个我们想要的结局。我们要从内心深处真正懂得珍惜，懂得珍重我们所拥有的一切。态度决定命运，你的态度决定了你的人生。

那么，我们应该如何面对我们曾经犯过的错误，以及未来出现的错误呢？

当我们手中捧着一只盛满水的水杯，不经意间的错误把它摔碎了，此刻，我们痛心疾首，又能如何呢？水杯中的水还能回到水杯吗？破损的水杯还能成为完好无损的杯子吗？不能，绝对不能。所以，面对这样的现实，我们不要再寻求任何理由去为自己开脱，我们应该告诉自己，我绝对不能再犯这样的错误，我一定要珍惜手中这个水杯。那么，对我们来说，错误就是这一杯已经打破的水杯洒出的水，覆水难收，不要给自己找理由掩饰错误，因为永远也不会收起已经洒出的水，但是我们却可以在以后的人生道路中避免犯同样的错误。敢于为自己所犯的错误承担责任，并从中吸取教训，我们才能不断地进步，不断地将自己脑中的旧思想丢弃，从而形成创新思维。

一次的错误，那是年轻的代价；两次相同的错误，那是态度的问题，那是值得商榷的；第三次犯下类似的错误，那就是上帝都无法原谅的错误，没有人会原谅这样的人，而且这也绝对不是态度的问题，而是能力和人品的问题。当然，我们每个人都不希望自己一而再，再而三倒在同一个障碍下面。

面对错误，我们应该如何去正确地面对呢？其实，这个水杯时刻都在我们心中，只不过我们应该问问自己有没有真心地对待它。

做人的道理很简单，如果您想让自己不再次经受失败的痛苦，那么就请您呵护好心灵的水杯,勇于去承担自己应负的责任,并从中得到对自己有益的东西,这就有可能改变我们的命运。如果这样做了,我们也许就可以得到我们追寻了许久的东西;反之,我们则可能与此物失之交臂了。

罗斯和钱德新到一家速递公司,并成为工作搭档,然而,下面一件事却改变了两个人的命运。一次,罗斯和钱德负责运送一件昂贵的古董。在交货码头,罗斯把古董递给钱德的时候,钱德却没接住,古董掉在地上摔碎了。

钱德趁着罗斯不注意,偷偷来到老板办公室对老板说:"这不是我的错,是罗斯不小心弄坏的。"随后,老板把罗斯叫到了办公室。"罗斯,到底怎么回事?"罗斯就把事情的原委告诉了老板,最后罗斯说:"这件事情是我们的失职,我愿意承担责任。"

后来,老板把罗斯和钱德叫到了办公室,对他俩说:"其实,古董的主人已经看见了你俩在递接古董时的动作,他跟我说了他看见的事实。我也看到了问题出现后你们两个人的反应。我决定,罗斯留下继续工作,用你赚的钱来偿还客户。钱德,明天你不需要来工作了。"

人们往往对承认错误和担负责任怀有恐惧感,因为承认错误、担负责任往往会与接受惩罚相联系。有些不负责任的员工在出现问题时,首先把问题归罪于外界或者他人,总是寻找各式各样的理由和借口来为自己开脱。在很多管理者看来,这些都是无理的借口,并不能掩盖已经出现的问题,也不会减轻要承担的责任,更不会让你把责任推掉。

美国西点军校认为,没有责任感的军官不是合格的军官,没有责任感的公民不是好公民。敷衍塞责,找借口为自己开脱,会让别人觉得你不但缺乏责任感,而且还不愿意承担责任。没有谁能做得尽善尽美,但是,一个主动承认错误的人至少是勇敢的,如何对待已经出现的问题,能看出一个人是否能够勇于承担责任。犯了错误必须自己承担后果,不可迁怒于他人,不可推卸责任。无论我们是一个学生、子女还是兄长,只有这样才能够采取必要的行动去吸取这次错误的教训,从这次的错误中摒弃以前错误的想法,产生创新的思维,这样我们才可以一步一步地堆砌通往成功的阶梯。

4 积极

不怕小挫折,勇敢就是"小大人"。

从小就要坐在前排。有一位教授做过这样一项实验:要求学生毫无顺序地进入一个宽敞的大礼堂,并独自找个座位坐下。反复几次后,教授发现有的学生总爱坐前排,还有一些学生似乎特别钟情于后面的位置。教授分别记下他们的名字。10年后,教授的调查结果显示,爱坐前排的学生中,成功的比例高出其他学生很多。

记得一位哲人说过:"一个人的态度决定了他的高度。"其实,坐前排就是一种积极的人生态度。一个人凡事都争先,必定激发他一往无前的勇气和争创一流的精神,成功的概率也就会大很多。

20世纪30年代,英国一个不出名的小镇里,有一个叫玛格丽特的小姑娘,从小就受到严格的家庭教育。父亲经常向她灌输这样的观点:无论做什么事情都要力争一流,永远走在别人前头,而不能落后于人。她父亲说:"即便是坐公共汽车,你也要永远坐在前排。"父亲永远不允许她说"我不能"或者"太难了"之类的话。正因为如此,40多年以后,英国乃至整个欧洲政坛上才出现了一颗耀眼的政治明星,她就是被世界政坛誉为"铁娘子"的撒切尔夫人。

再说一个故事,叫再穷也要站在富人堆里。

论"赚钱",有这些赚法:每年收益一次的是高管,每月都有收益的是员工,每天都有收益的是卖菜的,干活就有收益的是零工。

收益的大小与机会的多少成反比,与结算周期成正比。每天都有的机会收益一定很小,遍地都是的机会,是留给收破烂人的。越大的资金,越高的收益,它们的机会其实不多。找到了或等到了那样的机会,它们其实只出动一次,眼花缭乱,到处都是机会,市场上充斥着喧哗与骚动,在其中大呼小叫汗流浃背的身影,都是散户。争先恐后抢着埋头拾钱的,迟早被拾了。越到高处,小资金的机会越多,大资金已经在结算;越到低处,小资金找不到机会(因为没有今天买进,明天入账的业务),才是大资金的机会,它的收益日在很远的地方。

穷人和富人最根本的区别是,穷人每天都在找机会,一天没有收益他就会惶然不安,他最幸福的日子就是每天都能进点,所谓的细水长流。而富人知道,机会其实并不多。从时间上不多,所以经常要等;从空间上也不多,所以要耐心寻找。要想有富人的心态,先改变内心的结算周期,不要为每天都有的小收益沾沾自喜,不要为找不到小收益惴惴不安。穷人之所以穷,是因为小钱来得很快。因为总是能够很快地来点小钱,所以总是没有大钱。穷人眼尖手快,所以经常表现出聪明,尽管很小;富人动作迟缓,经常显得笨拙,事后才知道那是若愚。穷人不吃小亏,经常占些小便宜;富人经常吃些小亏,占的都是大便宜。

这就是穷人与富人的不同思维,这就是社会存在决定社会意识,这就是马克思他老人家发现的真理。

5 沟通

会沟通,就必须会表达。当孩子遇到难题时,孩子就要会叙述会表达,家长要引导他说出心里话,表达出他想实现的目标。

对此,可能学校是锻炼学生的社会第一大场所。但学校不是万能的,家长千万不能要求学校把所有的问题全部解决。从孩子的教育角度,学校教育和家庭教育必须联合起来。否则,很可能出现"5(天)+2(天)=0"的负面效应,使父母和老师的苦心统统白费。

学校的常用形式就是家长学校、家长会,好一些的有专题讲座等,以此交流家庭和学校的教育理念,统一教育目标,形成教育的合力。教师也可通过家访、和家长通电话或通短信等办法与家长进行具体的沟通。这期间,一定要叫孩子参与其中,因为,这是他自己的沟通事宜,他是"主人公"。在沟通的过程中,家长要观察他的沟通能力和理解的效果。

沟通能力作为一项"技能",是今后一生都需要提升的"自我张扬"的工具。老北京人讲,光说不练是假把式,光练不说是傻把式,能说会练才是好把式。意思就是,一个人能干还不够,还需要善于表达。

如今,人类的沟通手段,应该说是五花八门了。老一些的有写书信、通电话、上门拜访等;高级一些的有搞演讲、办讲座、出报纸杂志等;新的就是,发短信、发微博、建网站、发邮件、通QQ、建QQ群等等。这些都是沟通,跟家人沟通,跟同学沟通,跟老师沟通等等。不同的沟通形式,就有不同的沟通礼节,要使用不同的沟通"语言"。

这些,也是需要锻炼和学习的。好像新的沟通手段,一般家长是要向孩子学习的。而正确正面地表达自己的意思,同时将内容公开发表,小孩还是多请教"老"小孩为好。

如果把一个人的完整意思作为一个"产品(信息)",它的传输过程也涉及"质量"的问题。体现信息传输质量的有三个标准:准确性、完整性、及时性。

准确性是一方面需要孩子(发布者)具有较好的表达能力,能够准确表述自己的思想;另一方面需要接受者(如家长)具备较强的理解能力,能够准确地领悟对方表达的概念,反之,亦然。完整性是一方面要求孩子(发布者)有意愿也有能力提供完整的信息;另一方面要求接受者(家长)有意愿完整接受,也有能力完整理解。初期的孩子,常常出现的问题是,信息本身不完备,主要原因是信息提供者的缺失或隐瞒。及时性是要求信息及时送达父母(行话:相关干系人),并要求信息接受者(父母)及时反馈接受质量(听懂否)。

6 自立

尊重是送孩子的最佳"礼物",是让孩子有独立人格,请他自己做决定。

自立,不要太多依赖。你属于你自己,关键时刻还是要靠自己。要体验人生真谛,获得成功,必须勇敢地面对现实,经历一番磨炼,才能更彻底地醒悟。自己去体验,自己去证明,自己去经历,自己去开门,自己拯救自己。

一个有成功勇气和才干的人,最好的谋生之路就是自己练好内功。没有资金也好,没有靠山也罢,只要有拼尽人生一口气之锐气,就不愁狭缝里挤不出一条生路,真正生活的实质在于自我努力。

有这样一个幽默短文,让人回味无穷:

你年轻聪明、壮志凌云。你不想庸庸碌碌地了此一生,渴望名声、财富和权利。因此你常常在我耳边抱怨:那个著名的苹果为什么不是掉在我的头上?那只藏着"老珍珠"的巨贝怎么就产在巴拉旺,而不是在你常去游泳的海湾?拿破仑偏能碰上约瑟芬,而英俊高大的你总没有人垂青?

于是,我想成全你,先是照样给你掉下一个苹果,结果你把它吃了。我决定换一个方法,在你闲逛时将硕大无比的卡里南钻石偷偷放在你的脚边,将你绊倒,可你爬起后,怒气冲天地将它一脚踢下阴沟。最后,我干脆就让你做拿破仑,不过像对待他一样,先将你抓进监狱,撤掉将军官职,赶出军队,然后将你身无分文地抛到塞纳河边。就在我催促约瑟芬驾着马车匆匆赶到河边时,远远地听到"扑通"一声,你投河自尽了。

唉!你错过的仅仅是机会吗?

此外,依赖性是很多人不能成大事的原因之一,这种习惯是把希望寄托在别人身上,而自己不舍得出一点点力气,甚至宁可躺在现实的温床上埋头大睡。只有摆脱依赖性,才能有自主性和创造性。走出依赖的城堡,才能接触更广阔的天空。把希望寄托在对别人的依赖上,扼杀的不仅是自己的能动性,更扼杀了活得更成功的可能性。如果你不希望自己像热锅上的蚂蚁那样最后变得毫无斗志,下场可悲,那就摆脱对外界的依赖,尽情扇动自己的翅膀吧。

路易斯是皇家空军学院的高才生，但是在必须经历的跳伞课训练中，他总是怀着恐惧心理，甚至一提及此事，他就有点发抖。当他和同学们再一次被带上蓝天的时候，实践教学经验丰富的教官汉森中尉一改往日的和善，对着路易斯大声呵斥道："你是怎么选择空军学院的？跳伞就难道比通过严格的体能测试还要难？没有人能够每次都帮你，要像个男人一样勇敢，像个军人一样有魄力！"这次，路易斯的心里久久不能平静，当他再一次站到机门前的时候，他似乎不再那么害怕了，心里只有一个念头：我要自己做到主动跳下，而不是再被教官推下去。

当路易斯勇敢地跃出机门的时候，他习惯性地闭着眼睛，但是当他再次睁开眼睛的时候，他看到的不再是令人眩晕的白云，而是令人感到惬意的蓝天；不再是脚下空空，心头也空空，而是感到自己正很稳健地飘然自在。他自己终于找到了同学们常说的"飞一般的感觉"。

人养大的苍鹰，被逼着终于展翅翱翔，而人类唯有自我逼迫才能，一"飞"冲天。既然你知道，危机就潜伏在周围，既然你明白，没有谁真正可以依赖，既然你不想做热锅上的蚂蚁，那么唯有适当的自我加压，才能调动起自己想"飞"的愿望，让自己"飞"起来。

好莱坞演员阿诺德·施瓦辛格年轻时是一位瘦削的少年，但他下决心练习举重，每周3次去当地的体育馆，每天晚上还要在家里训练几小时，直到筋疲力尽为止。今天，这位前健身冠军成了电影史上票房收入最高的演员，也是娱乐业中最富的人之一，并且他已经成功当上州长。是什么因素使他有如此的成就？施瓦辛格在一次接受电视采访时言简意赅地说："勤奋，勤奋！外加不断自我要求和自我的奋进。"

毫不夸张地说，目前安利公司是在中国市场上做直销最成功的公司。该公司的创始人之一，温·安洛形容当年他所遇到的危机时，说过一句耐人寻味的话，类似于中国古语所说的"求人不如求己"。正是本着这样的理念，现任安利董事局主席温·安洛和总裁狄克·狄维士，才能在顺利进军中国市场以后，领导着安利大军不断保持业绩的攀升。

在任何领域奋斗，抱负和动力都不可少。不过，科学证明，达到顶峰者并不一定是天资最佳的人，而是肯下苦功夫的勤奋的少数，他们不断努力，并且不断对自己提出更高的要求。

自己去证明，自己去经历，自开自门，这是成功永恒的法则。以下是一些关于让自己行动起来的建议：

1.每天做一个计划——用这个计划来安排你的日子，但不要过于死板，要保持灵活性。

2.为考虑之中的事情按主次列一个表，衡量它们的重要性并且有计划地对待。

3.每天从事一件明确的学习任务，而且不必等待别人的指示就能够主动去完成。

4.明确地提出你需要的东西，包括满意的条件、时间构成。不要指望别人理解你的内心所想。

如果一个人要成功只能靠自己，那么靠自己什么呢？靠出身富贵、条件优越、智能超常、机遇幸运、环境如意等所谓有利因素，那是靠不住的，甚至连身强力壮、时间充裕、使人理解和支持这些十分必要的条件也是靠不住的。那么，靠自己究竟靠什么？只能靠重新认识自我，靠自己积极的努力奋斗，自己的努力是一个可以挖掘出无价之宝的宝藏。

正如美国成功学家格兰特纳所说，如果你有自己系鞋带的能力，你就有上天摘星的机会！在实际学习中，要以积极的姿态磨炼自己，锻造成功者应具备的独立性和创造性。平凡的脚步也可以走完伟大的行程。世上没有救世主，不要以没人帮忙为借口而为自己开脱。积极自我拯救，寻找解决问题的办法，是最有效的成功原则。

一个人最大的财富是自身，因为世界上一切财富都是人创造的。过分依赖他人，不但会限制自己能力的发展，也不利于人格的健全。世界上没有永远的靠山，总有一天你要自己担负起生活的责任。

7 自信

精神愉快，对事物的发展以及对自己充满信心，对生活保持积极的态度，这是自信。

听自己的话就行。

老百姓哪个都不傻，除了"东北的二愣子"、"上海的小瘪三"等一些缺心眼的人物外，生活中就解决问题的方法上，一般人都有两面性：一面是遭遇自己的难题一筹莫展；反之，是针对别人的难题妙计迭出。

咱们自己无论是多么"陋"的人，对别人的困境，都能不加思索地提出一整套完善的解决方案，至于自己为什么这样不成功，则另有种种缘由了，譬如运气不好。如果用录音笔把一个人劝慰别人的话录下来，就绝对是一部人生哲学宝典。

例如，劝慰别人："对待孩子的学业，别给太多压力，分数不是唯一的标准，树大自然直"；对经济困难的人说："钱是人赚的，够花就行，为了赚钱累坏身体不值"；对没升迁的人讲："没升职不等于没能力，职务越高，操心的事越多，不如平头百姓自在"；对夫妻闹矛盾之劝："两口子不忍让，还对谁忍让？夫妻之间无是非"；对他人对老人："能孝敬赶紧孝敬，免得后悔"；对待纠纷："官司能不打就不打，伤神伤身"；对待身体："有什么都不如一副好身子骨，少进烟酒多运动吧"。

凡此类种种"教导"，谁都听别人说过，谁也如此这般劝过别人。当自己遇到难题时，听别人所劝的也是这些内容。

古时有一个故事：

一个修行的人准备下山，临行时请教师傅："我怎样战胜各种各样的困难？"

师傅说："怎样劝别人，照你所劝的话去做，什么困难都能战胜。"

这是说，我们原本是自己的人生教师，为什么还常常求助于别人呢？

原因是：不自信、不自觉和不自制。

在大的理念上，人们熟知如何应对困境，就像他们为别人提供的办法。自己为何不起身一试？要么这些话有虚伪的成分，不具备实践的可行性，要么就是不相信自己或抵抗不住自身的惰性。

就人的一生而言，不需要太多的招法与谋略，若肯躬行，则一两条善念足以受用终身。闯天下可先拜自己为师，仔细倾听自己是怎么劝别人的，然后一心一意地奉行，多数情况会成功。其实，我们自己就是自己的老师、博导。

自信的人最强大。相信自己可以做到。有人给年轻人做出的忠告：把"不可能"三个字从你的字典里删除，然后添加上"我能行"这三个字。假如你相信自己可以做到，那么，你就一定能做到。

这里所说的自信，就是自己相信自己，是人们赞赏、重视、喜欢自己的一种有益态度。自信是世上最伟大的力量，我们在人生的道路上，一定要与自信同行，这样才有可能更好地生存和发展。

有位哲人说得真好：谁拥有了自信，谁就成功了一半。居里夫人有一句名言："我们应该有恒心，尤其要有自信心！"高尔基也指出："只有满怀自信的人，才能在任何地方都把自信沉浸在生活中，并实现自己的意志。"从古至今，那些成功人士虽然从事不同的职业，具有不同的经历，但有一点是他们所共同的：他们都对自己充满自信，由此激励自己自爱、自强、自主、自立。

如果你拥有自信，你就会获得比你梦想的要多得多的成功。

1926年，毕业于东京大学法律系的大村文年进入"三菱矿业"，成为了一名小职员。当公司为新人举行欢迎会时，他对那些与他同时进入公司的同事说："我将来一定要成为这家公司的总经理。"他在豪言壮语之后，开始了他的长远计划。凭其旺盛的斗志与惊人的体力，数十年如一日，孜孜不倦地工作，后来远远超过众多资深的干部与同事，在毫无派系背景之下，完全凭借本人实力，冲破险境，终于在35年之后当上"三菱矿业"的总经理。就三菱财阀的历史而言，还不到60岁就成为直系公司的总经理，这可以说是史无前例。他的就职的确惊动日本工商界人士，他们内心无不惊讶，并且深感佩服。

无独有偶，在1949年，一个充满自信的24岁的年轻人，走进了美国通用汽车公司，应聘做会计工作，他只是因为父亲曾说过"通用汽车公司是一家经营良好的公司"，并建议他去那里看一看。在应试时，他的自信使助理会计检察官印象十分深刻。当时只有一个空缺，而考试员告诉他，那个职位十分艰苦难当，一个新手可能很难应付得来。但他当时只有一个念头，即进入通用汽车公司，展现他足以胜任想去的那个职位，并有超一流的规划能力。当考试员在雇用这位年轻人之后，曾经对他的秘书说过这样一句话："我刚才雇用了一个想成为通用汽车公司董事长的人！"这位年轻人也就是从1981年出任通用汽车董事长的罗杰·史密斯。

罗杰刚进公司的第一位朋友阿特·韦斯特这样回忆说："合作的一个月中，罗杰正经地告诉我，他将来要成为通用的总裁。"就是这如此高度的自信指示他永远朝成功迈进，并引导他经由财务阶梯登上董事长宝座的法宝。

有了自信，就会奋发图强；有了自信，就会有百折不挠的努力；有了自信，就会有战胜疾病的勇气；有了自信，就会有成功的希望。然而，在现实生活中，有些人由于性格、心理、社会、文化等原因而对自己缺乏信心，并为此而感到痛苦。几乎所有缺乏自信的人都有相同的生活模式：他们只看同一类的杂志或电影；从不改变自己的服装样式；拒绝听取不同的意见；总是躲在同一群朋友中间；不玩从未玩过的游戏；见到陌生人就举止失措；与异性谈话会突然脸红；时间观念差；勉强维持不美满的婚姻；死死守住自己牢骚满腹的工作。缺乏自信的人无一例外地拥有颗过分夸张的自尊心和虚荣心。他们的生活中尤其需要鲜花、掌声和喝彩，但问题在于他们就是得不到。如果你毫无自信，优柔寡断，丧失远大志向，不敢超越环境和自我，那么你的生活中美好的事物就会暗淡无光。那些越是巴望奇迹来挽救自己的人，越是不可能创造奇迹，生活中美好的事物历来只和敢于正视现实、迎接挑战、战胜危机的人结伴同行。

小泽征尔是举世公认的优秀交响乐指挥家。在一次世界优秀指挥家大赛的决赛中，他按照评委会给的乐谱指挥演奏,灵敏的他在指挥过程中突然发现了异样的声音,这种声音虽然听起来并不明显,但就像一顿美味突然出现了一只死苍蝇一样,让人很不舒服。刚开始的时候,他误以为是乐队的演奏出了毛病,就停下来重新演奏,但结果还是一样。综合他的经验和乐理知识,这一次他断定是乐谱有问题。

"乐谱出错了!"小泽征尔说。

这时,在场的作曲家和评委会的权威人士坚持说乐谱绝对没有问题,是他错了。面对一大批音乐大师和权威人士,他思考再三,最后斩钉截铁地大声说:"不!一定是乐谱错了!"话音刚落,评委席上的评委们立即站起来,报以热烈的掌声,祝贺他获得了本次大赛的冠军。

原来,这是评委们精心设计的"陷阱",以此来检验指挥家在发现乐谱错误并遭到权威人士"否定"的情况下,能否坚持自己的正确主张。前两位参加决赛的指挥家虽然也发现了错误,但迫于权威而不敢发表自己的意见,结果被淘汰。小泽征尔却因充满自信而摘取了世界指挥家大赛的桂冠。

成功的关键在于自信。如果自己都不相信自己,自己都认为自己最糟糕、最差,那么还会有谁相信你呢?抱着借力而行的心态去做事做人,一定会困难重重,因为即使你做对了,你也会认为自己没有做对,那么你就没有勇气和资格去挑战下一个更为艰巨的困难。别人也不会相信你,或许会同情你,但不会把重要的事情交给你去做。这样你就没有机会锻炼和发展自己,你的事业道路将一片黯然。所以,要时刻警醒自己,自己给自己鼓励,在遇到挑战的时候,大声地说:"我能行!我一定会成功!"无论如何,你一定要记住:自信是自己给的,不要奢望从别人的赞美声中得到自信。那样的自信会非常虚无。马克思说过:"客观世界是普遍联系的,我是否自信和别人的看法有紧密的关系,而别人对我的看法又会影响我的自信,所以我想我应该从自我做起,给别人信心,也给自己信心。只有这样,我才能重新自信满满,才可能走向成功。"如果你想丢掉整个世界,就首先把你的诚信丢掉。信誉不是一天就可以建立起来的,唯一的捷径就是坚持。告诉世界,你能行!

能够相信自己,就会懂得怎么释放出力量与资源,让自己达到更高的境界,也终将成为自认能够成为的那个人。

如果有自信,相信自己有能力取得卓越成就,就能让自己脱颖而出,居于有利的位置。坚信自己能够取得比一般人更高的成就,就能勇敢向前迈进。

要把天赋尽可能提升到最高,就不能只注重天赋,还必须善用自信的力量。

8 分享

把分享当作一种习惯,乐于并善于分享你的力量,哪怕它微弱。分享营造更好的氛围,分享带来更大的力量,分享让集体更具竞争力。

一只小蚂蚁在河边喝水,一不小心掉了下去。它用尽全身力气想靠近岸边,但没过一会儿就游不动了,在原地打转,小蚂蚁近乎绝望地挣扎着。这时,在河边觅食的一只大鸟看见了这一幕,它同情地看着这只小蚂蚁,然后衔起一根小树枝扔到小蚂蚁旁边,小蚂蚁挣扎地爬上了树枝,终于脱险,回到岸上。

当小蚂蚁在河边的草地上晾晒身上的水时，它听到了人的脚步声。一个猎人轻轻地走过来，手里端着枪，正准备射杀那只大鸟。小蚂蚁迅速地爬上猎人的脚趾，钻进他的裤管，就在猎人扣动扳机的瞬间，小蚂蚁狠狠地咬了他一口。只听"哎呀"一声，猎人的子弹打偏了。枪声把大鸟惊起，它急忙振翅飞远了。尽管蚂蚁是比大鸟弱小了许多的小动物，但它却用自己的力量帮助大鸟躲过了这次杀身之祸。

不要以为自己的力量弱小，就不肯贡献出自己的力量。不要以为别人的力量弱小，就不尊重别人的力量。乐于贡献自己的力量才能得到别人真正的相助。

不要以为只有结交比自己强的人才会对自己有好处，心里怀有善良和爱意地去帮助别人，那么你的微不足道的小事或帮助可以改变别人的一生。反过来，当你有了危难，不一定大人物会帮助你，有许多小人物照样会帮上你的大忙！

班杰明·克莱姆先生，是世界心传哲学大师的弟子之一，1922年生于苏格兰，原是一位职业艺术家，与妻子及家人住在伦敦，早期即对心传哲学充满兴趣，1959年他第一次由心灵感应从其师父那里收到信息，他几乎吓坏了。

1972年在DK大师的指引下，他开始接受密集训练，从此克莱姆与他的师父就保有一种持续和立即的心灵感通。这种关系使克莱姆能够在紧急事件中保有持续关于弥勒佛重现人间的最新信息，并且有完全的信心去襄供这种最新的信息给这个充满疑惑的世界。

他演说旅行已遍及西欧和东欧，日本、澳洲、新西兰、加拿大、墨西哥和美国。

克莱姆的著作也终于，被世界各国朋友们完全无报酬地译成各种语言，并发行到世界各地，以响应他所传达的圣灵的信息。他同时是通行世界70余国的《国际共享》月刊的共同主编。同时也是该月刊萃取出来的《紧急事件季刊》的共同主编。他没有收取任何酬劳，也没有宣称他在这一领域中的精神地位。

克莱姆说："我的工作始终是在铺筑一条通往大众的道路，旨在有助于创造一种希望的期盼的风气，在这种风气下，弥勒佛可以在不妨碍我们自由意志的情况下重现人间。"

今天的社会，有很多东西，是需要别人给予的，包括你的奋斗，需要别人的认可；你的学习，需要老师的赏识；你的努力，需要成绩来肯定……但是，有一样东西，是只要你愿意，就可以轻松获得的，那不是白日梦，更不是空想，而是真诚的快乐！

在现实中，很多人常抱怨日子太平淡，太无聊，太单调了。其实，只要学会走出自己的小屋，学会用心去看，学会用心去听，学会去接收别人的喜悦，日子就会是充实而美好的，这些别人一缕缕的喜悦，我们收藏到心中，然后去编织，去感受，就会结成美好的大衣。在我们碰上阻力时，在我们遇到障碍时，它们就会呵护我们的思想，给我们希望，给我们前进的动力。

美国"脱口秀女王"欧普拉·温弗莉的乐善好施与她童年的记忆密切相连，她相信快乐是可以共享的。欧普拉12岁那年的圣诞节，母亲告诉她和兄妹们，因为钱不够，他们没有钱买圣诞礼物了。欧普拉难过万分，不知道同学问起收到了什么圣诞礼物时该怎么回答。

就在她准备过一个没有礼物的圣诞节时，3个善良的修女破开了他们的家门，给他们带来了礼物：火鸡、水果篮，和一些小玩具，小欧普拉则得到了一个漂亮的洋娃娃。

多年后回想起那个圣诞夜，欧普拉还是激动万分："我高兴极了，再也不怕回学校去会很难堪了。这些修女帮了我们很多,之后我再也没见过她们,而且直到今天,我还是不知道她们的名字……但我永远不会忘记那个圣诞夜。"

欧普拉真的没有忘记那个大悲大喜的圣诞夜。成名之后,她成立了欧普拉·温弗莉基金会,该基金会致力于通过捐赠教育来帮助全世界的妇女和儿童。"我相信教育可以带来自由,"欧普拉说,"它就是我们用来改变命运的武器。"

欧普拉为慈善事业提供了数以亿计的捐款。"给别人带去快乐的时候,自己也会得到快乐,"她说,"我的人生很美满,我喜欢与人分享生命中的礼物。我相信,付出越多,回报越多……幸运的是,这些事情、经历让我的生命变得更有意义了。"

歇普拉·温弗莉的义举可能会给千千万万个妇女和儿童带来自由和快乐,而她自己则从这些人的快乐中,也体会到快乐,因为快乐是可以共享的。

多跟别人分享看法,多听取和接受别人的意见,这样你才能获得众人的理解和支持。没有什么事情有像热忱这般具有传染性,它能感动顽石,它是真诚的精髓。

好咖啡要和朋友一起品尝,好机会也要和朋友一起分享。

9 影响力,让孩子成为领头羊

虽然说没有天生的领导者,但是具有影响力的孩子是成为"领头羊"的最佳人选。

正在看赈灾晚会的杨先生对太太说:"你看,只要请一帮明星们来宣传,大家捐款的积极性就高。""可不是,现在的社会就是靠影响力。"太太一针见血地说,"希望咱们家的儿子将来也能这样。"

现在的父母深刻地意识到了这一点:影响力是无价的,是孩子立足于社会的最重要资本。有些孩子天生有极强的当"官"欲,争取一切机会发挥自己的这一影响力;而有的孩子就没有这些想法,就爱坐在别人后边的,像小跟屁虫。对于前一类型的孩子,父母就让孩子去努力发挥吧;对后一类型孩子,父母采用正确的方法,也能使自己的孩子具有非凡影响力。

超超特别爱学习,每天只是扎在学习中,对班里的事情一点也不感兴趣。父母就怕这孩子将来成为书呆子,这怎么能行呢?不久,超超的班主任,安排超超当班里的学习委员,超超没当了两天就不想干了,找老师要求放弃这个职位。老师有意挽留,但是看到超超坚决的样子,只好同意了。回到家里,超超将此事和父母说了,家长问他原因,超超还是淡淡地说不想做,没什么意思,自己学习就行了。

父母意识到要改变孩子的思路了,于是开导超超说:"你是不是觉得自己学习很有兴趣?"超超认同了,然后还反问父母为什么同学们不像他那样好好学习,而是上课不认真、瞎玩呢?父母听到这里,觉得这是个突破口。于是引导超超:"既然你觉得学习是一件很有乐趣的事情,为什么不把同学们组织起来,让他们好好学习呢……""那我说,他们也未必相信。""没试你怎么知道呢?你将自己喜欢学习的原因和乐趣告诉同学们,他们可能同意呢。而且如果你做了学习委员,就利用这一职务履行自己的职责,对同学更有说服力。"超超将信将疑地看着父母,在父母的鼓励下他决定先做一阵学习委员试试。

当上学习委员的超超特别认真负责,仔细地收大家的作业,而且询问没交作业同学的原因,并且表示愿意帮助他们。在超超的感化下,一些不爱学习的同学也按时交作业了,但是学习兴趣还不浓。在父母的建议下,超超与这些同学结成了互帮对子,每天放学后来超超家一起写作业。和超超一起学习的时间里,同学为超超的博学所吸引,一个个都很爱学习了。因此,超超在同学们的心中的地位高了,成了一个很有号召力的"领头羊",而不再是一个只会学习的"书呆子"了。

每个孩子只要被合理地引导,就会发挥出潜在的"影响力、号召力"。他们需要的只是父母的合理引导,因此,给自己的孩子鼓励,给他们建议,让孩子成为一个有影响力的人,是父母应想到并做到的。

教子方法一:给孩子适当的肯定。父母给孩子的肯定和鼓励是孩子勇敢地迈出做"有影响力"的人的重要一步。在生活当中,给孩子适时的鼓励,当孩子提出某项提议时,给予积极的响应,让孩子感受到做有影响力的人的好处。例如,当孩子晚上提议去散散步时,父母一定要热情地给予回应,并且在语言上给予支持:"我家宝贝说的,哪能不去呢? 要跟着'领头羊'走,对不对?"这样善意的肯定会让孩子认识到要做一个有影响力的人是多么好。

方法二:鼓励孩子争取机会做班干部。有的家长认为孩子做班干部没有什么大的意义,其实不然。别看孩子小,在他们的环境中也存在着一种秩序。孩子做班干部很能锻炼孩子解决问题的能力、协调关系的能力、组织的能力。因此,孩子在做班干部时能够充分地锻炼自己的各种能力。能力提高了,就自然而然地容易得到同学们的信任和尊崇,孩子的影响力也就有了。因此,鼓励孩子去做班干部,对影响力的提高很有好处。

方法三:让孩子严格要求自己。一个有影响力的人肯定是值得信任的人,也许是品德特别突出,也许是能力特别出众。无论是哪种原因,都需要严格要求自己,自己真正做到好模范、好表率。因此,父母要让孩子在日常生活中严格要求自己,赢得别人的肯定。

无论孩子是否表现出影响力,父母都要相信自己的孩子是有影响力的。尽最大可能给他们创造条件去培养影响力,让孩子因为出众的影响力而在未来的道路上走得更好。

10 做事的系统知识——项目管理

将项目管理这个概念,过早地介绍出来,好像对一个家庭来说,或对一个孩子来讲,似乎早了一些。但对于一个18岁左右,一个已经上了大学,特别是理工科或纯理科的学子来说,应该是越早越好。

因为,这是一个从管事入手学管人,是一门教你管大事小情的专业学科,是一个非常实用的方法学。广告用语是:成功做事最佳方法的选择——现代项目管理。

而什么是项目? 有人说:"把一个想法变成一个现实,就是项目。"如此看来,项目几乎无处不在,绝对不仅仅单指"盖房子"的工程项目。项目管理的定义,是运用各种知识、技能、手段和技术于项目活动之中,以满足项目的要求。

做好一个"项目",其实也可以称为做好一件事。项目管理还教给你做事成功的三个关键理念:

做正确的事,指在决定、方向和战略上要把握准确;

正确地做事,就是找到正确的方式和简洁的方法;

把事做正确,就是结果正确与满意。

其实,项目在我们的生活、工作中无处不在。如,给你孩子的表哥表姐或堂哥堂姐搞一场结婚仪式是项目,做一份PPT课件是项目;当然,组织北京奥运会也是项目,策划一次全家旅游就更是一个项目了。项目可大可小,但如果懂得运用项目管理的知识,就可能使你做事有条理、有系统思维。

如今,大家不仅对项目管理认识较深,而且要求职业人拥有相应资格认证。越来越多的有实力的企业都争相采用项目管理方法,培养大量优秀"项目"操作人员,使单位在生存与竞争中保持强劲动力和优势。

建议操作办法:

层次目标法。

解释:把大目标分解成小目标,把远目标变成近目标,把模糊的目标,变成具体的目标。人的发展不是一蹴而就的,必须一个阶段、一个阶段地上升、进步,是有层次的,分阶梯的。习惯养成教育同样如此。

研究人员认为,不同习惯之间不能机械地用年龄划分开,比如几岁到几岁培养学习习惯,几岁到几岁培养做人习惯,只能说根据孩子的年龄特点和心理发展特点,在不同年龄阶段要有不同的要求,在要求、水平、层次上要有差异。

原则:有关专业人士结合青少年的年龄特点和性格特征提出了以下建议。①运用"循环说"理论:行为习惯的形成需要长时间的循环反复,呈螺旋上升趋势。低年级训练过的,到了中高年级仍然要经常重复训练,否则,很难巩固。②运用"阶段说"理论:每种习惯的形成有不同的关键期,小学低、中、高年级有各自的训练重点,可以抓住每种习惯形成的关键期来进行教育。在不同的年龄阶段,要选择适合自己年龄阶段的习惯进行培养,不能心急。③运用"中心扩散说"理论:行为习惯是一个复杂的体系,要把所有的行为习惯都在短时间内培养好是不可能的。因此,在培养孩子的习惯时,就要抓主要的习惯进行培养。重点习惯培养好了,还可以带动其他好习惯的形成。

操作方法:①了解孩子的成长规律。习惯培养要讲究科学性,一定要考虑孩子的年龄特点,依据身心发展规律培养好习惯。②分层次确定目标。同样一个习惯,对处于不同年龄、不同心理阶段的孩子,要求是有层次的,必须与其特点相符,孩子才会接受并执行。③目标分解要具体。把大目标分解成小目标,把远目标变成近目标,把模糊的目标变成具体的目标。

体验法。

解释:体验,就是让孩子通过亲身实践来认识周围的事物。体验在孩子的成长中占据着重要位置。在习惯养成教育中融入体验的元素,有助于孩子更好更深刻地体会习惯养成的重要性,丰富内心世界,改变行为习惯。

原则:"不让他人代劳"是一项重要原则。家长和长辈常常不由自主地为孩子承担了太多,虽然是出于好奇心,却在无意识中剥夺了孩子体验的权利。美国有一个家教原则叫"二十码法则",尊重孩子的独立倾向,与他至少保持20码的距离。这也符合让孩子在体验中养成好习惯的原则。

操作方法:①确定目标。这是培养一个好习惯的第一步。凡事预则立,不预则废。有了目标,孩子才能更快地产生实际行动。②自己的事情自己做。孩子的事情就让他自己去做。父母或者他人代替他做,表面上看是帮了孩子的忙,实际是害了孩子。父母能帮孩子一时,能帮孩子一世吗?③体验好习惯带来的愉悦。良好习惯会给人好处,当孩子自己体验到这种好处时,他会更加明白养成好习惯的重要性。④牢记不良习惯带来的麻烦。当孩子深陷不良习惯的麻烦而无人解救时,他会强烈地意识到自己需要养成好习惯。这样他会自觉自动地去改变。

以好带坏法。

解释:在青少年时期,养成一个坏习惯,与养成一个好习惯一样容易;但是要破除一个坏习惯,则要比养成坏习惯难得多。此法,就是从正面避开坏习惯,由反面入手,培养一种新的好习惯,逐渐取代坏习惯。美占有的地方,就没有丑了。

原则:破除恶习的要诀是代之以良好习惯。

操作方法:①事不宜迟。想改变习惯而又一再地拖延,孩子只会更加害怕失败。最好的选择就是"事不宜迟",立即采取措施。②找个替代品。有两种好习惯特别有助于戒除大部分的坏习惯。第一种是采用一个有营养和调节适宜的食谱。情绪不稳定使人更依赖坏习惯所带来的"慰藉",防止因不良饮食习惯而造成的血糖时升时降,有助于稳定情绪。第二种是经常做适度运动。这不仅能促进身体健康,而且会刺激脑啡——脑内一种天然类吗啡化学物质的产生。科学研究指出,人缓步跑时感受到自然产生的"奔跑快感",全是脑啡的作用。③利用目标的"吸引力"。拟定目标要切合实际,善于利用目标的"吸引力"。如果目标太大,就把它化整为零。孩子实现一项小目标时不妨奖励一下,借以加强目标的吸引力。④成功值得奖励,失败未必惩罚。要告诉孩子,在改变习惯的时候即使偶然发生失误,也不要自责甚至放弃。一次失误不见得是故态复萌。特别是避免重染旧习,比最初戒掉时更困难。但是如果孩子能够把新形象维持得越久,就越有把握不重蹈覆辙。

● 第七章　为长远培养成长好习惯

核心是好习惯的养成。前边已经说过,要孩子养成爱学习的好习惯。

学习好的孩子一般有这么几个好习惯:1.课前预习。预习能够让孩子联系以前的知识,并把新问题带到课堂上,通过这种方式更好地听老师讲解。既培养了孩子的自学能力,又能提高孩子听讲的兴趣和效果。2.课后复习。"温故而知新"是复习的目的。德国心理学家艾宾浩斯创制的"艾宾浩斯遗忘速度曲线"表明遗忘是有规律的——先快后慢,刚记住的东西最初几小时内遗忘速度最快,两天后就较缓慢。复习其实就是与遗忘作斗争。3.独立解决问题。孩子学习上有困难请求帮助时,家长千万不能置之不理或敷衍了事,应热情地鼓励孩子自己试一试。如果孩子实在无法独立解决也不能包办,而要一步一步地耐心启发,让孩子在家长不露痕迹的引导下逐渐形成自立性格。4.认真书写。书写并非只是形式,它的好坏直接影响到人们对书写者学习态度、学习质量甚至个人的素质的评价,卷面就是学生呈现在老师面前的面孔,老师常常自觉不自觉地据此来打"印象分"。从另一个角度看,很可能是对孩子的一种锻炼。5.记笔记并事后整理。随着课程内容的增多和复杂化,记笔记有助于抓住重点。如果因时间限制,当堂记的东西较零乱,那么课后还要进行整理,使之全面、有条理。整理的过程是一个很有效的过程,而且还能锻炼自己的逻辑能力。6.主动学习。让孩子准备一支红笔,随时改正练习本、试卷上的错误,以鲜艳的红色加深错误在脑海中的印象,然后用一个本子,将这些错误收集起来,用错题汇编、错别字举例的形式分类记载,以警示自己。7.积极阅读、写作。阅读是孩子获取知识的主要途径,家长应该鼓励孩子在反复阅读课本内容的基础上,积极阅读,广泛吸收课外知识。家长可以购买有关书籍和订报纸杂志,为孩子的阅读创造物质条件。8.有条理。做各科作业要预先安排好时间,学习用具的收拾要有规律,书本存放在书包或书桌上要有一定的次序等等。东西存放无规律,要用时东寻西找,极易影响学习情绪。同理,如果做作业时不讲条理,东一榔头西一杠子,就形成了坏习惯。

其实,家长们帮助、协助、辅助孩子养成各类好习惯,是 10 多年的核心任务。往大处说,作者认为应该有一门大学科叫《习惯学》,这是对人终身有益的学科。突出的优势是节约时间等。而追求效率的习惯,如勤俭节约、节约时间、做事不拖沓、讲究方法、专注、抓住时机、勤奋等等,都是习惯学应该研究的。

1 挫折

孩子应该不怕小挫折,只要勇敢就是好样的。培养他做明确目标,坚持不懈,遇到困难勇敢面对不退缩,并且能够正视失败与挫折的"小大人"。

从不向挫折低头。人的一生不会是一帆风顺的,总会遇到各种挑战与困境。在困境中,人往往会对自己说放弃,从此一蹶不振,成为生活的失败者,痛苦不堪地度过自己的一生。有成就的人,在困境中从来不会对自己说放弃,他们会用自己强大的生命力向命运挑战,最终战胜困境,成就自己辉煌的一生。1791 年,法拉第出生在伦敦市郊一个贫困铁匠的家里。他父亲收入菲薄,常生病,子女又多,所以法拉第小时候连饭都吃不饱,有时他一个星期只能吃到一个面包,当然更谈不上去上学了。

法拉第 12 岁的时候,就上街去卖报。一边卖报,一边从报上识字。到 13 岁的时候,法拉第进了一家印刷厂当图书装订学徒工,他一边装订书,一边学习。每当工余时间,他就翻阅装订的书籍。有时甚至在送货的路上,他也边走边看。经过几年的努力,法拉第终于摘掉了文盲的帽子。渐渐地,法拉第能够看懂的书越来越多。他开始阅读《大英百科全书》,并常常读到深夜。他特别喜欢电学和力学方面的书。法拉第没钱买书、买簿子,就利用印刷厂的废纸订成笔记本,摘录各种资料,有时还自己配上插图。

一个偶然的机会,英国皇家学会会员丹斯来到印刷厂校对他的著作,无意中发现了法拉第的"手抄本"。当他知道这是一位装订学徒记的笔记时,大吃一惊,于是丹斯送给法拉第皇家学院的听讲票。

法拉第以极为兴奋的心情,来到皇家学院旁听。作报告的正是当时赫赫有名的英国著名化学家戴维。法拉第瞪大眼睛,非常用心地听戴维讲课。回家后,他把听讲笔记整理成册,作为自学用的化学课本。

后来,法拉第把自己精心装订的化学课本寄给戴维教授,并附了一封信,表示:"极愿逃出商界而入科学界,因为据我的想象,科学能使人高尚而可亲。"

收到信后,戴维深为感动。他非常欣赏法拉第的才干,决定把他招为助手。法拉第也非常勤奋,很快掌握了实验技术,成为戴维的得力助手。半年以后,戴维要到欧洲大陆做一次科学研究旅行,访问欧洲各国的著名科学家,参观各国的化学实验室。戴维决定带法拉第出国。就这样,法拉第跟着戴维在欧洲旅行了一年半,会见了安培等著名科学家,长了不少见识,还学会了法语。

回国以后,法拉第就开始独立进行科学研究。不久,他发现了电磁感应现象。1834 年,他又发现了电解定律,震动了科学界。这一定律,被命名为"法拉第电解定律"。

法拉第绝对是依靠刻苦自学,从一个连小学都没念过的装订图书学徒工,跨入世界第一流科学家行列的。恩格斯曾称赞法拉第是"到现在为止最伟大的电学家"。法拉第的生活异常困难,可以说那是人生的困境。在三餐都很难保证的情况下,有多少能做到不放弃追求自己的梦想呢? 法拉第就是这样坚强的人,他没有放弃自己学知识的权利,没有放弃让自己卓越的机会,他把握着每个学习的机会,在没有机会受到正规教育的情况下,他抓住了一切能够学习的机会,所以他成功了。他是在困境中实现辉煌的典型例子。

困境,让那些不放弃的人变得更加坚强,激发他们更大的潜力,他们会因为困境变得更加强大,困境带给他们的可能是一生珍贵的财富。对于那些轻言放弃的人,困境犹如一剂毒药;面对这剂毒药,他们找不到解药,最终放弃努力,最终成为失败者。

困境,在很多时候,如果你害怕去面对它,它就会变得更强大;但是,如果你有足够的勇气去面对困境并且让自己坚强起来,困境就没有那么可怕了。所以,人生并没有绝对的困境,很多时候取决于自己的态度,当你真的把它当成无法跨越的坎时,你已经输了一大半;如果你选择勇敢面对,那么最终胜利的一定会是你。

在困境中,千万不要放弃,放弃了就一点机会都没有了。要用自己的勇气和信心向它挑战。一个成功的人,即使面对着绝境,也会寻找可以发挥自我优势的机会。1959年,美国人维瑞尔与妻子罗娜和六个孩子去沙漠远足,他们没有在人们经常往来的道路上行驶,而是铤而走险,插到一条小路上进行沙漠探险。由于他们事先没有通知他人他们的去向,他们的通信设备又出现了故障,所以当汽车走出600米就无路可寻的时候,他们陷入了没有支援的绝境。维瑞尔一家面对这样的绝境,没有失望地等死,他们积极地寻找求生的机会。

由于维瑞尔在拐弯时撞到一块有尖角的石头,因此水箱被碰坏了,水从水箱中白白地流走了。维瑞尔一家人不但陷入了无路可走的绝境,而且最糟糕的是没有充足的饮用水和粮食,仅有水箱里残存的一点混有防冻剂的冷却水。为了解渴,连这点水也被他们一人一口喝完了。妻子罗娜也没有放弃求生的希望:她让孩子们在汽车的阴影下休息,以保持体力;与丈夫将两条毯子裁成条状,组成求救信号;还卸下倒车镜,准备借用阳光的反射向空中的飞机发出求救信号;将备用的轮胎浸透了油以便随时点着作为求救的信号;将四个轮胎罩放在地上准备采集清晨的露水;白天,她把丈夫和孩子们的嘴唇及皮肤上的水泡都涂上口红;后来,她发现沙漠表层下几厘米处较阴凉,便将孩子们的身体埋在沙子里,还将他们的脸部用东西盖上;她还折断近处的一棵树枝,剥去树皮吸树液;由于中午气温过高,孩子们脸上的皮都破了,夫妻俩就收集小便,用破布抹在孩子的脸上借以降温;由于找不到水源,他们就将仙人掌切开在火上烤,吸水滴借以解渴。在这样炎热的绝境中坚持了三天,终于有抢救队发现了他们的求救信号,把他们救了出来。八个人虽然历经了生命的险恶,还是都安安全全地活了下来,没有一个人放弃生命。

人的生存意志是非常强烈的。在平时的环境中,我们意识不到它的存在,然而当遇到绝境的时候,它便能被激发出来。所以遇到绝境时,我们不能失去希望,要冷静下来分析境况,寻找机会,找出解决问题的方法。

传说中,凤凰是人世间幸福的使者,每500年,它就要背负着积累于人世间的所有不快和仇恨,投身于熊熊烈火中自焚,以生命和美丽的终结换取人世的祥和和幸福。同样,在肉体经受了巨大的痛苦和轮回后,它们才能以更美好的躯体重生。

如果凤凰只有在涅槃后,才得到重生的机会,那么当我们遇到绝境时,不要惧怕,就让苦难尽情地燃烧我们的生命吧!相信重生后的生命将更加多姿多彩。

人的一生,总要碰到逆境和挫折,真正的伟人都是从逆境中磨砺出来的。

挫折是人生中一笔巨大的财富,没有挫折的人生,只会出现在童话世界中。

敢于向挫折挑战的人,才能把挫折当作进步的阶石,成功的起点。

2 创新

有创新思维的人,更容易胜人一筹,如今,绝对是需要培养创造性人才的时代。而创新思维的三种表现是:流畅性、变通性和独创性。培养孩子的创造力,要从培养其观察力和思考能力入手。

创新，与众不同。日本狮王牙刷公司的员工加藤信三为了赶去上班，在刷牙时，竟致牙龈出血。他为此而感到窝火，上班的路上仍是一肚子不舒服。但在心头怨气平息下去以后，他便和几个要好的伙伴提及此事，并相约一同设法解决刷牙容易伤及牙龈的问题。

他们想了不少解决刷牙造成牙龈出血的办法，如将牙刷毛改为柔软毛，刷牙前先用热水把牙刷泡软，多用些牙膏，放慢刷牙速度等，但结果都不太理想，他们进一步仔细检查牙刷毛，在放大镜底下，发现刷毛顶端并不是尖的，而是四方形的。加藤信三想："把它改成圆形的不就好了？"于是他们着手改进牙刷毛。

加藤信三经过实验取得成效后，正式向公司提出了这一项改变牙刷形状的建议，公司很乐意改进自己的产品，欣然把全部牙刷毛的顶端改成扁圆形。改进后的狮王牌牙刷在广告媒介的作用下，销路极好，连续畅销10余年之久，销售量占全国同类产品的30%~40%，加藤信三也由职员晋升为科长，十几年后成为公司的董事长。

不会创新的人，也做不出大事。牙刷不好用，在我们看来都是司空见惯的事情，但很少有人想办法去解决这个问题，所以机遇就不属于我们。而加藤信三，既发现了问题，又设法解决了问题，结果他由此获得了机会。所以，牙刷不好用的问题对他来说，就是一个机遇。这是追究细节给人带来机遇的一个案例。

2002年10月1日，上海万人体育馆熙熙攘攘，但所有人的眼光都被一个东西吸引住了，一条长28.9米，腰围19米，重247公斤，挂起来有8层楼高的牛仔裤。人们都在议论纷纷，这是我们日常生活所穿的牛仔裤吗？竟然可以如此巨大，但它的确是一条裤子，虽然如此巨大，但它跟普通的牛仔裤没什么两样，只不过是放大了10倍……这就是世界著名的牛仔裤制造商李维斯公司的作品，这条牛仔裤已经被英国吉尼斯总部确定为"世界第一"。当然，还有一个第一是李维·施特劳斯创造的，因为他是世界上第一个发明牛仔裤的人。

1829年，李维·施特劳斯出生于一个小职员的家庭，作为德籍犹太人，李维从小就很聪明，顺顺利利地上完中学、大学，就如他的父辈一样，他当上了一个文员。

1850年，一则令人惊喜的消息为人们带来了无穷的希望和幻想：美国西部发现了大片金矿，淘金的美梦每个人都在做。于是，无数个想一夜致富的人如潮水一般涌向那曾经是人迹罕至、荒凉萧条的西部不毛之地。李维·施特劳斯当时20多岁，他心中的冒险因子在蠢蠢欲动，也让他不甘于做一个安稳的小职员，李维渴望冒险，想同自己的劳动、运气赌一把，于是，他放弃了这个过于无味的工作，加入到浩浩荡荡的淘金人流之中。

经过漫长的路程，李维来到美国旧金山，他才发现自己的莽撞，自己并不是第一个去淘金的人，曾经荒凉的西部现在到处都是淘金的人群，到处都是帐篷，这么多的人蜗居在一个个帐篷里，能实现发财梦吗？能满意而归吗？难道自己抛弃工作来到这里，就这样无望地等待？他陷入深深的思考之中。

这么多的淘金者都待在一个地方，生活在帐篷里，再加上离市中心很远，买东西十分不方便。一次偶然的机会，李维看到那些淘金者为了买一点日用品不得不跑很远的路，他自己也深有体会。于是，他决定了，不再做那个遥不可及的盒子梦，而是踏踏实实地定下心来，开一家日用品小店,不再从土里淘金,而是从淘金人身上开始自己新的梦想。

不出李维所料,这家小店的生意很不错,来光顾的人络绎不绝。很快,李维的成本就赚回来了,还有了不少的利润。

有一天,他又乘船外出采购了许多日用百货和一大批搭帐篷、马车篷用的帆布。由于船上旅客很多,因此那些日用百货没等下船就被人们抢购一空,但帆布却没人理会。到码头卸货后,他就开始高声叫喊推销帆布。由于淘金者们都已搭好了帐篷,谁也不会费钱费力再去搭第二个,因此眼看帆布就要赔本了。

李维本来以为帐篷是人们的必需品,却没想到竟然无人问津,因此非常沮丧。忽然,一位淘金工人迎面走来,并注视着帆布。他连忙高兴地迎上前去,热情地问道:"您是不是想买些帆布搭帐篷?"那工人摇摇头:"我不需要再搭一个帐篷,我需要的是像帐篷一样坚硬耐磨的裤子,你有吗?""裤子?为什么?"李维·施特劳斯惊奇地问道。那工人告诉他,淘金的工作很艰苦,衣裤经常要与石头、沙土摩擦,棉布做的裤子不耐穿,几天就磨破了。"如果用这些厚厚的帆布做成裤子,肯定又结实又耐磨,说不定会大受欢迎呢!"淘金工人的这番话提醒了李维·施特劳斯。他想,反正这些帆布也卖不出去,何不试一试做裤子呢?于是,他灵机一动,用带来的厚帆布效仿美国西部的一位牧工杰恩所特制的一条样式新奇而又特别结实耐用的棕色工作裤,向矿工们出售。

1853年,第一条日后被称为"牛仔裤"的帆布工装裤在李维·施特劳斯手中诞生了,当时它被工人们叫做"李维斯工装裤"。

因为敢于创新,李维获得了事业发展的机会,取得了巨大的成功。青少年朋友也应该大胆创新,不能墨守成规,只有敢于创新、善于创新的人才能适应社会,才能在发展中不断进步。这些都说明,勇于创新,善于创新,努力研究、学习和克服一切艰难困苦,在成功的路上坚持到底,才能成为一个对人类社会有所贡献的人。只有创新才能有出路,只有创新才能有发展。不断地创新,不断地进步,不断地变化,才能适应社会,才能发展。创新是前进的动力,创新的根本目的是促进发展,而不是创新本身。

3 毅力

毅力就是坚持持久的意志,或把一件事情做到底的精神。

坚持到底,拥抱胜利。一位久负盛誉的企业家在告别职业生涯之际,应多人要求,公开讲了一下自己一生取得多项成就的奥秘。

会场座无虚席,奇怪的却是,在前方的舞台上,吊了一个大铁球。观众们都莫名其妙,这时,两位工作人员抬了一个大铁锤,放在老者的面前。老者请两位身强力壮的年轻人上来,让他们用这个大铁锤,去敲打那个吊着的铁球,把它震起来。

一个年轻人抢着抡起大铁锤,全力向那吊着的铁球砸去,可是那吊球却一动也没动。另一个人接过大铁锤把吊球也打得叮当响,可是铁球依旧一动不动。

观众们都以为那个铁球肯定是动不了。这时,老人从上衣口袋里掏出一个小锤,认真地面对着那个巨大的铁球,用小锤对着铁球"咚"敲了一下。然后停顿一下,再敲一下。人们奇怪地看着,老人就那样敲一下,然后停顿一下,持续地做。

　　10分钟过去了,20分钟过去了,会场开始骚动。老人仍然不理不睬、一小锤一停地工作着。大概在老人进行到40分钟的时候,坐在前面的一名妇女突然尖叫一声:"球动了!"刹那间会场立即鸦雀无声,人们聚精会神地看着那个铁球。那球以很小的摆幅动了起来,不仔细看很难察觉。吊球在老人一锤一锤的敲打中越荡越高,它拉动了那个铁架子"咣、咣"催响,它的巨大威力强烈地震撼着在场的每一个人。终于场上爆发出阵阵热烈的掌声,在掌声中,老人转过身来,慢慢地把那把小锤揣进兜里。

　　成功就是简单的事情重复做。我们都无法预测运气什么时候到来,我们也无法精心设计各种机遇。但是我们可以专注于自己的兴趣和工作,持之以恒,这样就可以做出大名堂。一生只做一件事,做成就是大成功。1952年,世界著名的游泳好手弗洛伦丝·查德威克从卡德林那岛游向加利福尼亚海滩。两年前,她曾经横渡过英吉利海峡,现在,她想再创一项纪录。

　　这天,当她游近加利福尼亚海岸时,嘴唇已冻得发紫,全身一阵一阵地打寒战。她已经在海水里泡了16个小时。远方,雾霭茫茫,使她难以辨认伴随着她的小艇。查德威克感到难以坚持,她向小艇上的朋友请求:"把我拖上去吧。"艇上的人们劝她不要向困难低头,要她再坚持一下。"只有一英里远了。"他们告诉她。浓雾使她难以看到海岸,她以为别人在骗她。"把我拖上去。"她再三请求着。于是,冷得发抖、浑身湿淋淋的查德威克被拉上了小艇。

　　后来,她告诉记者说,如果当时她能看到陆地,她就一定能坚持游到终点。大雾阻止了她去夺取最后的胜利。这件事过后,她认识到,事实上,妨碍她成功的,不是大雾,而是她内心的疑惑,是她自己让大雾挡住了视线,迷惑了心。先是对自己失去了信心,然后才被大雾给俘虏了。两个月后,查德威克再次尝试着游向加利福尼亚海岸。浓雾还是笼罩在她的周围,海水冰凉刺骨,她同样望不见陆地。但这次她坚持着,她知道陆地就在前方;她奋力向前游,因为陆地在她的心中。查德威克终于明白了信念的重要性。她不仅确立目标,而且懂得要对目标充满信心。每个人都会确立一些人生的目标,要实现这些目标,首先你必须相信自己能够做到。千万不要让形形色色的雾迷住了你的眼,不要让雾气俘虏了你。在实现目标的过程中受到挫折时,请记住,总能等到那云开雾散的时刻。

　　在走向成功的征途中,坚持的过程往往就是积累的过程,一步一步地积累,能不断获取成就感,不断得到鼓舞与助威,不断获得与困难作斗争的动力,进而坚持不懈地并最终到达成功的彼岸。成功,就在于能比别人多坚持一下。追求成功是艰难的,需要信念激励,需要意志支撑,需要毅力坚持。

　　勤奋比天才更重要。"勤能补拙是良训,一分辛苦一分才。"著名数学家华罗庚先生的这句话激励了无数的有志者。世界上天才并不多,更多的是通过勤奋攀登上自己人生高峰的勇士。很多时候,勤奋比天才更重要。人的智商是有高低之分的,但是如果想单靠自己的聪明而不付出艰辛的努力,那么要想成功是很难的。

　　在一般人的眼里,秀彬这人肯定算不上命运的宠儿。他出生在一个贫困的家庭,初中没毕业就得回家帮助父母料理家务。但是,秀彬是一个勤奋刻苦的人,由于自己对物理和化学的特殊偏爱,他利用一切的时间来自学。为了贴补家用,在不得不外出打工的日子里,他自己选择到报酬不是很高,但是却可以进行自己实验的药店工作。一得空时,他就利用药店里的各种"器材"做实验,说起器材,不过是药店里边的废旧平底锅、烧水壶和各种各样的瓶子。就这样边做实验边学习,自己将初中、高中乃至大学的物理、化学教材都学习得滚瓜烂熟,正是在这种坚持不懈的努力下,秀彬研制出三项国际领先的新成果。后来,他以在电化学方面的杰出贡献以及出色的领导才能担任学会会长。

秀彬的例子让我们看到了勤奋者的希望,只要肯付出努力,只要比别人勤奋,就可以做到别人做不到的事情。聪明不是一个人的永远财富,只有通过勤奋去充实自己的大脑,才能让这个财富的保质期延长下去。所以不要妄想不通过努力就获得成功。也许你会说真正成功的人有几个亲自上前线的,还不是把事情分配给手下的人啊?但是你有没有想过,成功的人如果没有开始的勤奋打拼,能有今天的至上地位吗?

约翰·沃纳梅克在年轻的时候同样是一个比较勤奋刻苦的小伙子,为了挣得每周1美元25美分的报酬,他每天都要步行4公里到费城的一家书店打工,他的这种勤奋刻苦的精神让人感动。后来,为了挣得更多的工资,他转行到一家制衣店工作,这样每周就可以多拿25美分的报酬。无论从事什么样的工作,沃纳梅克都是以百分之百的热情去面对,尽力将工作做好。在他的持续努力下,事业不断向上攀升,后来,他终于拥有了自己的公司,成为美国最成功的商人之一。1889年,在众多的候选人中,由于他的才智与非凡的才能,他被哈里彝总统任命为邮政总局局长。

勤奋刻苦的品质是通向成功的桥梁。年轻人最缺乏的可能就是勤奋刻苦的品质,很多人,总是想一下子获得成功,不愿脚踏实地,不愿吃苦,做一些小事的时候觉得是大材小用,不甘心。但是他们不知道其实在很多小事中也蕴藏着大机会,关键在于会不会发现机遇。

要想实现自己的抱负,你就得调动自己的全部智力,全力以赴,用勤奋打开成功的大门,在小事情中找到发挥自己能力的地方。久而久之,你会变得越来越出色。

勤奋比天才更重要。勤奋能够让本来聪明的人挖掘出更大的潜力,能够让本不是天才的人成为天才。

《士兵突击》是2007年荧屏热映的电视剧,观众在观看的过程中被感动了。更多的是被那个显着笨笨的许三多感动了。没有人会把开始的许三多和聪明、天才这些字眼放在一起,但是如果没有看到他的奋斗过程的人看到他的最终的成绩,就一定会觉得他是个天才。但事实上,他不是天才,他就是用自己真实的勤奋和汗水从一个成绩最差的兵成了种子兵。

印象最深的一幕就是他腹部绕杠的那段,开始的他甚至爬上杠杆都是个问题,更别说绕上几个了,他不愿成为孬种,不愿让班长失望,所以他不断地练习,从未间断,不管天气好坏他都坚持着,最终他能够连续绕333个,没有人再超越他。为了能够做到更好,他的手被磨破了很多次,他不觉得疼,因为他太需要证明自己了。所以,他用自己的勤奋,给战友们上了一课,就连高连长也对他刮目相看。这就是许三多勤奋的故事给我们带来的深深思考。

人可以不聪明,但是要成功,就必须要勤奋。如果你永远保持勤奋的状态,你就会得到他人的称许和赞扬,就会赢得别人的尊重。不仅如此,勤奋还会使你的能力提高,赢得更多的发展机会。有的人鼠目寸光,只盯着眼前的利益,而忽视了更重要的部分,这样的人很难造就。唯有不断学习新知识,掌握新技能,适应新环境,你的人生才会充满奋斗的乐趣。正如踢足球是在奔跑中寻找破门良机一样,在不懈的努力学习与实践中,我们的生命才会升值。我们发现,取得优异成绩的学生,大多具有勤奋的品格。

任何人都要经过不懈努力才能有所收获。收获的成果取决于这个人努力的程度,世上机缘巧合的事太少见了。有人说"我很聪明",那么假设果真如此,你就应该为聪明插上勤奋的翅膀,这样,你就能飞得更高更远;如果你还不够聪明,你就更应该勤奋,因为"勤能补拙",现实生活中,我们经常能够发现"龟兔赛跑"的事。最终成功的人,不一定是最聪明的人,但无一不是勤奋的人。在漫长的人生道路上,勤奋比天才更可靠。

一个人要获得成功,一般性的奋斗真的很难让你成为理想中的自己,在成功的路上一个人要付出的努力与勤奋也许会超乎你的想象。真的做到比别人努力几倍,甚至几十倍,就是决定你能比别人成功几倍几十倍的重要条件。哪个最终成为成功典型的人不是从别人更加勤奋的路上一步一步走过来的呢? 只有更早地比别人付出了这份努力,你才有机会比别人更早成为理想中的自己,也才能有机会比别人更早地享受到更好的生活。年轻时努力就是为了老年的时候能够过得轻松,无须再努力。

天赋与勤奋是决定人生能否成功的两个重要因素,天赋是先天的,勤奋是后天的,天赋无法苛求,但勤奋可以自己把握和实现。无论多么聪明的人,没有辛勤的耕耘,一切梦想都是空谈。勤奋不但能够弥补先天的不足,而且可以增长才能,锻炼坚强的意志。

4 合作

合作就是共处,而学会共处是国际上的未来教育的"四大支柱"的基础。"四大支柱"即学会求知、学会做事、学会共处、学会生存,而且是相互联系、相互渗透、不可分割的一个整体。"四大支柱"代表了一种新的教育价值取向,这种价值取向的实现取决于家长的素质和孩子的希望。

从小就要懂得合作。随着社会的发展,人与人之间的交往日益频繁,既存在着激烈的竞争,又有着广泛的联系与合作。一个缺乏合作精神的人,不仅在事业上难有建树,而且很难适应时代发展的需要,很难在激烈的竞争中立于不赋之地。越是在现代社会,孤家寡人、单枪匹马越难取得成功,越需要团结协作,形成合力。从某种意义上讲,帮别人就是帮自己,合则共存,分则俱损。有一个经典的故事正说明了这个道理。

一位生前经常行善的基督徒见到了上帝,他问上帝天堂和地狱有何区别,于是上帝就让天使带他到天堂和地狱去参观。

到了天堂,在他们面前出现一张很大的餐桌,桌上摆满了丰盛的佳肴。围着桌子吃饭的人都拿着一把十几尺长的勺子。不过令人不解的是,这些可爱的人们都在相互喂对面的人吃饭。可以看得出,每个人都吃得很愉快。天堂就是这个样子呀! 他心中非常失望。

接着,天使又带他来到地狱参观。出现在他面前的是同样的一桌佳肴,他心中纳闷:天堂怎么和地狱一样呀? 天使看出了他的疑惑,就对他说:"不用急,你再继续看下去。"

过了一会儿,用餐的时间到了,只见一群骨瘦如柴的人来到桌前入座。每个人手上也都拿着一把十几尺长的勺子。可是由于勺子实在是太长了,每个人都无法把勺子内的饭送到自己口中,这些人都饿得大喊大叫。故事并不复杂,但却蕴涵着深刻的社会哲理和强烈的警示意义。同样的条件,同样的设备,为什么一些人把它变成了天堂,而另一些人却将它经营成了地狱? 其实关键就在于,你是选择了共同幸福还是独霸利益。合作能够带来共同利益,达到多赢的效果。一根筷子是很容易被折断的,但当我们把几十根筷子放在一起时,我们就很难把它们折断。由此可见,合作的力量是巨大的。正因为我们学会了合作,才有了成功的见证。

所谓合作,乃是一群人以心志的统一、力量的统一来共同追求某一特定的目标。正是拿破仑·希尔所说的"团结努力"。

团结努力是成功之自然法则。我们经常会注意到大雁以"V"字形队形飞行,大雁定期变换领导者,因为为首的雁在前头开路,能帮助其左右的雁群造成局部的真空。科学家曾在风洞实验中发现,成群的雁,以"V"字形队形飞行,比一只雁单独飞行能多飞12%的距离。自然界的这一普遍现象不正透视着合作的真理吗? 人类亦如此,只要懂得协作,就会"飞"得更高、更快、更强。国家如此,集体如此,个人亦如此。

国际时政风云变幻,风起云涌,而不变的就是合作。从合纵连横抗秦到反法西斯同盟的建立,从国共合作抗日救国到新中国联苏抗美,从美英制伊到美英空袭阿富汗,从石油输出国组织的建立到南南合作的兴起,从关贸总协定的制定到WTO的成熟,无一不闪烁着合作的光芒。

合作就像久旱逢甘露,能化干戈为玉帛。"强强联合"建立业界"航母"已不再陌生,信手拈来便有:戴姆勒与奔驰的天才合并,使昔日的冤家携手闻名天下,不仅抵住了外来的压力,而且成为本国汽车工业的一方霸主,在世界汽车市场站稳了脚跟。同样,波音与麦道的合并给王牌的空中客车当头一棒。中石化也以其"联合航队"杀出一条血路,跻身世界五百强之列。可见,这合作是削金如泥的利刃!

我们生存在一个充满竞争的时代,生存似乎变得越来越艰难,然而正是如此,我们才更需要与别人合作。最能有效地运用合作法则的人生存得最久,而且这个法则适用于任何动物。一个人的才能和力量总是有限的,唯有合作,才能最省时省力,最高效地走向成功。没有别人的协助与合作,任何人都无法取得持久的成功。

合作与竞争看似水火不容,实则相依相伴。在知识经济时代,竞争与合作已经成为不可逆转的大趋势,合作与团队精神变得空前重要,只有承认个人智能的局限性,懂得自我封闭的危害性,明确合作精神的重要性,才能有效地通过合作来弥补自身的不足,以达到单凭个人力量达不到的目的。

优秀人才有机结合在一起,就会相映生辉,相得益彰。如今,许多企业实行强强联合的措施,就是希望通过合作产生巨大的能量,达成双赢的效果。现实生活中,有些人乐于助人、广结善缘,产生了较强的亲和力,生活起来就得心应手,左右逢源。相反,有的人虽然自身素质不错,优点、长处挺多,却与同伴关系紧张,在需要合作的事情上明显发挥不了自己应有的作用。实践证明,无法与他人和睦相处、坦诚合作,是很多年轻人最终与成功无缘的原因之一。

合作之所以有如此烁烁锋芒,就在于它能优势互补,形成合力,产生1+1>2的绩效。"一个篱笆三个桩,一个好汉三个帮"。"桃园三结义"一展刘备霸业;马、恩友谊共画时代一笔;居里夫妇的结合使他们共入诺贝尔奖殿堂。此等实例,比比皆是。

如今,合作不单是一种精神,而且是一种生存需要。新世纪的生存之路绝不比我们以往的路好走。无数挑战在等待着我们。然而生活中,有许多才华出众的青年人不懂得合作的重要,他们不明白,他们在一个组织或集体中同其他人合作会创造出单个人无法创造的奇迹。

万事不求人,是一种错误的思维,结果只能吞下自我封闭的苦果;团结一致,紧密协作,才是正确的多赢思维,才是取得成功的基石。团结就是力量,合作就是力量。要想成功,任何人都需要他人的帮助。卡耐基说过:"一个人的成功,只有15%是由于他的专业技术,而85%则要靠人际关系和他的为人处世能力。"而这不正是合作的能力吗?

那么,如何才能与别人取得良好的合作关系呢?

首先就是要有容人之心,能够正确地评价自己。清醒地看到自己的不足与短处,这样才能产生与人合作、共同发展的强烈愿望,充分发挥自己的潜能。如果用自己的长处比别人的短处,看不见自己的短处和别人的长处,就很难与别人合作。在合作过程中,相互之间难免会有意见相左、磕磕碰碰的时候,也难免有差错、有失误,能不能相互宽容谅解,营造一个和谐宽松的合作氛围,往往直接影响合作的成败。合作就要互相补台,尤其当合作伙伴的失误造成困难或损失的时候,应该给予充分理解与热情鼓励,开诚布公地指出失误,实事求是地分析原因,心平气和地探讨对策,以帮助合作伙伴尽快走出失误的阴影,振奋精神。这样才能尽快克服困难,尽量减少损失。有的人遇到困难或不顺就一味埋怨指责合作伙伴,或者有了成绩则贪天之功,结果是挫伤了别人的积极性,引起了别人的反感,妨碍了今后的合作,显然不是明智之举。

其次还要学会欣赏别人,愉快地接纳别人。一方面,合作的目的就是扬长避短,学会欣赏别人,才会发现别人的长处,找到合作的伙伴;另一方面,人都是喜欢被赞扬、被欣赏的,你会欣赏别人,别人才会对你有好感,才会愿意接纳你,与你合作。

再者要学会与人分享。一个人要想最终获得成功,还必须学会与人分享你的成功,否则,你将会众叛亲离。

合作是成功的基石,是人类群居社会发展的综合体现。只有好的合作才会有更好的发展。因此发展为合作之本,人与人之间,团队与团队之间,国家与国家之间,只有合作才会有发展,反之,就会被文明所抛弃。没有人能独自成功,成功呼唤合作!

弥补不足的最快方法莫过于与人合作,达到优势互补的效果。

"人"的结构就是相互支撑,人的事情需要每个人的参与。能用众力,则无敌于天下矣;能用众智,则无畏于圣人矣。

"凡事自己来",就错了。每个人的能力和时间都是有限的,凡事自己来、完全不靠别人帮助的人是走不了多远的。凡事坚持独立完成虽然会让你有成就感,但你可能要为此付出双倍甚至更多的时间和精力,而且有时还存在一定的风险。所以,要想让自己成为一个成功者,就要避免凡事自己来。

史蒂夫·鲍尔默曾说:"有人告诉我他一周工作90小时,我对他说,你完全错了,写下20项每周至少让你忙碌90小时的工作,仔细审视后,你将会发现其中至少有10项工作是没有意义的,或是可以请人代劳的。"对于领导者来说,"凡事自己来"显然不是一个好的习惯,这说明他们不能充分地信任下属,他们只看得见下属的短处,却看不到他们的长处。

"每一件事情,我不过手就一定会出差错。"这是很多老板经常挂在嘴上的一句话,也是他们引以为傲的一件事。事实上,这往往是老板自己造成的后果。如果老板事不问大小皆要亲自参与,那么他的下属怎能独立呢? 无法独立的下属自然出错的机会就大,特别是当事必躬亲的老板不在场的时候。不希望永远处在一家名不见经传的小公司的人,大多不会选择一位不懂得授权的老板。除此之外,真正的人才也不愿意追随一个"凡事都要自己来"的老板。有创意、有胆识的人才也绝不希望老板常相左右。所以,要想成为一个好的领导者就要懂得如何授权,千万不要有"凡事自己来"的想法。

史蒂夫·鲍尔默曾给微软经理这样一条忠告:"不要什么事都做。你的任务是计划、组织、控制、指挥。"关于史蒂夫·鲍尔默的授权艺术,微软公司前全球副总裁李开复博士曾这样评价道:"史蒂夫·鲍尔默,微软的首席执行官,是近年来对我影响最深的人。几年前的鲍尔默就像个果断的老板,凡事喜欢一手抓,而且,总是在前台鼓舞士气。做了首席执行官后,他放权给公司七大部门的负责人,不再做每件大事的最后决定人,加快七个部门负责人的成长。他不再做一个最有煽动力的啦啦队员,而是一个幕后的教练。他把自己对竞争对手的研究转换成对人才的研究。鲍尔默的行为对我很有启发。在我对任何要求回答'我做不到'之前,我总会想到,鲍尔默可以做到,我为什么不试试? 他这个榜样帮助了我成长。"对于普通人来说,"凡事自己来"也是不可取的。成功之路漫长遥远,单靠个人的努力是不够的,要想快速到达成功的彼岸,就要学会与人合作,学会借力做事。学会与人合作是事业成功的重要保证。一个人的力量总是渺小的,世界上确实有许多一个人干不成的事儿,总之,一个人干不成的事就要与别人合作干。因此,对于青少年来说,学会与人合作就显得特别重要了。

韩国人尚学录是日本一家企业的业务员,他并没有什么学历和资金,但他有善于企划的能力。有一天,他接到从西德寄来的商品目录,其中有一种新开发上市的羊毛纺织机器。对于新机械他比别人内行,直觉告诉他这是一个良机。他立即详细调查了日本的羊毛纺织机器。他了解到应用这种新机器使生产成本大约可降低三分之二,而且生产效益可成倍增长。但是,他没有向日本人推销这种机器,而是带着这项新产品的目录和经营纺织工厂的新构想,去找住在日本的一位韩裔富翁林伯熊先生。林先生对纺织业一窍不通,但经尚学录的企划说明之后,也感到这是一个不错的主意。他立即同意开一家纺织工厂,从西德进口四部机器,并请尚学录当总经理。尚学录逐渐从原来默默无闻的业务员,摇身一变成为大工厂的经营者。他的成功之道便是与成功者合作,借助成功者的力量来实现自己的梦想。这也是通向成功的一条捷径。

与人搭档创业成功的例子很多。比尔·盖茨1973年进入哈佛大学法律系学习,19岁时退学,与同伴保罗·艾伦创办电脑公司,直到后来创办了微软公司,自任董事长、总裁兼首席执行官。杨致远和戴维·费罗同在斯坦福大学从事研究,两个人邂逅并结交成了最佳搭档,创办了闻名于世的雅虎公司。乔布斯发明"苹果"电脑,也是与人合作,创造出辉煌业绩的。创业中至少两人是忠诚搭档,共创大业成为一种"现象"。给予我们的启示是,在创业之初"踩着地雷"向前走时,有个知音患难相伴,共同分享成功的风险和利益是明智之举。

善于协商与合作既是一种精神和态度,也是一种能力和修养。一个人考入大学主要靠的是分数,而一个人步入社会站住脚跟,并最终取得成功,靠的就是能力。"与人合作"是人生存的最基本、最重要的能力。

中国有两句俗语:"众人拾材火焰高。""一个巴掌拍不响,万人鼓掌声震天。"善于协商与合作能够克服个人力量的不足,壮大集体的力量,从而使每个人都从中获得进步,实现多赢。因此,加强团结合作是每个人成功的基石,也是一个集体成功的基石。

许多人在学习和生活中遭受挫折的最大问题,其实是他们不懂得与人合作,总是争强好胜,凡事都想自己来。尤其是那些认为自己有才华的人,总是在想:噢,不! 这个人没什么能力,我不想与他合作,这件事我自己一个人就可以处理好。

世界是由各种各样的人组成的,就像彩虹是由7种颜色组成的一样。一个人只有学会与不同的人相处,才能适应未来的社会。"孤芳自赏"或"孤家寡人"的才子常常会有"怀才不遇"的郁闷。观察社会上的成功人士可以发现,真正取得竞争优势的人首先是一个善于合作的人,完全靠单枪匹马稳操胜券的人并不是经常出现的,因为我们处在一个专业分工精细而又合作共处的时代。因此我们需要培养自己与他人合作的能力,为将来拓展自己的人生舞台打下基础。

与人合作是一门艺术,处理得好,能够实现多赢,但是如果处理不好,就会产生烦恼甚至反目成仇。要想与人建立良好的合作关系,要遵循以下原则:一是选好合作伙伴。一定要选那些品德端正,操守高洁,又具有一定素质的人为合作伙伴。二是以诚相待,互相尊重。合作双方最忌讳的就是互相使心眼。既然是合作伙伴,就是一条线上拴的两个蚂蚱,一损俱损. 一荣俱荣。因此,要团结一致,以诚相待,互相尊重。三是胸怀大度,求同存异。在合作的过程中难免出现一点分歧,在一些小事上闹一点小矛盾算不了什么,既然走到一起来了,就说明双方有缘分,要珍惜合作机会,互相谦让一步就过去了。如果不能做到这一点,就有可能矛盾越闹越大,最后前功尽弃,受损失的是双方。

一滴水只有融入大海,才永远不会枯竭;一个人只有融入到集体中,才能发挥其最大的价值。孤军奋战只能导致失败。凡事自己来,只能耗尽自己的所有,最后导致一事无成。如果你想取得成功,就千万不要再被"凡事自己来"的思想所困扰了,要时刻牢记:一个人的能力是有限的,一定要善于与人合作,实现多赢。

成功的人是跟别人学习经验,失败的人是跟自己学习经验。

敢于和对手竞争,更要懂得在适当的时候,和对方合作,这才是做大事者应具备的策略。没有人能够不需要别人的帮助而成功,毕竟个人能力有限,所有伟大的人,都必须靠他人的帮助,才有扩展和茁壮成长的可能。

5 理财

培养"财商",咱孩子就可能成为"大亨",但要注意的是,不要培育出一个"守财奴"。

打好你零花钱的小算盘。在你孩子的年少的印象中,第一次接触金钱可能就是在你的少年时期,这时候的你不但拥有了脖子上可以挂家门钥匙的特权,而且有了第一次支配金钱的权利,发生的这些都是你生命中奇妙的分水岭。当父母语重心长地把钥匙挂在你脖子上的时候,他们同时也把亲情的信任轻轻地压在你的肩上了,当父母百感交集地把零花钱放在你手里的时摸，他们同时也给予了你一个大孩子的自主权。这时候的你应该感到骄傲，拉着你心智成长的不仅是你的身体，还有一种对权利的运用，你拿到手的第一笔零花钱，它承载的重量是你整个少年时期的对金钱粗浅的认识和萌芽。

随着我国经济实力的日益强大，国民的生活水平节节提升，作为少年儿童的你自然也分享了这个好时代。但是勤俭节约这个做人精髓是你千万不能丢的，因为勤俭节约塑造的不仅仅是你健康的金钱观，还是一种健康的生活方式，作为少年的你一定要正确认识勤俭节约，它不等同于寒酸和没有面子，事实上，勤俭节约是你在少年时期做的最时尚、最酷的事情。英国女王伊丽莎白二世，经常说的一句英国谚语是"节约便士，英镑自来"。她作为英国的皇室都能这么正确健康地认识金钱，真是难能可贵。

你不理财，财不理你。这些话似乎都是说给成年人的。对于财富的认识是贯穿于你大半生的，在你成年后才灌输这个思想，真是有点晚了。少年时期，是锻炼你理财能力的时期，父母在这个时候，完全可以让你自己计划一些你的支出，甚至还可以借钱给你，但前提是你必须在规定时间里把钱还上，甚至他们还可以给你附加一些"家庭利息"，这样，不仅能锻炼你的逻辑记账能力，而且还能养成你良好的信用度，要知道，长大后的你钱包里可能有几十张信用卡。

树立正确的金钱观。父母千万不可忽视少年时期对你金钱观上的引导。少年时期是你的塑形时期，你第一次接触的观念往往会一直左右你的人生，这个道理就像刚出生的小鸡总是把第一眼看到的物体当作妈妈一样。你对金钱的认识其实是一个细节接一个细节地累加。你要懂得人拥有金钱的真正意义，它的存在其实也就是一种交流。金钱再美好也比不上人与人之间的美好感情，人与人之间的美好感情才是大前提。得到金钱途径只有通过你工作，付出努力，夹杂汗水，才能体现其真正魅力。这时候，父母可以做一些事情对你加以引导。

首先，父母有时间的话，完全可以带你去他们的工作单位参观一下，这样不仅可以拉近亲子关系，而且还可以让你了解到一些社会工作的流程，让你了解一下父母每天的工作环境，让你懂得你们的日常开销都是通过诚实劳动换来的。想在物质上更丰裕，就必须在行动上更勤奋。你在少年时期一定看过一本日本漫画书，名字是《机器猫》。里面有一个小故事，主人公大雄是一个心地善良却不求上进的小学生，有一天，机器猫用它的神奇道具让大雄看到了父亲每天在东京地铁站挤地铁的辛苦画面，三年级的大雄终于体会到父亲上班养家的辛苦，从那以后，大雄变得更懂事了。

生活中每天都在发生不幸，可幸运的是，我们的社会总在最快的时间内积聚力量，去帮助那些需要帮助的人们。每逢节日，在你和父母都有时间的时候，不妨让父母带你去一下周边的福利院，让你明白你应该珍惜你的幸福生活，因为在城市的一角，还有这样一群孩子，他们甚至都不知道父母在哪里，是谁。同时也别忘了把你积攒的零花钱捐献出来，这样可以让你明白，金钱的最大魅力是温情，是良知，是融合，是共同快乐，是人与人之间的相互帮助。这样不仅能让你正确地理解苦难，还能让你知道世间还存在着一种救赎苦难的力量。这时候，金钱的善良意义就会在你少年的心里生根发芽。

这时，你的小小存钱罐的旁边又多了一个容器，一个盛放爱心的容器。

少年时候说金钱，一点儿也不早，一点儿也不显多余，即使那时，你没有真正产生金钱的能力。我们无可避免地想到，在今天上学的学子以后很可能是中国财富的最大竞争者，所以打好你的小算盘，正确、健康地认识金钱对你很有必要。

省一元钱等于赚一元钱，培养孩子的节俭意识。有一个"一九原理"说：如果有十元，最多只能花九元，剩下一元坚持不花，日积月累，你就有钱了。

总是听到身边的一些大人在抱怨："现在的孩子怎么那么不爱惜东西，刚买的文具还没有用就坏了。"要么就是在抱怨："现在的孩子花钱大手大脚，过个生日就上千，买身衣服就得是名牌，吃要吃最好的，给点零花钱非给你花到底朝天不可……"

许多父母深有感触，花钱容易赚钱难，能省就省，一切恰到好处就好，不需要太铺张浪费。而在独生子女越来越多的今天，生活水平日益提高的今天，孩子乱花钱、随时浪费的现象日益严重，父母对孩子的节俭教育已经大大地被忽略了。俗话说"成由节俭败由奢"，如果不知道节俭，那么再雄厚的家业也会坐吃山空的。因此，父母要注意从小培养孩子的节俭意识，使孩子养成节俭的好习惯。

贝贝家境比较富裕，爸爸是当地有名的企业家，妈妈是医院的主任，她一直过着优越的生活。同学有的她一定有，同学们没有的她也一定要有。她可以眼皮不眨地整个中午挥霍3000多块钱，只要她张口要钱，父母总是很乐意地给她钱，嘴里还念叨着："只要孩子高兴，花点儿钱也是值得的。"就这样，她一直过着养尊处优的生活。

生活在乡下的奶奶有一次进城，看见她的"大手大脚"不禁吓了一身汗，于是和儿子讨论了这件事情。她父母意识到问题的严重性，于是决定对她实行"零花钱规划制度"，每月只给贝贝一定的零花钱，而且有意识地月底进行清算，剩下的钱要交给父母一半。她起初死活不答应，但是鉴于父母强烈的态度，也只能这样做。

在父母的引导下，贝贝开始进行有节制地花钱，每次刚要买东西时，看见手中越来越少的钱，也就舍不得花了。前阶段，她想买一款数码相机，但是仅凭自己的零花钱压根儿不够，于是贝贝和父母商量，父母递给贝贝一张卡，里面是2000元钱，贝贝很不明白。妈妈告诉贝贝，这些都是父母强制向她要的那一半零花钱。

她买到了心爱的数码相机，人也越来越节俭，因为她明白，省一元钱等于赚一元钱。

有人曾经说过："你赚的一元钱不是你的钱，你省下的一元钱才是你的钱。"道理很简单，花费掉的钱永远不是自己的钱，而节省下来的钱才有可能成为孩子自己的钱。孩子只有明白这个道理，才能懂得父母的辛劳、钱的来之不易，才能养成受用一生的好习惯。

节约是一种品质，难以想象一个从小大手大脚随便花钱的人，怎么能创造一番事业，建设一个好家庭。"成由节俭败由奢"是亘古不变的真理，父母注意从小培养孩子的节俭意识，将使孩子们受用一生。

方法一：家长要以身作则，言传身教。

家庭是孩子接触的第一个环境，家长是孩子的第一任老师，父母的言谈举止会在孩子幼小的心灵中留下深刻的印象。日常生活中，如果父母不注意节约，孩子花钱就会大手大脚。因此，家长要时时注意以身作则，树立花钱有节、勤俭持家的良好形象，当好孩子的第一任老师，在日常生活中做好榜样，从而引导孩子走好人生的每一步。

方法二：从小训练孩子讨价还价的本领。

教孩子讨价还价，其实就是在教孩子如何花钱，如何利用手中有限的资金买到更多的东西。家长要在孩子小的时候，有意识地让他自己去买东西，以培养他的能力。告诉他什么是该买的，什么是不该买的；买东西要看生产日期和保质期；同一件商品在不同的地方价格也会不一样，根据商品的质量，学会"货比三家"，讨价还价。

方法三：要让孩子明白钱花在需要上"节俭"这个词，不是根据花钱多少来确定的，不能说花钱多就是浪费，花钱少就是节俭，不管钱多还是钱少，关键是花在刀刃上。让孩子知道把钱花在生活和学习的真正需要上，那些所谓的比穿着、比吃喝，都是浪费，都是攀比在作怪。家长要学会引导孩子的攀比心理，让孩子和同学比学习、比表现。启发孩子从生活较差的同学身上学习勤劳简朴的精神；让孩子同电视里看到的困难家庭的孩子比较，帮助孩子树立"知足感"；给孩子讲一些自己小时候生活艰难的故事，等等。

方法四：教会孩子积累。

孩子手里的零花钱、压岁钱应当有计划地使用。必要的东西才买，可买可不买的不买，把剩余的钱存起来。在存钱、用钱的过程中培养孩子节约的好品质。

在家庭教育中，父母要以自己的节约行为影响孩子，赞赏孩子的勤俭节约，批评孩子的铺张浪费，让孩子知道好钢要用在刀刃上，花在需要上，从而培养孩子的节俭意识。

告诉孩子钱能生钱，培养孩子的投资意识。从家长薪水中拿出 1/10，做有利的投资。这 1/10 的钱加上它所赚的利息，将使你在我这个年纪时就可以聚积到可观的财富。

在我们生活中，出现了越来越多的"小股民""小基民"。时常听见有的家长在评论"谁家的孩子买了基金谁家的孩子炒股赚了好几千块钱"……诸如此类的例子不胜枚举。怎么一群孩子"扎"进了股市呢？

随着社会的发展，父母越来越重视培养孩子的理财能力，培养孩子的经济意识，很多家长选择让孩子进行投资，有的甚至签订一系列的家庭协议，让孩子在父母的账户里炒股、炒基金。这就打破了常规的储蓄思想，把储蓄罐里的钱或者是账户里的"死钱"，投放到市场上，变成了"活钱"，以钱生钱，用钱赚钱。这样不仅有利于增加孩子的金融知识，培养孩子的理财能力，而且能提高孩子的生存能力。据专家估计，如果一个孩子能够从 8 岁开始接触投资方面的知识，那么到 18 岁甚至 16 岁的时候，这个孩子就完全有能力靠自己的双手来养活自己了。

8 岁的李丹正在上小学二年级，手中已经积攒了 6000 多块钱的资金。看着这么"一大笔"钱财，丹丹的父母不禁有点犯愁。妈妈在证券公司上班，夫妇俩业余时间都喜欢炒股，丹丹对于股市也有所了解，于是夫妇俩同丹丹商量，想让丹丹炒股。其实，丹丹早就对这种"钱生钱"的方法跃跃欲试了。

更有意思的是，丹丹父母和丹丹签订了一份"炒股协议"。协议中确定了一家三口的角色，出资人丹丹是甲方，父母是乙方。协议明确规定，由于丹丹不够年龄，因此只能在父母的账户上进行炒股，在这期间，亏盈都由丹丹自己一个人承担，丹丹享有最高的决策权。协议还规定了炒股不能影响学习，只能利用周末进行讨论。一旦出现学习下降的现象，立即停止孩子炒股。

从此以后,一到周末,丹丹就会和父母讨论关于股票的问题,看看自己购买的股票的涨势,看看大盘的走势,从而在父母的引导下,决定是"放长线钓大鱼"还是及时"抛出"。现在的丹丹俨然是个身经百战的小股民了,讲金融方面的知识头头是道。令父母欣慰的是,炒股不仅没有影响丹丹的学习,反而使得丹丹的心思更加细腻,练就了一副好心态。

孩子小小年纪投入股市或者基金,只要父母掌握合适的尺度,孩子不仅心态不会有什么变化,而且学习成绩也不下降偏差。签订协议可以规范孩子的行为,不让孩子牵扯太多的精力。让孩子学会炒股或炒基金,目的不是赚钱,而是让孩子对理财有个概念,逐步养成投资意识,最后的盈亏并不重要。因此,家长要在孩子小的时候,有意识地培养孩子的理财能力、投资意识,这将有利于孩子及早具备独立的生活能力。成功家长的做法有以下几种:

方法一:培养孩子的投资意识。当孩子的储蓄罐,或者银行账户里的钱到达一定数额的时候,父母就要告诉孩子一些关于投资的方法,让孩子早早地接触股票、基金、债券、拍卖等理财知识,根据孩子的兴趣选择一种方式进行投资。家长也可以引导孩子根据自己的兴趣进行收藏,如果孩子喜欢收集邮票、钱币,那么可以让孩子把手中的钱换成这些东西进行收藏,这种收藏也是一种很好的投资。通过父母的引导,当获得一定收益的时候,对于理财的热爱与钻研将会大大超过我们的想象。

方法二:学学美国家长。在美国,每当孩子生日或者圣诞的时候,很多家长会选择将股票、债券、基金等当作礼物送给自己的孩子,此举不仅能积累孩子上大学的费用,而且还给孩子灌输了一些金融、经济等方面的知识,让他们学会投资。中国的家长,每当孩子生日或者过节时,总会选择一些消费品送给自己的孩子,这样从某种意义上讲不利于孩子的成长。为了早早地培养孩子的投资意识,中国家长应该向美国家长学习学习,转变一些思路,教育出的孩子也会不一样。

方法三:告诉孩子投资有风险。任何一种投资行为都存在风险,当孩子"扎"进投资大门以后,父母在灌输金融知识的同时,也要冷静地告诉孩子其中可能存在的风险,让孩子小心谨慎地步入股市。家长给孩子足够的尊重,但是也要有意识地引导孩子,教会孩子一些方法。同时,家长要控制孩子的投资本钱,孩子年龄太小,投资的本钱不宜过多。

方法四:学习理财两不耽搁。很多家长反对让孩子过早地踏入股市,原因在于孩子处于学习阶段,学习才是孩子应做的事情。但是随着社会的发展,"两耳不闻窗外事,一心只读圣贤书"的教育理念只会让孩子变成呆子,培养孩子的理财意识、经济意识是时代的需要。家长应当合理安排孩子的投资事项,切忌使孩子放弃学业而一头扎进投资里。家长应当给孩子规定时间,让孩子在规定时间段里进行投资商议。

你留给孩子再多的财富,也不及早早地培养孩子的理财能力与理财智商。父母要从小开始培养孩子的投资意识、理财能力,让他体验"以钱生钱"的妙处,及早地掌握经济知识,这将会让你的孩子受用一生。

6 习惯

人们常说"习惯成自然",其实是说习惯是一种省时省力的自然动作,是不假思索就自觉地、经常地、反复去做了,比如每天要刷牙、洗脸等。

习惯不是一般的行为，而是一种定型的行为。我国著名儿童心理学家朱智贤教授认为，习惯是人在一定情境下自动化地去完成某种动作的需要或倾向。例如，儿童养成在饭前、便后或游戏后一定要洗手的习惯后，完成这种动作已成为他们的需要。他指出，习惯形成就是指长期养成的不易改变的行为方式。习惯形成是学习的结果，是条件反射的建立、巩固并达到自动化的结果。

《现代汉语词典》对"习惯"一词的解释是，"常常接触某种新的情况而逐渐适应；在长时期里逐渐养成的、一时不容易改变的行为、倾向或社会风尚"。不难看出，习惯具有个体和社会群体两个层面的意义。从个体层面来看，习惯是个体后天习得的自动化了的动作、反应倾向和行为方式，它是条件反射在个体身上的积淀。从社会群体层面看，习惯是人们在长期的生活中形成的共同的、相对稳定的行为方式和反应倾向。

简单。天下大事必成于细，天下难事必成于易。最简单的东西，往往是最基本且最重要的东西。习惯并不深奥，常常很简单。比如按时作息、遵守规则等等，其实都是做起来一点都不难的事情，难是难在坚持。从最简单的事情做起，并且把最简单的事情坚持做好了，就是不简单。

自然。这自然就是不假思索、不用思想去控制的行为，这是习惯的一个重要特点。如果做一件事情还需要专门的思考、意志和努力，就表明习惯并未真正养成。比如每天晨练 30 分钟，孩子要是在父母的提醒下才去，只能算是一种行为，而非习惯；孩子要是想都没想，自动地去锻炼，一天不锻炼就感到别扭，觉得浑身不舒服，这就叫养成习惯了。

后天的。习惯不是先天遗传的，而是在后天的环境中习得的，是一种条件反射。有的习惯是很自然、不费什么工夫就形成的，有的则需要长期、反复的训练。而养成同一种习惯需要花费的时间，也会因个体的不同而有明显的差异。

可变。习惯是一种定型性行为，一般形成后就很难改变，但这并不是绝对的。即使是已经形成的很牢固的不良习惯，只要经过较长时间的强化训练或受到强大的影响，也能发生改变。当然，这需要极强的意志力和自信心来克服惯性。

情境性。习惯是在相同情境下出现的相同反应。养成某种习惯的人，一旦到了特定的场合，习惯就会现出来。比如，有的孩子只在学校爱劳动，在家里就懒，就是受到了情境的制约。

人们通常把习惯分成好习惯和坏习惯两大类，这种分法虽然简便，却很笼统，归纳出来主要有：

按习惯的价值分良好(积极的)习惯和不良(消极的)习惯。凡是对人的学习、工作和生活等起积极作用，适应人的正常需要，且对人具有正向价值的一类习惯就是良好的习惯或积极的习惯，如节约能源、坚持体育锻炼等。反之，则是不良的习惯或消极的习惯，如不讲究卫生、酗酒、吸烟等。

按习惯的层面分社会性习惯和个(个体)性习惯。社会性习惯多是指与他人发生联系的习惯，通常体现为适应公共生活领域的习惯，如遵守交通规则、爱护环境、文明礼貌等。个体习惯则是社会个体所独有的习惯，如有人习惯早睡早起，有人习惯晚睡晚起；有人习惯早上锻炼，有人习惯晚上锻炼等。

按习惯的水平分动作性习惯和智慧性习惯。动作性习惯主要是指一些自动化了的身体反应和行为动作,比较简单,形成的时间较短,容易训练,如饭前便后洗手、早晚刷牙洗脸等。智慧性习惯比较复杂,层次更高,需要较长时期的训练才能形成,这类习惯主要涉及的是思维方式、情感反应和心理反应倾向方面的内容,比如做事有计划、凡事三思而后行、实事求是、质疑等。

按习惯与能力的关系分一般性习惯和特殊性习惯。一般性习惯与人的一般能力要求相一致,如善于观察事物、勤于思考等。特殊性习惯与特殊技能和能力要求相适应,如建筑师、艺术家等职业所需要的利用表象构图的习惯等。

按不同的活动领域分学习习惯、生活习惯、工作习惯和交往习惯。这是按照人们日常活动的主要领域来分的,还可以进行细分,比如学习习惯中可分出预习习惯、复习习惯、作业习惯等等。

按出现的时间分传统性习惯与时代性(现实性)习惯。从历史上传承下来的习惯可以看成传统性习惯。随着社会的变迁,人们在现实生活中形成的新习惯就是时代性习惯,比如乘电梯靠右边站立的习惯等等。

7 感受成长中的幸福，也为长远更幸福

父母除了感受成长带来的快乐,就是感受每一次实现了孩子大小"成功"的幸福感了:小升初进了理想的中学;中考成绩还不错,进了地区重点高中;高考成绩达到了自己理想的分数并考进了梦寐以求的专业学科等等。每个阶段都包含着孩子的成功、家长的努力,特别是体现出孩子的"有为"、"自立自强"和不断地"奋进"。当爹妈的也为孩子成为"技能型"人才奠定了基础,为社会的人尽其才、"物"尽其用,输送了合格的"后备"人才。孩子最起码是一个即将自立的"成人",你当家长的也减少了被啃的风险性和被累赘的可能性;全家也就可以一同享受这一步一步成长中的幸福了。

如今,很多人都在追求和谈论幸福,但在现实生活中,什么样的人才最幸福?中国人民大学社会学的教授们就这个问题对中国城乡总人口进行了大面积的随机抽样调查,结果发现,能给人们带来幸福感的,主要是"富裕"、"学历"、"健康"、"社交"和"婚姻"等五个因素。

其一,"越富裕,越幸福"。幸福感的最重要条件之一,就是物质生活的满足。有了钱,不仅生活条件可以得到很大的改善,而且有助于实现自己的人生价值和梦想。现在,我国城乡居民的生活已基本进入小康时代,所以绝大多数人心目中的幸福感都有了很大的提升。

其二,"受教育程度越高,越幸福"。亚洲首富李嘉诚有一个著名的论断:"知识改变命运。"他说:"我们正在跨入的21世纪,是知识和知识经济的世纪,知识将最大程度地决定经济发展、民族进步、国家富强以及人类文化的提升。"最大的财富是信息资源和物质资源,而那些受教育程度更高的人,获得这些资源的机会更多。所以具有本科以上学历的人,幸福感比小学以下文化程度的人高了近10个百分点。

其三,"越健康,越幸福"。调查显示,身体非常健康的人感觉自己幸福的占92.4%,比较健康的人占90.4%,一般健康的人占80.3%,不太健康的人占61.9%,而健康状况很不好的人里,觉得自己幸福的人只占38.4%。人生最痛苦的事情,不是没有钱、没有权、没有车、没有房,而是一天到晚躺在病床上。我们不仅需要躯体健康,而且需要智力健康、心理健康、道德健康和环境健康。

其四,"社会交往越多,越幸福"。一个快乐,两个人分享,就变成了两个快乐;一个烦恼,两个人交换,就变成了半个烦恼;一条信息,两个人交流,就变成了两个窗口;一个问题,两个人讨论,就变成了没有问题。所以经常有社交活动的人,心里感觉幸福的比例高达 89.3%,而很少与人交往的人,感觉自己幸福的人只占 81.6%。朋友越少越孤独,爱好越少越孤独。

其五,"婚姻越美满,越幸福"。这里有四个数字为证,初次结婚的人,觉得自己幸福的人占 85.6%,再婚的人降低到 78.5%,丧偶的人再降低到 72.1%,而离婚的人觉得幸福的则仅占 67.7%。什么样的婚姻才是美满的婚姻?有人说是爱慕、理解、宽容、信任和忠诚;有人说是相敬如宾、恩爱有加、生儿育女、白头到老;也有人说是不缺钱、不吵架、不出轨,两个人经常在一起逛大街、看电影、吃大餐。

幸福是创造出来的,也是感觉出来的。创造要努力,感觉要科学,这样大家才能给自己和孩子找到一个相对准确的幸福定位,才能从"争取亮前(钱)途;学到高学历;保障好身体;交往多快乐;婚姻久幸福"的角度充分体验幸福人生。

建议操作办法:

持之以恒法。

解释:习惯不是随随便便就能养成的,必须有持之以恒的决心作为基础。真正有意义的事情绝不是一蹴而就的,要想成功就一定要坚持,尤其是在最困难的时候。

原则:持之以恒需要持久的坚持和意志力。意志是人的理想、信念、情感需要的合金,坚强持久的意志便是毅力。

操作方法:①明确目标。明确的目标是成功的必要条件。漫无目的地误打误撞,即使最后可能稀里糊涂地撞上幸运之门,也可能会因为抓不住机会而与成功失之交臂。②持之以恒地练习。必要的、严格的、持久的训练是养成良好行为习惯的必经之路。③正确看待前进路上的困难。任何好的行为习惯的养成都不会一帆风顺,总会有这样那样的波折,最重要的是保持一颗乐观进取的平常心,而不是畏惧、退缩。④暂时成功后仍要坚持。暂时的成功可能带来愉悦,也可能让人得意忘形。任何人不能被阶段性的成绩或眼前一时的成功冲昏了头脑。

及时总结:总结和反省会成为继续前进的动力。经验和教训就是这样一点一滴积累起来的。一旦出现"三天打鱼,两天晒网"的怠惰倾向或行为,就要保持清醒的头脑,及时转向。

代币法。

解释:行为学认为,每当孩子出现适宜行为,教育者若能及时给予肯定或奖励,则孩子发生这种行为的概率就会大大增加。但是,如果孩子的每一次、每一个好行为都得到奖励的话,教育者就会应接不暇。于是,行为科学就采用筹码制度来解决这个难题。这种筹码

（即"代币"）就像电子游乐场用来代替硬币的铜板,孩子每一次好行为都可以得到一枚"代币"。当"代币"积累到一定数目就可以换取某种奖励,这就是代币法。

拿好行为,"购买"奖励,有利于刺激孩子保持良好行为的积极性,使良好行为的持续出现成为可能,最终使良好行为习惯得以养成。物质的刺激和奖励虽然不是最终的目的,但它在一定的阶段却能成为一种值得利用的动力。

原则:①代币的选择要适宜。最好选择具有象征意义的实物。②奖励不可过于突出物质形式。初期可以采用一些物质奖励,越到后期,越要注重精神奖励。如果孩子为了得到奖励而追求代币,代币法就会失去意义。

操作方法:"代币法"是少年儿童行为习惯与人格的关系研究课题组提出的一种重要方法,课题组提出使用代币法的操作程序是:①明确目标行为。使用代币法,要处理好短期目标和长期目标的关系。短期目标是把目标先定为一个或几个好行为,然后让这些好行为产生拉动作用,最后实现长期目标。对短期目标的表述要有明确的界定,不能使用含糊的词语,比如,我们要避免说"晚上不能太晚睡觉",而要说"晚上九点按时睡觉"。②建立基数。一般以"天"、"周"、"旬"、"月"为单位计量行为次数。习惯所培养的是长期行为,而不是短期行为。孩子年龄越大,自制力越强。以"周"为累计单位比较合适。③确定代币。"代币"是具有象征意义的实物,要让孩子明白"代币"所代表的价值,而且确实对孩子有吸引力。"代币"用起来要方便、及时,一般可以用计数、计点、铜板、花纹印章、小红花、小贴纸、扑克牌、塑料棋子等来表示。由于"代币"是生活中常见的一些标志性小物品,很容易仿制出来,有些孩子可能耍小聪明,自己窝藏或模仿这些"代币"来冒充。因此,父母要实行必要的监督。④确定奖励。孩子用代币换取或者说支付、购买什么样的奖励(通常我们把这称作"后援强化物")要在保障安全、健康的前提下,根据孩子的喜好来选择。先用物质奖励,再用精神奖励。待孩子表现自然、正常以后可尝试逐渐撤销奖励。⑤结束训练。用代币法建立了一个理想的行为习惯之后,就可以自然而然地结束训练了。如果希望建立别的行为习惯,就可以把代币法用到下一个行为训练之中。具体的方式可以结合现有的经验进行改进。

第八章 从教育看专业职业"钱"途

　　一个合格的爸爸、妈妈甚至孩子自己,在如今的社会现实面前,都必须要清楚大中小学校的教育机制。为了孩子的幸福,家长要结合孩子的兴趣、性格和就业考虑帮助孩子选学好专业;同时结合多种因素,特别是产业的变换和发展,辅助孩子搞好职业规划和发展前途与"钱"途。

　　选不好学校,就可能学习成绩表现是"好",而小升初、中考、高考等却不好。再有,选不好高职、大学的专业,就可能是一个自己的"本科学士证"不如一个他人的"职业证书"含金量高。再提升些,选不好孩子的职业规划的大、中、小"目标",就可能当你孩子本科毕业之时,这个职业岗位已经犹如"BB机"服务台一样,已经消声灭迹了。

　　这些环节或"历史"关键点,你当家长的,不深入研究,孩子自己不动脑筋认真思考、研究和学习,就不要想什么好前途和"钱"途了,全家人,就更不要提找什么"好工作"的事了。

(一)教育

1 家长陷入教育恐慌

　　一群无比痛恨应试考试和教育机制的父母,自己却唯恐通不过那些没天理的考试。一群无比钟爱自己孩子的家长们,整天却琢磨着怎样"虐待"孩子。这就是中国现状,这就是当下的家庭教育。

　　9月,是传统的开学季,暑假的结束意味着新的一学年开始。不过,对中国无数中小学学生来说,他们只是刚刚结束了"第三学期",无论是"补差"还是"培优",都只有"暑"没有"假",是这些孩子对暑假生活的总结。

　　尽管,早在2000年初,教育部就颁布了严禁中小学利用假期补课的"禁补令",而且每到暑假之前,各地教育管理部门都会再次重申,但谁都知道,学校内部的假期补课屡见不鲜。对这些"顶风作案"的学校来说,若说全是为了赚点补课费,多少是有点"冤情"的——校长的压力不光来自上级部门,还来自不同意校方"放羊"的家长们,在他们中的不少人看来,不补课等同于不负责任。

　　显然,对很多教师来说,这个暑假跟往年一样忙得不可开交。老师在家开"小灶"是全国皆知的"秘密",暑假期间,名校名师一天早中晚的连轴,上三至四场补习班是家常便饭。实事求是地说,不少老师也常常是身不由己,方方面面托来的关系、家长的再三恳求,使他们根本无法逍遥江湖。

　　如果说学校和在职教师的补课多少还有点偷偷摸摸的意思,那么,社会上的各类补课机构的火爆程度就是有目共睹的。在北京、上海、广州等大城市,大大小小的校外培训机构的暑期班人满为患,每场补习结束,校门外接送学生的车辆常常造成交通拥堵。

事实上,校外培训机构的周末市场的人气从来不输寒暑假。从形形色色的英语,被痛批、禁赛后改头换面的奥数,到语、数、外等主课的提前教授及同步复习……再加上钢琴、游泳等文体项目,从学前的准小学生到初三、高三的准毕业生,全年龄段、全系列、全方位、全需求,都可以在各种培训机构找到对应的课程。家长们热切的需求使得中小学校外教育市场爆棚,使得这个行业的迅猛发展令人咋舌。据传,有主打"一对一"高端补习市场的培训机构正在迅速扩张,积极酝酿上市。

如今,有关教育的种种议论,或许是当今中国最容易激发共同兴趣的话题,具体如择校、课外班、与老师相处,宏观如教育体制以及最近出台的有人欢喜有人忧的异地高考政策。在饭桌、在微博、在论坛,他们一边在热议、热评、热转对中国教育的批评和质疑,一边在相互打听、交流甚至较劲还该为孩子报哪个课外班,对所谓"减负"措施不屑一顾。城市里的家长们看上去焦虑、烦躁甚至心口不一。专家们说,中国家长们正在陷入教育恐慌。那么,这种恐慌从何而来?是谁制造了教育恐慌?

沉重的起跑线。女儿今年该上小学了,父亲刘明早早就开始准备,他打算让女儿进一家民办小学,这所小学在他们居住的上海市某区算是"名校"。尽管已经听说过"幼升小"考试的种种故事,面试场面还是让刘明意外——校园里满是焦躁的家长和表情凝重的孩子,大家排队等着老师叫名字,气氛就像是求职。

如果被叫到名字,孩子会被带到考学生的考场,家长则被带到另一个考场——学校不仅要考察孩子,还要考察家长,按照刘明的理解,主要是看看家长对孩子的教育是否重视。

面试出来,女儿告诉刘明,老师出了一道数学题:甲乙两个人数羊,甲给乙一只,甲乙的羊一样多;乙给甲一只,甲的羊是乙的2倍。问,甲有几只羊,乙有几只羊?刘明理工科博士学位,但女儿的面试题居然一时难住了他,后来回家列了方程式才算出来。

刘明的经历正在被越来越多的家长体验,如果不是陪孩子迎考,家长们难以想象上小学要经过这样的竞争。在这一代家长的记忆里,只要到了入学年龄,父母就会把自己送进小学,升学压力至少要到中考才有体会。

升学竞争的低龄化,在最近十多年中愈演愈烈,教育主管部门注意到这样的现象,试图改变现状,但效果显然不好。2012年5月,国家教育部发布《3—6岁儿童学习与发展指南》(征求意见稿)(以下称《指南》),详细说明不同年龄段的孩子应该知道什么,做到什么。《指南》指出,5—6岁的学龄前儿童要"能通过实物操作或其他方法进行10以内的加减运算"。而对识字数量、拼音知识、英语能力等某些"幼升小"考试内容,《指南》没有提出要求。

某些"幼升小"的试题远远超越《指南》要求,但就算家长意识到考试太难,也为了进好学校,该学的还是得让孩子学。一边埋怨考试"变态",一边为孩子考试准备——各种家长论坛里,随处可见如此纠结的家长们。

某家长论坛上,一位妈妈讲述了带孩子考小学的经历。这位妈妈说,原本以为孩子小不懂压力,当得知没有通过一所小学的考试后,孩子哭得特别伤心,她才突然感到内疚,不该让孩子过早参与竞争。

"幼升小"如此,"小升初"竞争更甚。原本以普及教育为初衷的义务教育阶段,充满了残酷竞争的气氛。入学时"打破头",入校后,竞争从"拼爹"转移到孩子"拼成绩","减负"常常流于口号。

上海教科院普通教育研究所,对全市 33 所中小学二至八年级的 121 名学生进行了一个调查。结果发现,学生每天在校时间随年级上升而上升,最长的达到 10 小时,最短的近 7 小时。所有核心课的周课时数都要超过课程计划,语文课超出最多,各年级都超出 1 节课,到了五年级要超出将近两节课。"名校"的平均周课时数为 38,要比一般学校高出 3.27。

为了进好学校,有人"裸考",有人靠"关系"。"没想到从幼儿园就开始拼爹啊。"一位 3 岁女孩的父亲无奈地感叹。他从业于媒体,人脉关系算得上广泛,但在给女儿报名上海一家区重点幼儿园时还是深感艰难。

尽管教育部门三番五次禁止择校,要求义务教育阶段学生就近入学,但家长们还是有办法区分学校的优劣,并动用一切能量让孩子进入那些掌握优质资源的学校。

这种鉴别能力和"弄"进好学校的本事,是暧昧和含混的,其中的奥妙让缺少"关系"的老外无所适从。一位居住在上海的韩裔美国作家,在华尔街日报中文版网站上撰文讲述了她的儿子在上海择校的困惑。这位女作家不想让儿子上"国际班",因为这种班,常常是成绩较差外籍学生聚集的地方。但想进入较好的公办学校,女作家又没有"熟人"。最后,她的儿子进入一所普通公办中学,她和儿子慢慢知道,在这样的学校读书,很可能无法考入理想的大学。女作家最终无奈放弃了让孩子在中国读书的实验,选择去英国上学。

中国的家长们,显然没有如此多的选择。因此,对于大多数家长来说,他们必须完成的任务是区分好学校、好班级,然后将孩子"弄"进去。禁止义务教育阶段择校的初衷是减轻学生升学压力,但事实上,这一政策客观上让竞争转入"地下"。

接下来,我们再看看,教育工作者们的劳动状态和工作责任心。

2 教师压力过大,无班主任人选

教师身心压力大,往往会无意识地在日常教育教学中将这种压力部分地传递给学生。素质教育不能只是给学生减负,还要给教师减负,不然压力的传递就不会停止。

专家建议,缓解教师身心压力,应当在完善政策规范、普及健康知识、明确平台载体、落实经费保障、建立动态长效机制五个方面予以强化和重视。

班主任,学校中全面负责一个班学生的思想、学习、健康和生活等工作的教师,是一个班的组织者、领导者和教育者,也是一个班中全体任课教师教学、教育工作的协调者。曾经,班主任是学校里人人羡慕的岗位;而如今,不少学校却闹起了"班主任荒"。那么到底是什么原因导致了这一现象的发生呢?

探究。工作繁琐,付出与回报不成比例。

早晨 6 点起床,7 点半到校检查学生晨读,8 点上第一节课,每堂课的课间到教室巡视,上午 10 点与学生一起到操场参加阳光体育活动,中午 12 点 30 分进班级检查学生午休,并约谈学生,下午 2 点回到办公室进行备课与教研活动,下午 5 点学生放学后在班级指导值日生做卫生,并约谈学生家长,下午6点半下班回到家里后备课、批改作业或是家访……

这是某市某中学初二班主任姚爽的一份工作日记表,而事实上,作为班主任的姚爽,每天的工作并不仅仅是这些。除了正常的教学任务外,姚爽的职责还包括学生日常思想品德教育,班级干部培养,与学生家长交流和联系,组织班级集体活动(如开班会、出黑板报、开展社会实践、开展各类主题教育活动等),指导学生课外活动、兴趣小组和各类竞赛活动,看护学生做操、用餐、打扫卫生,写品德评语、填写成绩单等。"在学校,班主任是与学生联系最紧密的人,学生的所有事情几乎都与班主任有关。现在社会竞争如此激烈,学校和家长都十分看重学生的成绩,每个老师都在承担着巨大的压力。在这种情况下,当一名班主任的压力就更大了。"正是在这种强大的压力之下,上学期期末,姚爽走进校长办公室,向校长请辞,不想再担任初三年级的班主任。

班主任与其他任课教师在工作量上的差别比较大,那么在工资待遇方面是否也有着较大差别呢? 在本市一所小学,班主任余老师"晒"出了今年她担任班主任和去年担任普通任课教师时的"同月份"工资条。在这两张工资条上,记者发现差别只有360元。而另一名中学班主任秦老师也表示,班主任每月的工资只比一般任课教师多出400多元。"现在几乎不会有老师为了每个月多的那么几百块钱而选择当班主任。"余老师说。

而事实上,现在不少学校在优秀教师评选等多个方面都做到了向班主任"倾斜",但依然无法提高老师们当班主任的兴趣。"其实学校对老师的考评形式很单一,最主要的考核指标就是学生的分数。而班主任的考核指标肯定是全班的分数,也就是说,作为班主任你不能单纯只关心你所教的科目,还有其他科目的成绩你都要负责。可是一个人的精力毕竟有限,即使期末的时候给你评个优秀班主任,或是每个月多给你几百块钱,这些跟我们的付出根本就不成比例。"一名高三班主任说。

探究。学生管理难,多重角色压力大。

比起辛苦和劳累,许多不想再当班主任的老师都表示,现在的学生不好管,"说轻了没用,说重了家长有意见。做班主任就好像每天都在走钢丝,左右分寸不好拿捏"。

去年,某市一小学语文老师李梅开始担任该校五年三班的班主任。在李梅接受这项任务前,该校校长已经"约谈"了三四位老师,但是大家一听是五年三班,都摆手拒绝了,因为这个班级里的"问题"学生很多,在过去的三年里已经换了三位班主任。最后在校长的"恩威并重"下,曾被评为区里优秀教师,并担任学校语文组副组长的李梅答应试一试。刚接手班级时,李梅便遇到了不小的麻烦。不仅班级的各项评比在年级中都处于劣势,而且几乎每周都有来告状的任课教师。"那时候我每天工作十多个小时,但依然还是状况百出。今天德育处的老师告诉你说你们班有学生在操场打架,明天数学老师会找到你说班里有几个学生表现特别不好,后天还会遇到其他的状况。而比起这些让人焦头烂额的事,最让我受不了的是家长的不理解。"李梅说。第一学期期中考试成绩出来后,家长们得知班级综合成绩在年级排名倒数第一,便决定联名给校长写信要求更换班主任。"我坐在校长办公室哭了足足一个小时,我甚至开始后悔当初自己接下这个班的决定。"虽然事后经过学校的调解,家长们同意李梅继续留任,而且经过李梅的努力,五年三班在升入六年级时,学生们的成绩已经取得了大幅进步,但是李梅还是找到校长表示不会再担任班主任工作了。"现在我只想教好我的语文课。"李梅说。

像李梅这样觉得委屈的班主任不少。某中学班主任项老师在接受采访时说,自己班上的一名学生因为考试作弊而被其他监考教师发现,可是当她负责通知家长这件事时,情绪激动的家长却在电话里告诉她,如果孩子因此而受到刺激,绝对不会放过她。"如果你选择了当班主任,你就得做好受委屈的准备。现在家家就一个孩子,都像宝贝似的宠着,学校管理起来的难度不小。特别是班主任,作为跟家长沟通最直接的人,必须要学会处理好其中的关系。"项老师说。

"学生管理难度大"给不少老师造成了不小的心理压力,在这种情况下,"职业倦怠"也成为班主任"难产"的另一个主要原因。

据了解,不少小学老师在30多岁时便已经拿到了中级(小学高级教师)职称,由于小学没有设立高级职称,所以这已经是小学教师职称的最高级别。

"许多老师年纪轻轻便已经拿到了最高职称。在此之后,由于缺乏工作动力,因此很容易产生职业倦怠。而对于这些老师来说,学校里制定的职称评定需要考核班主任年限等相关政策就失去了意义。这时,老师们通常都不太愿意挑战压力和难度更大的班主任工作。"一位小学的校长表示道。

此外,目前女性教师占到了中小学教师的绝大多数,这些教师不仅要面对学校内部激烈的竞争,还要承担来自家庭的责任和压力。中考当天,有记者在一区属学校的门前见到了前来给学生加油打气的初三班主任古菲。站在一堆送考的家长中,怀孕八个多月的她很是显眼。

她微笑着跟班里的每一个学生击掌,鼓励他们加油。直到开考铃声响起,古菲才在丈夫的搀扶下离去。望着她有些"笨拙"的背影,家长张女士感慨地说:"现在的班主任真是不容易。古老师的妈妈生病住院,她自己又怀有身孕,可是就是因为放心不下这些孩子们,她一天假都没请,硬是坚持到最后一天。"

后来在接受该记者采访时,古老师笑着说:"班主任肯定要比其他老师付出更多的精力,但是既然选择了当班主任,你就肯定要对班上的每一个孩子负责,至于其他压力只能自己想办法调节。"

现象。校长之"愁":班主任定不下来。

暑假,这原本是师生们放松身心的好时光,但是这段时间,某市某中学王校长却一直忙碌着充当"说客"这一特殊角色。令王校长无心放假的原因是,面对即将到来的新学期,学校里还有几个班级的班主任人选到现在还没有确定下来。"班主任的事定不下来,我们哪有心思放假呢?"面对记者的采访,王校长无奈地说。

其实,早在上一个学期期末考试前,学校便已经向全校老师发出了"征选"班主任的通知。"我们学校初中和高中部共有40多个教学班,其中大概只有不到30个班的班主任愿意随着自己所带的班级一起升入到下一个年级,10多位班主任都没有选择继续留任。而原本不是班主任的老师报名当班主任的就更少了。"王校长介绍说。面对这种情况,他只能与学校的其他领导一起给老师们做思想工作。

随后,这记者又走访了多所中小学,发现王校长正在面临的班主任"难产"问题在全市中小学并不是个别现象。而在该记者随机采访的20名中小学老师中,愿意当班主任的老师只占到了四成。

"最近几年,每到学年结束时,学校都会面临这个难题。我们基本上提前两个月就会给老师'做工作'。"另一名中学校长坦言。而另一所小学的年级组长刘老师则直接表示:每到定班主任之时,自己都要动用私人关系,有时甚至是求着老师们给自己"帮忙"。"现在愿意当班主任的老教师越来越少了,我们真正能说动的几乎都是年轻老师。"刘老师说。"为什么年轻老师愿意承担这项任务呢?"对于记者的问题,刘老师说:"年轻老师刚毕业进入学校,一般都希望也愿意尽快展现自己的实力,对学校和领导的决定一般都会格外'尊重'"。

此外,还了解到,目前几乎所有的中小学都把班主任工作列为老师评优、评先、职称评聘的重要指标之一。而且,不少学校都对老师在评定职称时做班主任的年限进行了具体规定。也就是说,如果没有当班主任的经历,并且达不到一定的年限,是没有资格参加职称评定的。所以,考虑到职称评聘问题,一些老师还是会主动提出当班主任的,但是,一旦从事班主任工作的年限达到了评聘职称的要求,他就不会再选择留任了。

专家言。教师也应减负。

某市教科院法制所从事教育政策研究的老师在接受采访时表示,教师压力过大会带来诸多弊端。在身体健康方面,教师的职业病现象较为普遍,如慢性咽炎、声带嘶哑、颈椎病、肩周炎等职业病。头痛、失眠、高血压、心脏病等病症在教师群体里也并不鲜见。教师身心压力过大,往往会无意识地在日常教育教学中将这种压力部分传递给学生。素质教育不能只是给学生减负,还要给教师减负,不然压力的传递就不会停止。

此外,教师职业幸福感降低也会影响教师对教育事业的热诚度和追求职业晋升、职业素质提升的积极性。教师职业吸引力降低既不利于吸引优秀人才充实教师队伍,也不利于教师队伍整体素质的提高。

一方面,教师身心压力过大,使得教师之间很难合理对待竞争与合作的关系,容易使教师之间产生矛盾,影响学校教育教学和日常管理的有序开展;另一方面,教师身心压力过大,在处理师生关系、与家长进行交流时,很难平心静气地与学生、家长进行沟通和联系,这样容易产生学生、教师与家长之间的矛盾,进一步加剧学生与学校产生的纠纷。

专家建议,缓解教师身心压力,应当在完善政策规范、普及健康知识、明确平台载体、落实经费保障、建立动态长效机制五个方面予以强化和重视。应完善政策规范,构建教师压力疏解的政策环境。普及身心健康知识,营造教师压力疏解的知识氛围。应明确平台载体,打造教师压力疏解的运行机制,解决教师职业发展困惑,丰富教师文娱生活,并切实落实教师年度体检工作,疏通教师心理压力的释放渠道。此外还应落实经费保障,夯实教师压力疏解的经费基础,构建教师身心健康保障长效机制。教育主管部门应定期组织调研,关注和了解教师身心健康状况的变化情况,及时完善和改进政策规范,构建教师身心健康保障长效机制。

刚刚送走了毕业班的初三班主任刘小晴不久前向学校提出了请辞班主任的申请。她坦言,从当上班主任开始,自己便成了一台上了发条的机器,再也停不下来了。"最大的问题就是每天的睡眠严重不足。早晨6点起床,晚上9点半到家后还得批改作业到后半夜。也许其他任课教师可以利用中午时间'补觉',可是班主任肯定不行。因为不放心学生,每天午休时,我都会在教室里转转。这样学生们有不会做的题可以问我,我也可以与他们多交流。"除了上好自己的课外,班主任还要时刻关注班里同学的成绩和心理变化。"这一年里,我几乎天天都睡不好觉。特别是这个学期,每天晚上躺在床上,脑子里闪现的都是学生们的考试分数,谁这次测验没发挥好?谁这次退步了?⋯⋯中考前,我比学生都紧张。"中考成绩出来后,刘小晴所带的班级发挥得不错,这也使得刘小晴得到了不少心理安慰。但是她依然找到校长,委婉地提出了自己不想再当班主任的想法。"这一年真的是太难熬了,当老师累,当班主任更累。"刘小晴如是说。

一个家长对优秀高中的心里话。(在 ** 中学 2007 年高中毕业典礼仪式上的发言)

尊敬的 *** 校长;尊敬的各位老师;各位同学和家长朋友们:

大家下午好!

今天有资格参加 ** 中学高中的毕业典礼活动,并代表全体家长在这里发言,非常荣幸。首先,我想借此对三年来校领导和各位老师们、各位班主任对我们的孩子的培养和教育所付出的辛勤劳动,致以崇高的谢意。

对于本届的高三毕业生,有机会在 ** 中学度过一段美好的青少年时光,特别是伴随着母校度过建校 100 周年的喜庆时节,更是叫我们这些做家长的万分的"嫉妒"和羡慕。

通过孩子们在"允公允能"的校训熏陶下成长的三年,我个人体会 ** 中学的"好"有三点,我想也是大多数家长的体会。首先是,** 中学的学风是叫社会和大家充分认可的,作为 30 年前参加过"文革"后第一次高考的非高中生,非常遗憾没有上过高中,但是在大学的学习经历加之对比现在的其他高中,我认为 ** 中学是按照大学的学习教育方法进行的,是真正培养了学生们的独立思考和自我管理能力的素质教育,形成了"不留作业留学习气氛、留竞争氛围"的好机制,孩子们必将受益终生。

其次是,培养了初步具有世界大视野的国家接班人。三年中,不论是学校"请进来"的国外老师和交流同学,还是带领同学们"走出去"的国外交流,都开拓了孩子们的胸怀和视野,发现孩子们不羞了、不怵了。

再次就是,** 中学有一支"各怀绝技"的教师大军,其知识和绝活是取之不尽用之不绝的,数理化、史地文、篮球、合唱、京剧、相声等等样样齐全。现代教育与古代、落后教育的区别我想就在,过去的本事要跟师傅学,现代是进学校学。但是进学校是为了跟更多的好"师傅"学,一个好学校没有好"师傅",没有一批好"师傅"何谈好学校?大量的文章、新闻媒体对学校的赞誉是大家有目共睹的,这里只谈三点老百姓的体会,与大家交流交流。

再想对即将去迎接一次真模拟——高考,走向人生第一个准社会——大学的毕业生们,讲几句过来的"大朋友"的"唠叨"。首先是祝愿,祝愿什么?此时此刻我想不必用语言了!其次,想到 ** 中学的老校长的一句话,说"文可治国、理可强国、商可富国",进入大学可能大家接触的专业要比文理商还要多得多,但是学本领建设祖国的大道理永远不会变。只希望同学们在学专业的过程中，不要忘记对自己人格的修炼，一定要将自己打造成为社会的栋梁。今天的孩子大多因是"独子"而容易娇生惯养，但是当今社会的残酷竞争是不会"娇生惯养"你的！勇敢的站出来，迎接竞争和挑战吧！最后，希望永远不要忘记辛勤培育过教导过你们的老师们，几年之后、几十年之后，当你们成为院士、部长、董事长时，想着给老师们再发一个贺年卡，一个短信或一个 E-mail，给他们，对他们再说一句："谢谢老师！"

3 我们的高等教育差在哪里

过去从国外受高等教育回国的人较少，而且咱们国门也开放得很小，加之国内的高等教育资源稀缺，因此，高等教育的质量和水平也没有人去问没有人去查。如今不同了，大批受国外高等教育的人回国了，高教系统 10 倍 100 倍地扩大，加之社会开始对高校培育的人"挑肥拣瘦"了，这就坏了，我们一大批高校的质量和水平就"漏馅了"。

有人总结是，我们的高等教育，30 年以前是以信仰教育为主，知识教育为辅；改革开放以后，逐步改变成为以知识教育为主，信仰教育为辅了。但是这知识教育也有个方法问题，课题上好像还是"满堂灌"，照本宣科，好像底下的大学生们都不认字似的。问题是这样：思考题由谁来教？动手能力谁教？

有关领导在一次讲话中提到教学改革问题。对于教学改革，教师、学生包括家长都反映强烈，希望课程设置更贴近学生的实际，贴近社会的实际，要求减轻学生负担。其实，教学不只是课程的改革，应该是整个教学的改革，课程是其中的一部分，而且是很重要的一部分。

现在，在教学中，我们比较注重认知，认知是教学的一部分，就是学习。在认知方法上，我们还有缺陷，主要是灌输。其实，认知应该是启发，教学生学会如何学习，掌握认知的手段，而不仅在知识的本身。学生不仅要学会知识，还要学会动手，学会动脑，学会做事，学会生存，学会与别人共同生活，这是整个教育和教学改革的内容。解放学生，不是不去管他们，让他们去玩，而是给他们留下了解社会的时间，留下思考的时间，留下动手的时间。我从自己的经历感受到，有些东西单从老师那里是学不来的，比如，人的思维、人的理想、人的创造精神、人的道德准则。

学校给予的是启蒙教育，但更重要的要靠自己学习。学和思的结合，行和知的结合，对学生来讲非常重要。人的理想和思维，当老师的是不能手把手教出来的，而恰恰是理想和思维决定人的一生。这不是分数能代表的。教学改革还要回到学、思、知、行这四个方面的结合，就是学思要联系，知行要统一。我一直信奉这样一句话："教是为了不教"。不在于老师是一个多么伟大的数学家或文学家，而在于老师能给学生以启蒙教育，教他们学会思考问题，使他们能用他们自己的创造思维去学习，终身去学习。

戏说大学成"世界一流"的指标。

作者借工作之便，经常与社会各界人士交流。除正事以外，干咱这行的必须有一项基本功，就是见什么人说什么话，有道是见人说人话，遇鬼讲鬼语。好在近年常碰到的人中主要是企业家、科学家、官僚们和大学管理者，有机会说鬼话的机会越来越少了。

如今，与企业家说到的主要是所谓的科学管理和知识产权等话题；与科学家谈的是他们的研究项目,是如何上不着天和下不着地(上不够国际水平,下不能适应市场需求);与行政性的官僚们就论官场现形记。

有段时期,上面要求大搞产学研合作。作者赶紧与大学校长们谈一谈。在闲谈之时,我向我们这个直辖市里两个自认为是著名大学(国家教育部直属)的校长同志请教中国大学如果办成"世界一流",会是什么样子的标准问题。

校长们都非常认真地以研究学问之势具体讲出。例如教育部的指标体系有几十项,几百个数据,如何与如何形成体系和系统;中外要兼顾,文理工管法艺医都不能少。因受教育程度有限,我真是听了个一头雾水,人家等于对猪弹琴了。好在能多长点肉,比牛强一点有限。

交谈中,突然有一个"单一指标"想法,是否能给出答案? 即我们这样的情况,除两个自认为的高校以外,地方院校40多所,其教师教授半数以上操本地方言授课,就可以证明学校由本地区"优秀"人才聚集而成,故称地方院校;你校长的教育部直属著名大学,教授教师可是由闽粤赣豫、加东北和西北汉子、再加湖南淑女与一些湖北妇女等等组成,而且人员比例基本均等,学校是由全国优秀人才汇集而成的,所以学校水平是国家级国内一流。类推后再证,当您校长现在开始聘的教师教授们,其肤色白、黑、黄各色基本相等,其语言是中英法日德俄平均了,在校园内均布了,好像也就算世界一流了。

谁有意见,你可以去美国人的"常青藤"大学校园转一转。看看他们教授教师各个肤色的人员比例如何,想象应该是均等的。那才是全世界的一流人才组成的一流教授队伍,因而就是世界一流大学。对不?

4 犹太人教育的七特征

犹太人社会到处都有被称作"拉比"的指导者。拉比在犹太人中处于最高尚的地位,所有人都希望成为拉比。要想成为拉比,最重要的条件就是脑子要非常聪明,被选定为拉比的人必须向众人布教。指导者和受众,在如此相互沟通中产生的作用,使全体犹太人逐渐成为更加聪明的集团。

这种良性循环,很好地体现在他们的教育中。犹太人的教育方式是非常聪明的拉比们的智慧结晶,是以《旧约圣经》为基础,经过很长时间发展起来的。世界任何一个国家都没有犹太人那样标准化的子女教育体系。其教育子女的特征,可归纳为以下七个方面:

(1)母亲承担教育子女的义务。依据宗教的教义,犹太人母亲们自豪地认为唯有女性是最初的教育者,教育子女的义务当然非女性莫属。英语中"Jewish Mother(犹太人母亲)"所具有的几种含义之一就是"向子女灌输学习必要性到极致的母亲"。

(2)父母不给子女添负担。他们认为做父母的至死都要履行义务,即使年老生病也不给子女添麻烦。他们教育子女从父母那里得到多少就向下一代付出多少,把以付出作为代价换取子女回报当作羞耻。父母只是给予,子女只是接受。这与我们的思维方式完全不同。我们常常认为父母给予了多少,子女就应该回报多少。这种思维方式会极大改变教育的观念和方式。韩国的父母们为子女教育甘愿付出,固然是为了子女将来有良好发展,但也不排除若干年后指望子女赡养晚年的传统观念。在韩国,子女出人头地就意味着父母可以养尊处优。这样一来,较高教育热情的长期目标是出人头地，短期目标是考取名牌大学，对于提高思考能力的教育方式就毫无兴趣了。正是这样的观念导致了我们虽然有不逊于犹太人的教育热情，却没能在科学领域产生一位获得诺贝尔奖的人。

（3）教导多动脑筋生活。犹太人从小就被灌输一种理念，那就是要想活得像个犹太人，就要动脑筋而不是仅凭体力，让他们从小就明白不断思考的益处。这些孩子并不是天生聪明，而是接受一种使大脑变得聪明，即引导孩子们经常开动脑筋的教育。他们把这种理念写进犹太人的圣典《塔木德》，以故事的形式流传下来。犹太人认为向学生传授知识不是目的，让学生将学问变成自己掌握的方法才是教育的目的。他们不搞"填鸭式"教育，而采用弄懂原理、提高思考能力和应用能力的教育方法。犹太人的孩子就是在这样最大限度地运用大脑的环境中成长的。据说这种摒弃"填鸭式"教育模式的犹太人教育，甚至连乘法口诀都不要求背。

（4）为引导思考而持续提问。犹太人教师一般以对话、设问、讨论等形式为主进行教学。《塔木德》说，作为老师，绝不能只顾喋喋不休。因为，如果孩子们只是在那里默默地听讲，就无异于鹦鹉学舌了。在教师授课时，孩子们一定要针对教师所讲的内容进行提问。无论是何种问题，都会伴随着师生间频繁的一问一答而增强教学效果。作为犹太人教育之核心的对话教学法，要求教师或父母具有相当的耐心。比如，当孩子在玩具店吵闹着要买玩具时，父母无论花费多少时间，都要耐心地向孩子说明不能买的理由，同时也要认真听取孩子所说的话。在课堂上，教师的讲解一旦结束，学生们就不断地提问并交流。接受这种教育的孩子们就自然而然地习惯提问和对话了。

（5）反复体验"学习似蜜甜"。若想使孩子们不厌烦学习或上学，就要让他们体验到"学习似蜜甜"。犹太人的小学教师们会在一年级新生面前，用沾了蜂蜜的手指写出22个希伯来语字母，然后说："从现在开始，你们所要学习的，都将从这22个字母出发，那将如蜂蜜般甜美。"有的学校会给全体新生送一份蛋糕，在乳白色奶油覆盖的蛋糕上面，还用糖稀写着希伯来语字母，孩子们在教师的引导下一边用手指摸索着糖稀的字母，一边品尝着甜美的滋味。这也是一种以实物证明"学习似蜜甜"的好方法。

（6）强化民族优越感。犹太人常常向孩子们灌输"优生民族"的自豪感和信念，并且一有机会就给孩子们讲有关犹太杰出人物的故事。物理学界、思想界、经济界、艺术界等等，几乎各个领域都有很多功成名就的犹太人，以及他们创造的丰功伟绩，这使犹太人有一种强烈的民族自豪感。当然，与民族优越感相伴的，是他们经历的苦难历史，也是重要的教育内容之一。他们将奥斯威辛集中营里死难同胞的悲惨景象，原原本本地展现给孩子们，让孩子们从小就清醒地认识到绝不能让悲惨的历史重演。对于饱尝长久失去国家、历经艰辛生活的犹太人来说，民族优越感或许是支撑他们的精神支柱和维持命脉的力量源泉，提供了与民族信念相结合的根深蒂固的自信心。自信心可以帮助人设定高、远且明确的人生目标，充分调动身体机能的指向目标。另外，在幼年时代了解惨痛的历史，会起到在精神层面催人成熟的巨大作用。通过这样的教育所获得的思想深度和精神上的成熟，会令人终生不懈怠，绝不走放荡不羁之路，也不会满足于小的成就而止步，而会催人向着人生的更高目标不断努力。从这个意义上来看，犹太人的早期教育，是一种将民族优越感与对痛苦历史的认识有机结合起来的教育方式，起到了提升人生目标的作用。

(7)通过教义传授教育哲学。所有犹太人母亲都通过《塔木德》《托拉》这样的犹太教经典，以统一的教育哲学和方法来教导孩子们。她们将众多拉比的智慧，累积为理想化的子女教育模式，并将其编成故事代代相传。这种教育特征是犹太人独有的。并不止家庭或母亲重视思考能力培养，学校和全体教师，都秉承一致的哲学，而进行重视思考能力的教育。

再看看美国的教育方式。我们中国大陆的改革开放，这会儿改到了医疗、政府机关、科研院所和学校的头上了。特别是高等教育的滞后，培养的学士、硕士和博士不适应社会、企业的需求，成为政府和百姓决心必改的重点对象。

作者到美国，敲了几家大学的门，人家透露了几招。此招对我们改变国内的教育方式、学生的学习方式、家长的辅导方式应该有用。只有努力改进，才能让青少年们在德智体美方面，在动手能力方面，在解决棘手的实际问题方面，轻松、健康地成长，并走上成才、就业的广阔天地。

小结一下在美国学的，美国大学的主要三招。一是学校的教师是榜样，不是"传话筒"不是"录音播放机"；二是学生是要注重讨论的，不是"手背后"注意听讲的"录音机"；三是学制、学分多元化，除规定少部分课程外。选课、选教师完全自愿，自由搭配，够学分就毕业。

教师应是学生的榜样。麻省理工学院就经常邀请诺贝尔奖得主、航空宇航员等科技名人为学生上课，让学生有机会与大师巨匠进行零距离沟通，在高起点上领悟科学和人生的真谛，学习他们的科学精神和优良学风，找到自己未来的人生目标。过去封建社会的"技术"、"手艺"是通过师徒关系来学习的。现代社会有了大学，是应该有一批名"师傅"做教师带出一批批徒弟的。但是，在一些二三流的大学，教师只是一个"读字机"，端着全国统一教材念一遍，你说能教出什么好学生来，绝对是误人子弟。

注重课上研讨引导独立思考。美国大学非常重视开设小型讨论班，认为这样可以激发学生的思考和表达能力，而且能够让学生在讨论中完善和捍卫自己的观点。在斯坦福大学的本科课程中，有52%的课程为8名以内的学生开设。相比，我们的大学本科，多数是高中学习方式的延续，继续实行培养"复读机"式的学生。怪不得，如今复读机不好卖，同样，大学生也不好就业。

学制学分多元化凭兴趣选课。还说斯坦福大学，在一个学年内开设5735门本科课程，为求知欲强、有自主发展要求的学生提供大量课程。哈佛大学将本科生研究计划作为必要的人才培养制度，为满足不同学生的发展需求，学校除建立灵活的学分制外，还建立了暑期学制。再比较我们的大学，清华的数学教材和三类的职业大学的是同一个版本，教育部的想法肯定认为两者的"结果"是相同的，这怎么可能？在加州大学伯克利分校，本科一入校，学生就被告知：如果你四年后不准备考研究生，你就可以不选修"高等数学"课程。我们的哪所大学敢试一试呢？

(二)专业

1 初中生就进行职业规划绝对不早啊

提到职业生涯规划，很多学生和家长都认为这是进入大学后该考虑的事情，而没有意识到职业的选择与培养应该是高中时期该做的，以至于高考后"着急忙慌"填志愿的现象屡见不鲜。

可尺有所短寸有所长,到底什么样的职业适合孩子,孩子又在哪方面有所擅长,应该是选择专业和将来就业方向的首要因素。与其在大学与自己不爱的专业"闪婚",就业时"离婚",倒不如中学阶段就尽早打算,让学生尽早建立自己的目标并开始规划各自的未来,以便在毕业和择业时做出明智的职业决策。

选专业像谈恋爱,包办闪婚难成正果。提到职业生涯规划,很多学生和家长都认为这是进入大学该考虑的事情,以至于高考完之后,还有很多学生拿着志愿填报表问老师,"我该选择什么学校、什么专业?"这种被某中学老师、青少年心理专家张老师认为"不正常"的现象每年都会重演。有调查显示,七成高考生对自己的志愿填报没有明确想法,超过半数的学生家长仅仅将好就业作为选择专业的主要考虑因素。

上海一份近千名中学生参与的调查问卷显示,100%的学生都有自己的人生理想,但98%的学生都没有意识到如何去实践自己的"人生理想",而仅仅以"好好学习,考个好大学"为唯一目标。同时,在对在校大学生的调查中,70%的大学生对自己所学专业不满意。黄同学原本在本市某工科高校读大一,但一年后,黄同学又回到了某中学文科班的教室,跟着一群学弟学妹准备再次参加文科高考,被戏称为"大哥"。班主任李老师私下也将"大哥"作为典型,嘱咐学生慎重选择专业。李老师跟记者说:"据其家长介绍,'大哥'原来学理科,高考也顺利,更是被第一志愿录取。可大学一年过来,死活就是不喜欢那个专业,由于专业课不拔尖,因此也无法进行校内转专业。'大哥'心一横,决定回炉高考。"记者粗略一算,即使"大哥"回炉高考顺利,也会耽误三年的时间。对此,李老师认为"大哥"其实算是"幸运"的,毕竟家长还接受孩子的重新选择,可很多学生大学四年压根就是在自己不爱的专业里混日子。李老师打了个比方,"大学生和所学专业就像是男女朋友,只有真心相爱,大学生才会发自内心好好对待专业课,而如果是家长包办,或是盲目选择的,学生根本就对专业不了解,想要爱上是很难的事情,更别提学好学精,往往大学四年是混下来的。"

问题:学习只为考高分,偏听偏信选专业。

追根溯源,造成学生对自身职业生涯无规划的原因是,他们压根就没有意识到职业的选择与培养应该是高中时期甚至初中就该做的。作者在对十几位刚刚进入了职场的本科毕业生采访后发现,他们常说的一句话就是"当时是家长让报这个专业的"。很多高中生,临到毕业,还不知道自己的兴趣特长是什么,对"职业"这个概念的认识仅限于"就业挣钱"的工具,更谈不上对社会上一些常见职业类型的基本认识。

家长很少细想孩子的兴趣和潜力所在,眼光只停留在分数和好大学上,认为"考了高分,上了好大学,'黄金屋'、'颜如玉'就水到渠成"。"考高分"成为孩子高中三年追求的目标,"好专业"这种成就孩子一生职业方向的关键选择却在高考后短短的几天被仓促决定。

大多数家长也认为,高中教育的唯一目的就是升入大学深造,讨论学生的职业生涯是大学毕业时的事。同时,职业生涯规划课程仅出现在大学,被称为"就业指导",而几乎少有中学对学生进行过职业生涯规划教育。结果就是高考报志愿时,学生只考虑"分数线能上某个专业就填该专业,根本不清楚自己想干什么,也不清楚自己能干什么"。

还有部分家长,高中三年都对大学专业没有了解,等到了该填志愿了,要不"二小过年看邻居"——选专业随大流儿;要不就偏听偏信,要是有亲朋好友恰巧在某个行业混得不错,再给孩子选专业支支招,就绝对听信"高人"指点。刘明高考那年就是被"高人"拽上"贼船"的,当年他高考时分数很高,可以说在他所报的大学里,专业随便挑,可刘明父母就是铁了心让他学法律,因为他们有朋友是法官,看着人家社会地位、生活水平都不错,就信了这位高人的话。结果找工作那年,刘明才明白,满不是那么回事:司法考试和公务员考试就像独木桥一样,自己根本挤不上去,可不通过这两个考试,当法官是门儿都没有的。刘明说,如果可以重新选择,就一定不会偏听偏信,选择这个专业。

职业规划早打算,放大优点因势利导。

天津某著名中学的张老师提醒家长:让孩子在高中时期就进行职业规划,而不是到高考后报志愿时临时"抱佛脚",家长起着至关重要的作用。高中三年不仅仅是孩子学习课本知识的时期,而是家长引导学生认识社会,了解职业,同时,了解自己兴趣、能力的重要阶段。在这个时期,各位家长应该重视孩子自身的长处,而不是将自己的愿望强加给孩子。张老师为高中生家长有以下具体支招:

首先,了解海量职业信息。俗话说,三百六十行,行行出状元。而家长的接触人群和职业有限,所以他们眼中的"好专业"更有限,这就造成了既不能将孩子的能力兴趣与职业匹配来看,又觉着热门专业有限,一味盲目扎堆儿。

其次,有些家长有误区,认为就业职业和大学专业必须一一对应,其实不然。比如,有些学生数学好,就一门心思要上数学系,高考志愿填报表上满眼都是数学系。这样的话,如果正好赶上这个专业"热门",那就极不容易被如愿录取。相反,有位同学高中三年一直对数学比较感兴趣,但是高考分数却无法选择心仪的数学系,于是他退而求其次,报考了需要用到高深数学知识、但要求数学分数不太高的冷门专业并被录取,几年下来,这孩子利用自己的数学能力已经在院系内崭露头角,专业课成绩优秀,实习经验也丰富,尚未毕业就已经被多家大型企业预约,前景一片光明。

再者,趋利避害不仅仅体现在学生个人兴趣上,还体现在考虑大学四年乃至将来就业后的学习、工作能力上。有的学生就是对英语学习没有天赋,可家长一厢情愿地让孩子出国留学,高中时就"逼着"孩子专攻英语,就连不及格的高考英语成绩都没能打消父母盼儿留学的念头。留学一年下来,由于语言依旧不过关,孩子迫不得已回国再寻出路。如果家长当年能正确认识孩子的学习特点,"躲开"弱项,那么孩子也许能在另一领域打拼出一片天地。

总之,职业规划是"放大优势"的过程,希望家长们能早动手,为高中学生全面收集信息,了解孩子自身特点,从而为寻觅到适合孩子的专业和职业做好充分准备。

有"分"难买心头好,趋利避害看长远。

俗话说,有"分"难买心头好。选择适合自己的才能够有利于日后的就业方向。兰儿当年是某市重点中学的高材生,用老师的话说,"孩子虽然不是最聪明的,但绝对是最坐得住,肯用功的,所以成绩一直稳居前三名的宝座"。兰爸爸看兰儿性子那么稳,又不爱与人交流,就鼓励她待在实验室多做一些化学、生物实验。日子久了，孩子爱上了待在实验室的感觉。高考后，兰儿的成绩虽然能报考更热门的专业，但兰儿和家长依然选了当年并未大热的药学专业，就连班主任都觉着兰儿的成绩有些"浪费"。

十年过去，兰儿已经成为了该专业顶尖学府的博士毕业生，即将去外国继续深造。谈起当年的"舍"和今日的"得"，兰儿说，自己是个慢性子，又是极其内向的人，非常不善于和人打交道，但看着实验一点点发生变化，心中倒十分满足。虽然看似当年的高考成绩学这专业有点浪费，但从长远来看，自己非常适合这个专业。大学同学有的嫌化学实验太枯燥，早早转行；有的承受不住实验失败的打击，本科毕业后就换个方向进入了职场打拼，而唯有自己，一直踏踏实实潜心学问，硕、博期间也颇受导师器重，现在博士毕业，算是小小的"学有所成"。与这相比，当年分数上的"舍"太值得了。

对成绩稍差的孩子来说，高中就进行职业规划更可谓是雪中送炭，能帮助他们趋利避害，发掘自己除了书本学习能力之外的其他潜能，将自己的兴趣和特长与将来的工作联系起来，把自己锻炼成某方面的行家里手。

张老师介绍，当年有个女生理科成绩一直较差，但语文成绩却名列前茅，作文经常被当成范文全班传阅，还有几篇文章收录于中学生杂志中。后来张老师就鼓励她利用寒暑假为新闻媒体投稿，小小年纪就成了撰稿人。高考报志愿时也选择了相关的文科专业，大学毕业时，这孩子虽不能算"著作等身"，但其实习作品颇受用人单位重视，如愿觅得满意工作。

2　特长、特色与特点

如今，不管你是一位职场上的上班族，还是一个挣扎在市场上的一个企业人士。社会都会要求你有一定的"特"，没有特别之处就会生存得"特惨"。

说"特长"大家比较好理解，一个人拥有一技之长就可以有饭吃，就有人雇佣你，你就有工作，你的企业就有竞争力，需要的人就必须买你的技术或产品。古人也讲：一招鲜吃遍天。不过也要小心，你的手艺、技术一定要跟上时代的步伐，比如，你认为你会"锔锅锔盆"，对不起还真没人给你破锅破盆修理了；当然，你会修理 BP 机的本领，如今恐怕除了玩"古董"的，谁也不把你当有特长的人雇佣了。

再说"特色"，一个人一个企业一个产品可能混出一个世界上前几名的不容易，就是全国知名也需要大功夫。但你要生存要高人一等是大道理，还就是你或你的企业必须有一些特色，没特长也就罢了，再没有一点儿"特色"恐怕不行。做包子，就努力成为"狗不理"；炸麻花就积极干成"十八街"；最次了也应该努力成为"嘎巴菜"。

最后一个档次"特点"，你什么都不行，就发挥你爸、妈给你的外貌和脾气吧，脸长、皮黑、脚丫子大啊，都可以。人家葛尤就是成功的范例，"黑妹"也可以。这些你都学不来，起码学学"芙蓉姐姐"总该可以吧？脸皮一拉，在不影响他人利益的基础上，什么话都敢说，什么不违法的事都敢做。再看人家的业绩，不是被北大请上了讲台，在大学的阶梯教室里，大讲特讲如何发挥自身特点，获取社会认同吗？

当然，也有人是通过"特权"来获取利益的，这次咱不讨论。

3 为了有饭吃，还是学手艺吧

上学到底是为一个毕业证书或学士、硕士、博士学位，还是学"手艺"？

吃饭与手艺是历朝历代的"永恒"话题。没手艺肯定是没"好饭"可吃，问题是这手艺也是伴随着时代的进步和科技的创新而不断"刷"新的，第一代种田养猪是手艺，第二代打铁纺布是手艺，后来钳工车工木工是手艺，再后来修理汽车摆弄计算机是手艺，如今听说学金融、经济也是"手艺"了。

如今，是文明时代了，人人肯定都有饭吃。大家总在说：如今是饿不死你、冻不死你，但不保证"病"不死你。其实，讲的是只要你有了生存的权力，你再怎么懒、再怎么笨，就是你"大字"不识一个，而且你"肩不能挑、手不能提"，你也有饭吃，比如"啃老族"等。不过，这不是本书讨论的方向，要说的是为了你能够吃"好"，吃"更好"，吃"特好"的目标和理想。据说在美国最好的手艺是医生、律师和华尔街的职员，如今，这第三位"手艺人"名次可能要被向下"刷"了。

不过，这也可以看成是一件好事，君不见，我们的同胞们学理工科的这些年来愈来愈少，而学工商管理、经济、财会、金融、贸易的愈来愈多。似乎我们也不用去大量"创造"物质了，而只需要会"摆弄、调配"物质就行了。

其实，要学美国等发达国家目前还是学不来的。你想，美国学生不爱读理工科没关系，因为可以让包括中国聪明孩子在内的外国留学生，去替美国学生读艰深的理工科；可以让外国人替美国人搞技术开发。对比之下，中国却没有这个条件，中国学生"逃离理工"，不读理工科，是没有外国留学生替中国学生去读的。目前，更不可能出高额报酬，让外国人替我们搞技术开发与自主创新。

从这个意义上讲，我们的教育政策必须向理工科高等教育倾斜，要鼓励中国学生去读工科、理科，特别是要提倡将机械、煤炭、造船、钢铁、化工等传统专业当成目前的"手艺"。我们这些产业目前还处于工业化进程的中期，正在迅速发展，急需大量理工科毕业生和工程师，西方学生也许可以逃离理工科，但我们绝对不能逃离，没手艺吃什么？

4 这太叫高考优秀生们失望了

从华尔街的海啸，到世界经济的危机四伏，从世界市场影响中国企业出口创汇，到工厂裁人，大陆一流大学毕业生没人要，从美国通用、福特和克莱斯勒汽车三巨头摇摇欲坠，到中央政府投资千万亿资金拉动经济的举措，无处不体现着美国华尔街金融的"蝴蝶效应"开始波及到我们生活的角角落落。我们大陆同胞的具体的日常生活，因有强大国力的支撑而不应该有什么较大的影响。就是可怜了当年一批高考优秀生们，他们认为到大学只有去学金融、经济专业才有前途，才可以有"大钱"可赚，于是，最优秀的高中生统统都去了。害得包括杨振宁大师们都感慨不断。"学好数理化，走遍天下都不怕"，最优秀的年轻学子是在数、理、化行业任挑任选的年代一去不复返了。

可如今的现实证明，还应该是数理化实在，还是应该学习盖茨先生，以新技术的不断创新赚取钱财，同时有钱之后也不去"搞什么股票、房地产"，只是去搞一些慈善事业，积德行善而已。

我们学着看看股市和什么金融衍生品，说句没知识的话，纯粹就是"大骗子骗小骗子"。过去，还有不少人，编故事讽刺中国老太太，只有存够钱才敢晚年享受半生的幸福。反之，大家都要去学美国老太太，终身负债。可是，人家是一生住在别墅中负债生活的。就是不知道，从美国小妞，为什么快速变成一个老太婆的缘由，也不去了解他们的心理压力！

呜呼！关键时期，看来还是这农村的老太太，运用中庸之道实施"和"的管理生效了。什么风暴都是稳如泰山。关键时候，我们还可以一关国门，吓死你！不信你法国佬就试试，一是我们不去开什么中欧峰会；二是再惹我们，150多架什么空客飞机我们不买了，还不行吗？

（三）职业与"钱"途

1 从每年面对的竞争数量，说就业才是硬道理

近年来，高校不断扩招，导致了更多的家长，越来越重视那一纸文凭，只要能拿到本科文凭，其他的都不重要。岂不知，如今的本科毕业生，特别是二本、三本类的一些学校和某些专业，的学生已经沦落为普及教育程度。绝对不是30年前的本科的"精英教育"的结构了。

人力资源和社会保障部统计显示，2012年全国普通高校毕业生计680万人，创历史新高。这年，首批"90后"高校毕业生陆续离校，他们能否顺利就业备受关注。

热门专业毕业生就业趋冷，就业满意率不足五成，高学历就业难……日前，作者走访上海、江苏等地高校发现，在总体就业率超过90%的局面下，一些新现象、新问题值得重视。

大学专业的"冷与热"。以热门专业"国际金融与贸易"为例，由于近年来贸易类企业不景气，用人明显减少，因此学生多数选择转行。中国社科院发布的由麦可思研究院撰写的《2012年中国大学生就业报告》显示，因为就业率不高，和薪资较低，计算机科学与技术、国际金融、工商管理等专业被亮红牌。其中，相当一部分是近年来，高考报名时的热门专业。

"现在大学专业的'冷'与'热'，与宏观经济和国家产业政策的关联度越来越强。"某理工大学招生就业处领导说，高校设置专业必须"顶天立地"，一方面要紧跟社会需求，另一方面要立足办学实际，以特色发展赢得市场。

就业满意率缘何不足五成？西南大学动物医学专业的应届毕业生介绍，希望找个专业对口的岗位，一直没有如愿。前几天，在学校老师的帮助下，她最终签约一家种猪产业集团。"我的理想是去一家纯粹的兽医院，成为一名医生，我的梦想一时还无法成真。"

她的个人感受引发了很多大学生的共鸣。第三方调查机构麦可思研究院的数据披露，2011届大学毕业生毕业半年后就业率为90.2%。但在已就业的毕业生中，只有47%对自己的就业现状表示满意。

"一些大学生对岗位挑三拣四，总想一步到位。"上海交通大学就业服务和职业发展中心领导认为，就业满意度低还暴露出目前高校的职业生涯教育缺失，很多毕业生不知道找什么样的工作，在择业和就业中摇摆不定。在欧美等国，大学生一进校就有导师帮助他制定职业发展规划，很多毕业生定期"跳槽"，不断提升岗位的含金量。

业内人士呼吁，高校应加强对大学生的职业生涯教育，帮助毕业生综合长远看待岗位背后的价值，制订适合自己的职业生涯规划。如何扭转就业结构性矛盾？有人在江苏、甘肃等地发

现，一方面，企业难以找到所需的大量技能型人才，另一方面，硕士、博士等高学历毕业生就业形势日趋严峻，极端情况下，还出现学历与就业率倒挂现象。

"高学历就业难现象，表明当前大学生就业的结构性矛盾仍然没有得到根本扭转。"上海交通大学的同志表示，近年来，因为扩招过快，高学历毕业生人数快速增长，远超市场需求。同时，扩招还造成高学历人才培养质量偏低，难以满足国家建设要求。

某师范大学教科院的老师认为，培养动手能力强、企业欢迎、适应市场需求的技能型人才是破解当前就业困局和促进产业结构调整的有效途径。

其实，考大学，一是考分数，二是考"志愿"。分数决定你能否迈进大学的门槛，志愿决定你如何选择未来。由于就业形势越来越严峻，毕业找一份好工作便开始成为一些智慧家长和聪明孩子在选择高校和专业时重点考虑的因素。而且，我们不能不承认，一个差一点儿的本科就业前景，远不如好的专科专业好。

我们现在，简单列举一下高职高专毕业生的就业优势：

一是重技术重操作。其实，孩子在高职高专学到的本领并不一定逊色于从一些本科学校学到的知识。特别是在技术和实践方面，高职高专更具优势。这就大大增加了拥有一定技术能力的孩子们的就业机会。

高职高专培养孩子的主要目的就是就业。学生在学校里必须掌握相关技能和知识，特别是实际操作水平。基础课并不是教学重点，教学的重点是教给学生实际的技术，目标就是让他们学会一技之长，这样也有利于企业有针对性地到学校来选人。

二是特色专业保证就业。就业压力的逐年增大，直接决定了孩子和家长报学校和专业的谨慎。上高职高专的孩子，如果想三年后的就业有一定保证，填报专业时，就要在不同学校的特色专业上有所侧重。

专科与本科区别很大，选择专业时一定要慎之又慎。很多高职院校都有自己比较擅长的特色专业，孩子可以优先选择这些专业，比如汽车、眼镜、动漫、网络营销、酒店服务和现代物流等等。

三是学制短，学费低。高职高专大部分都是三年左右，其中一年左右还是实习期。这样能够缩短上课时间，让学生把更多的时间和精力放在实践和寻找适合岗位上。

为此，选择一所好的高职高专院校，选择一个好的专业，比拿一个差一些的本科文凭更实际也更加实惠。总之，就业才是硬道理。

2 发现创业意识和素质

如今到处都喊鼓励年轻人自己创业，好像我们的独生子们一夜之间就变得个个都具有比尔·盖茨和索罗斯一样的创业素质。但，并不是所有的人都具备创业素质。究竟哪些人不适合创业？社会心理学家认为，以下10种人不适合创业：

（1）缺少职业意识的人。职业意识是人们对所从事职业的认同感，它可以最大限度地激发人的活力和创造力，是敬业的前提。而有些工薪人员却对所从事的工作缺少职业意识，满足于机械地完成自己分内的工作，缺少进取心、主动性，这与激烈竞争的环境不相宜。

(2)优越感过强的人。自恃才高,我行我素,难以与集体融合。

(3)唯上是从,只会说"是"的人。这种人缺乏独立性、主动性和创造性,即使创业,也只能因循守旧,难以开展开拓性的工作,对公司发展不利。

(4)偷懒的人。这种人被称作"工资小偷"。他们付出的劳动和工资不相符合,只会发牢骚、闲聊,每天晃来晃去浪费时间,影响他人工作。

(5)片面和傲慢的人。有的人只注意别人的缺点,看不到别人的优点;有的人总喜欢贬低别人,抬高自己,总以为自己是最强者,人格方面存在很大的缺陷。

(6)僵化死板的人。做事缺少灵活性,对任何事都只凭经验教条来处理,不肯灵活应对,习惯于将惯例当成金科玉律。

(7)感情用事的人。处理任何事情都要理智,感情用事者往往以感情代替原则,想如何干就如何干,不能用理智自控。

(8)"多嘴多舌"与"固执己见"的人。多嘴多舌的人,不管什么事,他们都要插上几句话。"固执己见"的人,从不倾听别人的意见。

(9)胆小怕事、毫无主见、树叶掉下来怕砸破脑袋的人。这种人宁可因循守旧也不敢尝试革新,遇事推诿,不肯负责,狭隘自私,庸碌委琐。

(10)患得患失却又容易自满自足的人。稍有收获,欣喜若狂;稍受挫折,一蹶不振。情绪大起大落,极不平衡。

望家长和孩子自己都参考一下这些知识,这对规划自己的职业,还是有参考意义的。

３ 搞清社会的职业分类和取向

为孩子参谋职业选择时,除了要注意职业兴趣、性格与职业能力的分析及其职业要素的匹配外,还要把三方面联系起来考虑。

首先,要搞清楚职业的类型。早在 1971 年,美国专家就提出了,具有广泛社会影响的职业性向理论。他们认为,职业性向(包括价值观、动机和需要等)是决定一个人选择何种职业的重要因素。

职业性向理论首先将职业归属为六种典型的"工作环境"中的一种。这几种环境分别是:
①现实性的:建筑、驾驶卡车、农业耕作;②调查研究性的:科学和学术研究;③艺术性的:雕刻、表演和书法;④社会性的:教育、宗教服务和社会性工作;⑤开拓性的:销售、政治和金融;⑥常规性的:会计、计算机技术、药理学。

不同的职业性向对就业者的个性特征有不同的要求:

实际型的。劳动者特征:①愿意使用工具从事操作性工作;②动手能力强,做事手脚灵活,动作协调;③偏好于具体任务,不善言辞,不善交际。其性格:持久的、感觉迟钝的,不讲究的、谦逊的。

调研型的。劳动者特征:①思想家而非实干家,抽象思维能力强,求知欲强,肯动脑,善思考,不愿动手;②喜欢独立的和富有创造性的工作;③知识渊博,有学识才能,不善于领导他人。其性格:好奇的、个性内向、非流行大众化、变化缓慢的。

　　艺术型的。劳动者特征：①讨厌结构，喜欢以各种艺术形式的创造来表现自己的才能，实现自我价值；②具有特殊艺术才能和个性；③有创造力、乐于创造新颖、与众不同的艺术成果，渴望表现自己的个性。其性格：冷淡疏远的、有独创性的、非传统的。

　　社会型的。劳动者特征：①乐于助人，喜欢从事为他人服务和教育的工作；②喜欢参与解决人们共同关心的社会问题，渴望发挥自己的社会作用；③寻求亲近的人际关系，比较看重社会义务和社会道德。其性格：缺乏灵活性的、亲切仁慈的。

　　企业型的。劳动者特征：①追求权力、权威和物质财富，具有领导才能；②喜欢竞争，敢于冒险③精力充沛，自信，善交际，口才好，做事巧妙。其性格：善辩的、精力旺盛的、寻求娱乐、努力奋斗的。

　　常规型的。劳动者特征：①尊重权威，喜欢按计划办事，习惯接受他人指挥和领导，自己不谋求领导职务；②不喜欢冒险和竞争，富有自我牺牲精神；③工作踏实，忠诚可靠，偏爱那些规章制度明确的工作环境。其性格：有责任心的、依赖性强、高效率、猜疑心重。

　　需要说明的是，这只是书本上的理论。六种职业性向都并非完全独立，在一些性向之间，存在着重要的相关性。

4 高考报考三维度

　　我们所说的个人战略规划有三个层面的规划，第一是学业规划，主要是"专业"的学习效果和目的；第二是职业规划，是从上一节中选择一类或两类，进行重点研究如何进入和发挥才干；第三是人生规划，当然其项目中不可能缺少"钱途"的设计。许多家长，临近为孩子报专业和大学志愿了，才开始问哪个学校好，哪个专业好。你早干什么去了？

　　其实，学校和专业并没有好坏之分，只有合适不合适之分。其实，这是由孩子的选择决定的，只有你知道你的孩子的未来的目标，大家才可能帮你参考学校和专业，才能告诉你哪个学校好，哪个专业好。如果大家不知道这个目标，是没有办法确定学校和专业的。没有评判好坏的标准啊！

　　如果按照传统的做法，那么这学业、职业、人生三者之间的关系就必然是学业（专业）决定职业，职业决定人生——学了什么样的专业，就必须做什么样的职业，做了什么样的职业，就会是什么样的人生。这是如今大家议论的"赌徒心态"。

　　如果是按照这样的轨迹，读了冷门专业的学生就会很悲惨，将来就找不到好工作，也不会有幸福人生；而读了热门专业的学生会沾沾自喜，觉得将来不用努力就会有幸福人生，只因为自己学的是热门专业。许许多多的孩子的人生就是被这种"赌徒心态"给毁掉了！

　　很多文章就对这个"赌徒心态"的逻辑，设计了相反的人生规划：一定要以你们的，主要是孩子的人生目标来确定你的职业目标，再通过职业目标确定学业和专业目标。

　　孩子要学习什么样的专业，是由他未来要选择什么样的职业决定的。一个职业如果不能给孩子带来高薪收入的光明"钱途"，不能带来生涯上的发展，那么这个职业就是一个纯粹的浪费生命的职业。

　　中国当前最赚钱的行业和职业。

计算机软件开发商。个人计算机的繁荣创造了"盖茨神话",一个个世界巨富从计算机产业中诞生出来。随着计算机产业的迅速发展,计算机软件业也呈直线上升之势。资料显示,以我国目前的硬件配备来分析,PC机总量为200万台。那么软件市场总需求至少达100亿元以上,而实际上,我国软件行业的产值只有4亿元左右。在我国,目前约有软件设计人员198万,年薪收入在5万元以上。计算机软件开发商,愈发成为最受人们青睐的职业之一。

建筑承包商。联合国统计,20世纪70年代以来,世界各国每年用于建造房屋的投资一般占国民生产总值的1%~12%,有的达到30%左右;所形成的固定资产占当年形成固定资产总值的30%。而我国这两个指标大大低于世界平均水平。

预测,我国房地产业的产值,要达到占国民生产总值的10%以上的目标,至少还需要十几年的努力。可以预计,建筑承包商在今后的几十年里将大有可为。而建筑承包商的收入是很可观的,其个人提成大约占整项工程投资的7%左右,高的甚至能达10%,即承包项目造价1000万的工程承包商可挣70~100万元。

律师。律师的收入呈跳跃式上升趋势。一个哈佛大学毕业回国的律师,每年至少能赚到100万元左右。北京的200多家律师事务所中,律师年收入在10万元以上者占90%以上。据有关部门预测,到21世纪初,我国律师将达到30万到40万。"懂法律、懂经济、懂外语"将是21世纪选择律师的一个标准。

体育明星。我国从计划经济向市场经济转轨的过程中,足球、网球、篮球等率先进入市场,成立了俱乐部和管理中心。某足球俱乐部队员,平均月薪在3000元至7000元之间,主将的月薪高达1万元。有时,一次比赛的夺冠奖金可高达100万元。体育明星这个职业将会更加炙手可热。

注册会计师。1993年,仅靠6人筹资10万元创立的北京某会计师事务所。短短一年后,人员发展到30多人,年收入近400万元。1996年底,该所已拥有职工100人,业务收入最高一个月达300多万元。

证券经纪人。"要想富,先炒股"这句深圳人当年的口头禅如今在全国数以千万计的股民中早已取得了共识。而与股票同样具有诱惑力的则是那些身穿红马甲、黄马甲忙碌地穿梭于证券交易大厅里的经纪人。随着市场经济的不断完善,中国的股市也将越来越规范、越来越火爆。因此,证券经纪人的机遇也将越来越多,收入也会越来越高。

广告人。21世纪,中国广告创意大师,不是普普通通的高薪阶层。有资料显示,目前国内广告业的普通职员,平均月收入为2500元左右。而在北京、广州、深圳、上海等地,平均月收入超过了3000元,全国广告从业人员超过600万人。预计,21世纪的中国广告业将会真正形成知识密集、技术密集、智慧密集的一大产业,广告人的前景辉煌。

特种养殖(种植)主。"乌龟、螃蟹爬上台",一句民间流传的顺口溜形象生动地描绘出中国人的餐桌正在悄悄地发生变化。而实际上,不仅是餐桌,服装市场上真丝、毛料大出风头,貂皮、狐皮、兔皮服装异彩纷呈;五彩斑斓的羊绒衫、牦牛衫也令人目不暇接;各类保健食品、营养液等琳琅满目。而这均和特种养殖业的发展息息相关。近几年,我国仅出口貂皮换回外汇就高达2.3亿美元,因养鳖、养蛇、养蜂、养貂而致富的农户比比皆是。随着,人们经济条件的改善,宠物及花卉也开始越来越多地进入现代家庭。

整形医生及美容师。资料显示,一个小型美发厅中,美发师的月收入平均3000元以上。目前,全国登记注册的美容机构已逾160多万,从业人员高达800万人。中国美容业自20世纪80年代初起步至今,没有一个统一的行业标准。作为一个新兴行业,一切都处于刚刚起步阶段,但随着市场的进一步规范、法制的逐步健全,此行业的择业空间将十分广阔。

公关人。公关曾在中国一度被误解为专属女人的职业。其实,真正的公关是一种现代化的经营管理模式。如今的公关先生超过半数,与公关小姐可平分秋色。沟通是现代社会的重要内容,没有哪一项职业与公关一样能真切地接触到时代的本质。

以上所述行业和职业仅供参考。

●《共学同长》之案例与网址

这个爸爸有个女儿，是美国物理学在读博士生

这是一位在机关报社和新闻中心当主编和主任的爸爸的介绍：

我的爱女叫春婧。她从直辖市的河东区一所名不见经传的小学出发，一路走过了，市七中、市重点耀华中学和中国科技大学本科阶段。如今在美国斯坦福大学攻读应用物理学博士。孩子在学习上取得的成绩，都是与老师们的辛勤栽培，和她的刻苦努力分不开的，家庭小环境对她的熏陶培养也起了很大的作用。

首先，从女儿还只是一两岁时，我们就对孩子，采取耐心沟通、晓之以理的教育方法。一直把孩子当作大人来对待，特别是尊重她的独立思考。平时，时时处处都与她平等交流，她既是女儿，更是朋友。

其次，女儿从中学开始就对物理学产生了浓厚的兴趣。班里的同学们都经常找她解答各种千奇百怪的物理问题。到面临大学，选专业的时候，我们支持并帮助女儿根据爱好选择了物理学(中国科技大学)。我们当家长的，特别希望女儿保持一颗平常心，非功利，在没有过重的压力的环境中，快乐生活，追寻自己的梦想和幸福。

第三，我们教育孩子，干成一件事情，必须要坚持。女儿自幼还学习手风琴，我们家长就发现她有一定的天赋，当时就克服各种困难，坚持每个周日，都带孩子学琴，一学就是 7年。其成果是：小春婧获得了手风琴业余组，考级最高资格证书。如今，我们总结经验时认为，当时学琴不仅开发了孩子的智力，更重要的是培养了女儿坚韧不拔的性格：看准的事，就一定要坚持到底！

最后的经验，是我们当家长的，要树立望子成龙就自己先要成龙才公平的理念，哪怕先成一条小"蛇"也行。我当时，攻读成人高自考，每天在家起早贪黑，挑灯苦读。妻也在三十多岁才转行攻读会计专业。孩子天天看到的就是捧着书本钻研的一对奋进中的父母。你想，她还怎么好意思贪玩甚至是荒废学业呢？

一贯优秀的孩子，进了大学懂得"选择"

在中国的教育体制中，母亲辅佐着孩子，一直走在前列。

作为母亲，她介绍到：

建津同学，是1989年出生于沿海直辖市的。我和他父亲都是高级工程师。

小建津，在幼儿时，就有很多爱好：什么画画，拉手风琴、弹电子琴、下象棋和书法等。这书法，还曾多次获得国内、国际大奖，并且很早被评为"书法九段"了。他先后在市河西区中心小学、新华中学就读。2005年，孩子以优异的中考成绩考入市重点的南开中学，还因通过了该校的小卷考试而进入理科特长班。

在三年高中期间，孩子延续保持着对数学、物理的兴趣，其他科目也相当突出。在高考前的模拟考试中，还获得过全校第一的成绩。因此，建津同学顺利地考入北京大学元培学院。当然，小建津到了元培学院之后，他自己才真正懂得了，什么是人生或职业的选择。为此，在元培的每一天，都有比其他院系更多的选择，都要用更多的心思去规划他自己的将来。

在北大，除了学习知识之外，还有更多的，参与社会活动和科研项目的机会。如，在2008年北京奥运会期间，就担任了奥运会北大乒乓球馆志愿者，还是第八组的组长哪。到了2009年，又考入了"耶鲁－北大"联合本科生交流项目。这也是他有生以来第一次和外国人"耶鲁大学的本科生"学习生活在一起。

项目中，他还承办了"hometown trip"活动。把两个耶鲁同学，带回了自己的家乡，让耶鲁的学生也能够更多地了解家乡天津的风土人情和社会发展状态。在这项活动中，他们还上了天津卫视，受到电视台的采访。在"耶鲁－北大"联合本科生交流项目快结束时，建津还为项目的纪念手册 Beida Bulldog 写了序，并得到校长颁发的优秀成员证书。

孩子在大学二年级时就参与了在物理学院俞大鹏教授和赵清教授的指导下进行的"基于纳米孔的 DNA 分析"项目。俞大鹏教授是在世界纳米材料界有很大的影响力的专家学者。在从事课题的实验工作中，建津搭建了整个实验台，为此提高了整体信噪比，以及运用 AFM（Atomic Force Microscope）表征纳米孔结构，为将来的纳米孔修饰工作提供了辅助方法。

在2010年，又申请到了由李政道先生资助的"JUN 政"基金。又开始从事数值模拟工作，运用 ATK（Atomistix Tool Kit）实现了 DNA 穿过"石墨烯孔"的理论模拟实验。并给出，不同种类 DNA 片段穿孔时的隧穿电流，为将来的 DNA 快速廉价测序工作做了铺垫。同年暑假，还参加了北大元培学院赴山东邹平实践团，对中国区域经济进行了调研学习。

在北大的本科四年中，建津的学习成绩一直非常优秀。其结果是，直接进入了美国的 UCLA 加州大学硕博连读。

一位伴随着爱成长的女孩

这是一位在某市企业协会担任秘书长的父亲介绍他女儿的成长。

咪咪是一个从小就特别乖的小丫头。这个乖,也可能是好多人眼中的"笨"。作为家长,我肯定,从来不这样认为,祖上讲"孩子都是我家的(最)好"。

但,咪咪一上学,就出现问题了。面对如今这学校的教学方法和竞争氛围,可能没有谁家的孩子,再敢说不笨的了!进了这学校门,各个活蹦乱跳的小松鼠,马上被"教育"成为了澳洲"考拉"。学习内容按部就班,大中小型的考试考核或测验,统统都有标准的唯一的答案。嗨!看看孩子的学习状态,心里那个难受啊!

第一次遇到的难题,是开始学习写作文,起头学的好像还行。但是,写过几篇之后,小咪咪就没词了、没内容了,毕竟小孩见得少观察得不深,有时急得只想哭。这可看不下去了,必须当家长的爸爸妈妈帮忙了,但绝对不是替她写,而是找出原因,并寻觅我们这个城市中,以教中小学生作文为特长的"专家级"教师,上门求教,花数倍于家教市场的课程价格,请专家面授。但要求,只讲对该课程的兴趣和学习方法,实现"短时间,高收益"。从此,作文课程,咪咪从落后名次,一跃为小升初时段的同学中的小先生。从此,我们作为家长,就每个学期,都实施课程成绩的"末尾补习法",针对孩子最不优秀的课程,寻名师,讲学习兴趣和学习方法。

如此,伴随着父母的爱,咪咪从一般小学,考入了区重点初中,又考入市重点高中。如今,孩子已经从香港浸会大学毕业了,自己将赴英国华威大学继续读研究生学历。

聪明的女孩子——自己认准了学"手艺"

当年,如上平常的"三本"学校,如今她就不这样自信了:

我叫小洁,出生于1990年底,是一名"90后",和所有的小孩儿一样,在6岁时进入了直辖市的实验小学,然后进入初中、高中一步一步地学习和进步着。

在2008年的时候参加了当年的高考。高考成绩属于中等,分数可以使我进入一所好的三本学校学习。但是,在看了许多关于就业的新闻和报道后,自己认真地进行了思考和比较,自己了解到在社会上,高学历固然重要,但是学会一门技术(手艺),使自己有一技之长可能更加重要。在家人和朋友们的建议下,我进入了天津职业大学。自己优选了眼视光技术,这门专业主要是为社会培养验光配镜方面的人才的。

在学校的三年中,自己对这个专业有了更加深的理解,专业技能也逐步提升。在大学二年级的时候,我获得了验光员和眼镜定配工初、中级证书。在大学三年级时,又获得了验光员和眼镜定配工高级证书。

大学期间的寒、暑假,我都争取到市眼科医院实习。可以一方面学习更多的专业实用知识,锻炼自己适应社会工作的能力,同时,也有一些经济收入哪,何乐而不为呢?

在快毕业的时候,我进入了著名的永真眼镜公司,又实习了一段时间。在这里,我已经可以担任验光和销售的工作了。自己将学校学到的知识,完完全全地运用到了实际工作中。同时,我的专业知识和技能也有了很大的提升,店内的领导也对我的工作十分满意。他们说,因为我的协助,我们店的业绩提升了许多呢。

在毕业时,我给天津眼科医院投了简历,很快就成功地通过了面试,正式成为眼科医院的一名配镜师。

当然,我自己觉得,这只是迈出了自己人生的一小步。现在,我已经报了一所大学准备继续深造希望取得"验光师资格证书"。

这条道路还很长,需要我一步一步地踏踏实实地走下来。我觉得,现在时代虽然发展得很迅速,但是,仍然需要一些我们这样的手中握有技能的人,我更相信:"有技能者,走遍天下都不怕。"

一位渐渐懂得了"情商"的女孩

她是一位聪明的女孩,叫小曦。生在 1988 年初,如今在国资管理公司就职。

我一直坚信,亲情是最伟大、最无私、最温暖的。

回想上小学的时候外公、外婆到我们家来。有一次市里下大雨,外面的水都有半米深。我外公就背着我去学校,原本十分钟的路,可走了近半小时才到。后来,我换了学校,离家太远了。换了我爸爸接送,那时冬天,爸爸穿了好多层衣服,真是里三层外三层的,还要顶着风骑着自行车驮着我。

伴随着长大,接触的人和事逐渐增多,我时时事事都有了自己的想法,难免和家长不同,因此,难免与爸、妈的意见不一致。还出现了一段时期,整天吵吵嚷嚷地发"脾气"的问题,弄得大家都不高兴。如,爸爸喜欢带我去听讲座,我很不喜欢,直到爸爸跟我生气了才勉强去;有时想做的事情不让你做,不想做的事情偏让做。当时真觉得人性都被扭曲了。现在看来,父母让做的事,肯定有其一定的道理,应该照着做一些的。

我那时还喜欢自作主张,而且,从不考虑后果。惹了几次祸,自己对结果也后悔得不得了。在学校同样,有时同学之间,就因为我没有顾及别人的感受而常常"祸"从口出。有几次,差点儿伤了最要好的几个同学的感情。此时,应是对事物懵懂的认识阶段吧。

后来,又去北京上高中了,对社会和人际关系有了进一步的认识。自己的总结是:只要真诚地与他人交流,陌生人都会跟你做朋友的。还知道了,团结的力量就是大。同时,高中阶段,自己对如何更好地维系朋友之间的友情,如何提高辨别是非的能力等,都有了清晰的认识。

再后来,家长将自己送到新加坡,在异国他乡上了四年大学。期间,对人情世故的看法和认识又有了新的感觉。自己觉得,国外和国内真的很不一样。除了必要的学习时间外,一切事情,都要亲力亲为。这反而让我增长了很多的社会经验,也让我明白了很多做人的道理。如,对人要友善,工作和生活都要负责任,做事要踏实还要有韧性,要有耐力更要不怕麻烦;碰见不顺心的人和事要忍让,遇到麻烦就要注意观察并且随机应变。

这些,都是爸爸、妈妈和学校无法告诉我的。生活使我深深认识到,不仅要认真吸取家长们的经验,同时,还要运用自己知识和见识,去获得新的理解,并敢于实践。

总之,这么多年的学习和生活,是一大段的风雨历程。不管走到何处,家的温暖,总给我带来克服困难的勇气和前进的动力。

推荐有关"共学同长"信息网站：

1. http://www.jiaj.org/　中国家庭教育网

2. http://www.xuexifangfa.com/jiazhang/　学习方法网·家长课堂

3. http://www.5ixx.org/　我爱学习网

4. http://www.xdf.cn/　新东方网

5. http://www.gaofen.com/　高分网

6. http://www.haoxuee.com/　好学网

7. http://edu.533.com/　533学习网

8. http://www.zuowenwang.net/　中国作文网

9. http://www.koucai.com.cn/　演讲与口才

10. http://jiazhang.chinaedu.com/　远程教育网·家长专区

11. http://edu.ifeng.com/　凤凰网·教育

12. http://www.edu24ol.com/　环球网校

13. http://edu.tudou.com/　土豆网·教育频道

14. http://www.dgqjj.com/　东莞理想家教

15. http://www.boruizhi.net/　博瑞智教育

后　记
——这位妈妈有个"累赘"儿

接着说，咱们前言中的故事。

这位妈妈又接着讲到：

见他这么没羞没臊，我又堵门跟女孩儿谈，没想到女孩儿比我儿子还好意思，说："您甭那么紧张，我们就是在一块玩玩，嘛事没有。""闺女，这是玩的事吗？万一……"我话还没说完，她转过脸做了个怪样儿，气得我血直往脑门子上拱，在心里问自己：怎么这些孩子都那么不自重呢？的确，现在社会开放了，但社会多开放，人也得有个底线。老实说，我不知儿子他们的底线在哪。

不管别人怎么看，我想儿子这样折腾下去不是事儿，还是早结婚早稳定好，甭管过得好与赖，怎么也是日子。当然，我还幻想他有了孩子，就长大了成熟了，自然而然地知道养家、养孩子。我虽然是心高气盛的人，但在儿子身上也不做白日梦。他没出息没事，不出格就行。

我的第一任儿媳妇，是超市的收银员，儿子也是在超市跟她认识的。我记得没到一个月，俩人就住一块儿去了。当时我看那闺女还算稳当，家也是天津的，虽说经济条件不太好，母亲是家庭妇女，父亲在外给人打工，但家里挺清静，闺女也乐意，婚就定了吧。其实，按我的意思，婚事筹备个一年半载，给俩孩子像模像样地办个婚礼，毕竟这也是他们的人生大事。那天，我跟儿子他爸，拎着大包小包看准亲家去了，说明来意和打算，以为人家得坐下来跟我们好好商量商量吧，没承想，闺女她妈漫不经心地说："没吗可商量的，她不愿意回家，你们家也有房子，不是早就住你们家了吗？里外里也就差个结婚证。一切你看着办吧，不过我们家没那么多陪嫁，你们家条件我不挑，我们家怎么样你也别嫌。甭等一年半载，下个月挑个好日子，办了吧！"

说实话，尽管亲家这番话，当时听着不怎么顺耳，但一琢磨她闺女将来是我儿媳妇，她家怎么样咱管不了，我当婆婆的不能亏了孩子。一个月的时间是短了点，但短有短的好处，抓紧该买嘛买嘛。就这样，穿的从里到外，用的从大到小，全是我给儿媳妇置的。而且婚礼办得也不错，热热闹闹、风风光光，比别人差不到哪去。

我以为结了婚，儿子该踏实下来了，至少有媳妇管着，我可以少操点心。但事实是，我又错了，半年后俩人"战争"不断升级，甚至发展到动手。问原因，他们各有各的理，儿媳说："你儿子外面又有人了。""有人也是你逼的，天天不回家，干脆给我走人！"我赶紧捂儿子的嘴，怕他再说出不好的话。我劝他们："好不容易结了婚，有矛盾不怕，坐下聊聊，谁错了谁改，不就完了吗？""谁想结婚？还不是您生往一块儿捏的！"我的话音还没落地，两人异口同声接上了，气得我抽了自己一个嘴巴子，问他们："敢情是我的错儿？行，结(婚)是我往一块捏的，离不离你们自己看着办。"

没想到他们真离了，没和任何人商量。那天，儿子没事人一样回家吃饭，我问他你媳妇呢？他说："离了。各回各的家，各找各的妈！"我一听，心里咯噔一下，一时不知说什么好。离婚是儿戏吗？是买件衣服换条裤子吗？怎么就那么轻率那么随便呢？还是那句话，谁有错谁认谁改，不就行了吗？俗话说，"一日夫妻百日恩"，好歹在一起半年了，就一点感情也没有？那几天，我天天叨叨儿子，希望他回心转意。最后，他急了，说："您愿意跟她过您过，我腻了，离了更好。"见儿子这头说不通，我又去超市找儿媳，人家说得更绝："谁怕谁？天底下三条腿的蛤蟆难找，两条腿的男人有的是！你甭为我好了，我挺好，尤其离开你儿子更好。"

这时我才知道自己"错"了，"错"在自以为是。那些日子，我天天晚上睡不着觉，睡不着不是因为儿媳走时除了房子没搬，能搬的全搬了。说心里话，结婚离婚虽然是两个人的事，但我心里觉得受伤最大的还是女方。所以，她愿意搬吗就搬吗，就当是对人家的赔偿。我睡不着觉就琢磨：他们为什么"闪离"？轻易得不能再轻易了。想来想去，想明白了，他们的婚姻，从头开始除了我认真当事了，别人都是"被迫"的，包括亲家的态度，也是你情你愿，只不过人家没明说罢了。

很快，儿子又带一个女孩儿回家住了，而且那闺女还是在天津工作的大学生，老家在河南农村。这回我主动跟人家介绍我儿子的"情况"，意思是提醒她，我儿子不是对婚姻负责的人，他离过婚，工作也不稳定。我们家条件一般，除了房子没别的财产。她说这些都知道，感情跟财产无关，她就是喜欢我儿子。女孩儿这么说，咱也拦不住，顺其自然吧。

虽然话是这么说，但我从心里还是挺喜欢那闺女，跟儿子他爸说，大学生就是不一样，看着就懂事，兴许儿子这回是认真的。"你儿子认真了，知道人家认真不认真？"他瞟了我一眼，有点阴阳怪气，弄得我心里别扭。

在别人看来，没费嘛劲儿，我又娶了儿媳妇，多好。这事到底好不好，就跟脚大穿小鞋一样，只有自己知道。结了婚，儿子跟儿媳天天上我家吃饭，一分钱也不给，这我认了，不就是多两双筷子的事吗？多做点就行。可是，我认，儿媳妇不认。开始掉脸子，后来摔盘子，再后下"通牒"，每天必须四菜一汤。用她的话说，她嫁亏了。原以为天津人家底厚，没想到我们家要嘛没嘛，结婚的那套房子，还属于婚前财产，根据新《婚姻法》，她一点份儿也没有，所以，决定不跟我们"玩"了，她得趁年轻重新选择。往后的事，我不说您也猜着了，一个字：离。

要说都是笑话，后来邻居们拿我找乐，说："吴姨，您不是娶了两回儿媳妇，是找了两个搬家公司。没看见她们往里拿，就看她们往外搬了。"邻居们说的没错，我感觉儿子两回"闪"，比着了两回火损失还大，这叫胳膊折在袖子里，别人看不见，自己疼啊。

悔生的教训啊！儿子第二回离婚到现在，两年半过去了，不怕您笑话，他一天也没闲着，身边从来不缺女孩儿，让我更理解不了的，有时前头那个没散，后面又来了新的。过去话说"只见新人笑，不见旧人哭"，现在我所见的是，旧人不哭，新人也不笑，她们甚至还能和平相处。

也许有人说，你儿子这样不是流氓吗？没错，在过去就是流氓，可现在他们这样都是乐意的，谁也管不了。刚才我跟您说过，我有一个孙子，女方带走了。其实，孙子他妈跟我儿子没结婚，她怀孕时想结婚，儿子不同意，我也不敢再往一块儿捏。我又跟她说，别要这孩子了，她不同意，说："结不结婚不重要，反正这孩子也是你孙子，将来你儿子的房子，没我的份儿，也得有他的份吧。"这么着，她坚持生，后来把家里东西运走不少，最后又到法院打抚养费官司……为吗我现在到医院当保洁工，就是得给孙子挣奶粉钱，说出大天去，那孩子不也是我们家的吗？大人混蛋、糊涂，孩子没错，这点儿责任我得尽。

说实话，我没吗文化，初中毕业就上班了，学的那点知识早忘了。所以，总结不出什么大道理，更告诉不了别人该怎么做，不该怎么做。但我想，自己的经历和痛定思痛的感慨至少能给人一些借鉴。

我现在最后悔的第一件事，是不该买那处房子。可能很多当妈的都有我这种想法，以为多给孩子挣点，尽可能给他们创造好条件，减轻他们的压力，就是爱就是疼，其实不然。当父母把一切都替他们做了以后，他们就什么努力也不用了，尤其是房子，现在对哪个人哪个家庭，都是最大的一笔投入，上百万的房款，需要全家人的共同付出，才能承受。据我所知，很多家庭之所以过得踏实，就是他们有为一个共同目标奋斗的过程。我有一个姐妹儿，儿子结婚买房，她交了首付20万，剩下的50万贷款，小两口自己还。结果，儿子、媳妇过得别提多好了，知道自己省，还知道跟两头父母"蹭"，家里有吗吃吗，用她儿媳妇的话说："不挑，只要不花钱就行。"

第二件后悔的事，是有些事情不能太随便、太心软。现在我总爱后倒事，琢磨儿子两次结婚，没一次是两家坐一块儿，把孩子的婚事当成大事办。当然，所谓当大事，不是操办的排场多大，而是让他们感觉到，这是人生的重要一步，既然结婚了，就要好好维护家庭，这是一种责任。结得草率，离得容易。我不知这种逻辑关系对不对，但我有这种感觉，误以为结了婚，就一了百了，归齐根本不是这么回事。"闪婚闪离"的结果可能导致他们对婚姻对感情越来越不当回事。

第三件后悔的事，是在儿子走歪了第一步的时候，没及时往回拽。总怀侥幸心理，以为他越大会越懂事，知道人生路该朝哪走。当然，也许我改变不了他，可我毕竟没怎么太管，他也没有任何压力。我估摸了一下，他"闪"的这些年，我们家几乎全被掏空了。现在我轻易不敢让人去家里，怕人家说"你们家怎么跟旧社会似的"。当然，我也学"精"了，跟儿子说家里没钱了。从今往后，你想结婚还是不结婚，我们老两口已被你"啃"得毛干爪净，拿不出钱了。您猜他怎么说，他说："我找七仙女、白娘子，没钱有爱情。"他爸说："那是戏，甭等天上掉馅饼了，老老实实本本分分做人吧！"我们知道，说也不管用，但还是得说。

以上这个故事刚刚讲完，而且本书好像也可以收尾了。但此时的互联网的新闻栏目中，又有了一个更加惨烈的，爸爸与啃老的"累赘"儿子的故事发上了。

68 岁父亲砍死 39 岁"啃老"独子。

2012 年 11 月 17 日消息：据报道，11 月 15 日上午 8 时许，闵行区鹤庆路 641 弄新华小区发生一起家庭悲剧。68 岁的周老伯将其 39 岁的儿子杀死在家中，随后在闻讯赶来的两个女儿陪同下，周老伯向警方投案自首。

据邻居称，老人虽很宠这名独子，却经常遭后者打骂，悲剧很可能是由家庭矛盾所引发。记者从闵行警方了解到，目前周老伯已被刑拘，案件仍有待进一步调查。

替儿子买早点引爆积怨。事情发生在新华小区 3 号楼，昨天上午记者到案发现场时，房门紧闭，敲门也已无人应答。在楼下的门卫室旁，不少居民仍聚在一起唏嘘感叹："肯定是心里气得不得了才动手的。"事发时间约在早上 8 点，居民是直到 9 点多刑警赶来到时才知道出了大事。更令大家意外的是，这桩命案的凶手竟是一向和善的周老伯，而死者还是他唯一的儿子。

"太意外了，完全没想到。"居民说。周老伯和他的儿子之间一直有矛盾，这一点大家都有所耳闻。前两天还看到周老伯买小菜回来给儿子吃，这场突发的变故让不少居民感到吃惊。"听说周老伯杀人后打电话给两个女儿，然后又拨打了电话报警。"居民张先生说，周老伯在女儿的陪伴下随警方离开，当时老人几乎瘫倒无法站稳。据知情居民透露，事发当天周老伯给儿子买了早饭，结果小周却抱怨不合胃口而对父亲又打又骂。此时之前累积的种种不满让周老伯瞬间暴发，拿刀砍到了儿子身上，儿子当场殒命。

邻居眼中的老人是大好人。在邻居眼中，周老伯是个不折不扣的大好人。"他照顾瘫痪在床的老伴 11 年，任劳任怨。"邻居陈先生说，20 年前，周老伯一家搬入该楼的 03 室、04 室两套房子，随后一直和老伴及儿子住在这里，两个女儿则分别出嫁。周老伯的老伴身体不好，11 年前更因一场意外坠楼而瘫痪在家。"从来没有喊过苦，直到今年年初他老伴去世，我们都觉得挺不容易的。"邻居表示。

邻居说，今年 39 岁的小周既未成家更未立业，年轻时因为犯事而两次被公安机关处理，之后便吃低保,闲在家中,属于"啃老"一族。"经常看到他半夜三更出门,也不知道到底在做些什么。"保安说。

更令邻居们气愤的是,小周不仅不赡养老人,还动不动拿父亲出气,经常打骂老人。"有好几次听到周老伯说儿子打他。"邻居说,尽管如此,周老伯仍不愿向邻居诉苦,而这更令小周对老人变本加厉。"有时我们会劝小周争点气,好好对父母,他口头上答应,可回头会责怪父亲乱说话,继续打父亲。"邻居刘阿姨说,到最后周老伯几乎是恳求相熟的邻居:"你们别劝他了,他改不好的,到时候还是我吃苦。"

老人对儿子十分宠爱。父子俩为何会闹到这般地步?"对儿子太宠爱了,什么都依着他,最后反而害了他。"邻居说,平日里觉得周老伯重男轻女的思想较重,因此对独子是有求必应,几乎是对方要什么就给什么。

多年前,周老伯夫妇俩将两套房子中的一套出售,拿到的钱都给了小周。结果,不到两年,这笔钱就被小周挥霍一空,从此他便赖在了家中。

老伴过世后,周老伯本以为儿子能痛改前非,谁料小周不仅没有改过,反而多次逼迫周老伯卖掉仅剩的一套房产,让老人住到女儿家去,动手的次数也越来越频繁。"他打周老伯的时候,家里的狗一直帮老人,结果小周一刀把狗砍伤了。"邻居说,爱犬伤愈后,周老伯不得已只能将狗送人。为了躲避儿子,周老伯去女儿家住了3个月,没想到刚搬回来没几天,就发生了这样的惨剧。

过度溺爱孩子最终惩罚的是自己。父母对儿子溺爱,到儿子不断索取,甚至发展到恨父母,最终导致悲剧发生。上海市心理咨询行业协会会长、上海知音心理咨询中心主任王裕如在听完记者介绍这起惨案后分析称,周老伯的行为,是在为他之前对小孩的溺爱而惩罚自己。

"溺爱小孩的后果有时会很可怕。"王裕如说。如果父母过于溺爱孩子,那么小孩的心理会发生什么变化呢?"你们对我好是理所当然的,如果不能满足我的要求,就是你们对不起我,我会恨你们,我要报复。"溺爱会挫败所有的孝顺教育和对父母的尊重。有时孩子看到父母的操劳,会有内疚感,伸手要钱和不孝顺时会有道德压力,但是,这恨的力量会压倒道德的力量,并造成悲剧。

其实溺爱不仅会导致恨,如果父母的生活过得不好,还会遭到孩子的鄙视。因为,在与别人的心理竞争中,如果父母在社会价值排序上不高,孩子就会觉得丢面子。

如今,"啃老族"正成为一个逐步庞大的群体。据中国老龄科研中心统计,在城市里,有30%的年轻人靠"啃老"过活,65%以上的家庭存在"啃老"问题。"啃老族"给老年父母带来了沉重的生活和精神负担。2011年3月1日,《江苏省老年人权益保障条例》正式施行。该条例第十五条第二款规定:"有独立生活能力的成年子女要求老年人经济资助的,老年人有权拒绝。子女或者其他亲属不得以无业或者其他理由,骗取、克扣或者强行索取老年人的财物。"这意味着拒绝被"啃"是老年人的权利,老年人有权拒绝被"啃",当然也有权接受被"啃"。然而,对于此项立法,社会各界褒贬不一,肯定者有之,反对者更占大多数。

肯定者认为,立法是必要的。在竞争和工作压力大的时代,年轻人生存虽然不容易,但不能成为"啃老"的借口。反对者认为,立法限制"啃老"没有可操作性,什么叫"独立生活能力"?啃到什么程度算违法?适用什么样的刑罚?这些,法律并没有明确的界定。

现实生活中,老年人和子女之间的关系,不只是单纯的经济利益关系,更涉及复杂的血缘、情感等的纠葛,所以,纵然发生"啃老"事件,多数情况下,老年人也不会通过诉诸法律寻找解决办法。更为重要的是,许多老年人还会有后顾之忧,自己毕竟有体弱多病的那一天,还有身后事要子女料理。

某大学一位法学博士认为,解决老年人被"啃"的问题需要多方努力,要加快建立社会养老保障体系,只有在老年人真正实现"老有所养"时候,在老人没有子女照料也能得到国家、社会很好照顾时候,老年人才有可能利用法律维护自己的权益。

他同时认为,现实中,消极、恶意的"啃老族"也是少数。更多的"啃老"现象有其背后的成因。就业难、收入不公、公民的劳动权益得不到保障都是造成这种现象的直接原因。要解决"啃老"问题,还要从社会分配着手,要增加工薪阶层的收入所得。当然,对孩子小时候的教育严重缺失问题更是不能忽视的了。

借本书的出版发行之机。作者要对30多年来,在与本人交往的各行各业的朋友、同学们,表示由衷的敬佩和感激。如今,您不论是自我感觉是幸福了还是暂时艰难,都是在我们为养育和培育下一代或隔代人的贡献者,是我心目中的英雄。正因有你的泪水、汗水和实践,有你家中的磕磕碰碰、锅碗瓢勺、油盐酱醋的生活气息,才换来了书中的大量素材。

同时,要感谢天津科学技术出版社的李□华副总编辑和出版发行过程中勤奋地老师们。经他们的精加工,呈现了如今的较成熟的新产品。非常感激的是赵新立编辑,由于我们的密切合作,使这本就算完美的家长与孩子们共同学习、有效沟通的读物得以面世。借此,还要对我的家人王丽媚、佟小铃和近90岁的老父亲及弟妹们的关怀;及那些在我人生路上,通过各种方式爱护、呵护和勉励我的男女朋友、同事、历届领导和企业家们的关爱,在这里一并表示谢意,并将友谊之情意牢记于心。

作者简介

    大学毕业后,因结婚生子和培育、培养孩子而积累了一定的养育孩子的经验,并结合自己所工作过的企业、事业研究所和政府机关等各类组织中的同事朋友培养孩子的经验,有意识地寻找如今培养子女的行之有效的方法,从而完成了理论性、科普性的总结。

    由于作者长期更替工作岗位,因此非常倡导终身学习的理念,并将学习的体会,用书籍的形式奉献给了大家,出版专著《创办高新技术企业实务》、《学管》、《升段》,还通过开设博客与朋友们共同探讨学习、教育的话题。

作者 佟铃